解读非公企业

中共上海市社会工作委员会
上海市社会服务局 编著

文汇出版社

编委会名单

主　　编：许德明
顾　　问：施南昌　王宏伟
　　　　　刘　庆
副 主 编：陈　明　袁建国
责任编辑：吴　颢　吴红伟
　　　　　龚　强　张大鸿
执行编辑：杜雪金　王崇党

目录

序　言
引　子

第一章
历史沿革——
上海非公企业发展回顾　　1

一、非公企业概念和内涵　1
1、非公企业概念／1
2、非公企业与民营企业、私营企业的区别／1

二、上海非公企业发展沿革　2
1、解放初期曾主导经济，对经济社会发展有贡献／3
2、十一届三中全会拉开改革开放序幕，非公企业再获生机／3

3、十二大打开发展闸门，非公企业走上前台／3

4、十三大承认并允许私营经济发展，非公企业步入快车道／4

5、十四大明确非公经济将长期存在，非公企业再逢发展新机遇／4

6、十五大明确基本经济制度，非公企业发展环境进一步改善／5

7、十六大提出"两个毫不动摇"，非公企业发展进入新境界／6

三、非公企业发展类型　7

1、以个体户起家，从事传统服务业和简单加工业／7

2、社会精英"下海"，非公企业发展跃上新台阶／7

3、外地企业转战上海，在高层次上发展／8

4、科技创新开路，企业高速增长／9

5、"海归"创业，多数投身高科技产业／10

四、非公企业在上海经济社会发展中的作用　10

1、扩大了就业渠道／11

2、推动了国有企业改革／12

3、增强了城市科技创新实力／13

4、促进了郊区城市化建设／13

5、提升了国际竞争力／13

第二章

发展现状——
上海非公企业总体概况　15

一、数量、规模及行业分布　15

1、数量快速增长／15

2、规模急剧扩大／16

3、在国民经济中的份额日益增大／17

4、组织形式和产业分布进一步优化／17

二、发展变化中的显著特点　18

1、平均规模小，传统、民生领域比重大／18

2、经济增长快，企业数量多，但经济实力相对较弱／19

3、科技型企业发展迅猛，在科技创新中初露头角／20

4、非公外贸企业进一步发展，出口创汇能力逐步增强／20

5、注重拓宽发展空间，加快服务全国和"走出去"步伐／21

6、在第二、第三产业领域日益活跃，初步呈现出都市型特征／22

7、与城市地位相匹配，港澳台资本和外商资本大量集聚／22

三、制造业、服务业及房地产业中的非公企业　23

1、制造业领域／23

2、服务业领域／24

3、房地产业领域／25

四、在反哺农业中展现身手　26

1、参与公共基础设施建设／26

2、发展现代农业／26

3、发展科技产业／27

4、兴办社会事业／27

五、保障和服务非公企业的举措　27

1、制订和出台了利于非公企业发展的政策规定／27

2、搭建了一批促进非公企业发展的服务平台／28

3、形成了全社会共同为非公企业发展创造机会的氛围／28

六、影响非公企业发展的内外因素　29

1、发展环境虽已比较宽松，但仍需进一步优化／29

2、管理结构缺乏科学理性，对企业良性发展制约较大／30

3、企业文化培育关注较少，内聚力明显不够／31

4、企业人力资源管理不够合理，缺少战略规划／32

5、片面追求高利润、高回报，信用建设亟需加强／32

第三章
科技创新——
上海科技型非公企业概述　　33

一、上海科技型非公企业概况　　33
1、加速发展，成为上海"科教兴市"的重要力量／33
2、交易活跃，
充当高新技术成果转化项目的"主力"／33
3、提高"智商"，初步确立企业自主创新主体地位／34
4、初显身手，在新兴领域展示不凡业绩／34
5、扬帆出海，在"走出去"舞台上担当"主角"／35
6、各显神通，演绎国内外资本市场"神话"／35

二、上海科技型非公企业的特点　　36
1、人员年轻且学历层次高，充满活力／36
2、"海归"掌门，营造技术和管理新模式／36
3、学者型企业家，善于探索企业发展新途径／36
4、研发投入大，夯实企业科技发展基础／37
5、机制灵活，科技成果转化快捷／37
6、核心竞争力强，打造企业百年品牌／37

三、科技型非公企业快速成长的原因　　38
1、科技型非公企业发展环境的"双优化"／38
2、科技型非公企业总体布局的"双集聚"／39
3、科技型非公企业创新内生动力的"三要素"／40

四、科技型非公企业发展中的问题　　41
1、政策支撑环境有待进一步改善／41
2、综合协调服务机制有待进一步健全／41
3、投融资渠道有待进一步畅通／41
4、内在动力有待进一步激发／42
5、产业链配套服务有待进一步整合／42
6、科技领军和研发人才有待进一步培养／43

7、中介服务能力有待进一步强化／43

五、进一步发展科技型非公企业的基本构想　43

1、建立完善各种创新激励机制，

　　为科技型非公企业提供良好的服务／44

2、按照建设创新型城市的要求进行创新，

　　引导企业成为创新的真正主体／44

3、完善社会服务体系，大力发展服务型中介机构／45

4、大力促进研发体系建设，

　　培育较强国际竞争力的企业／45

5、建立创新人才激励机制，促进人才的凝聚／45

6、拓宽投融资渠道，加强企业信用环境建设／46

7、多管齐下，营造浓厚的创新氛围／47

第四章
成长中的群体——
上海非公企业业主构成及素质　49

一、现阶段非公企业业主的类型及特点　49

1、国企改制型／49

2、草根打拼型／50

3、专家"下海"型／50

4、"海归"创业型／51

5、子承父业型／52

6、外来转移型／52

二、非公企业业主素质现状　53

1、思想素质／53

2、文化素质／55

3、部分非公企业业主综合素质欠佳原因 / 56

三、百富榜选读　59

1、数量上名登三甲，占有"一席之地" / 59

2、财富集中度相对较高，且一门多富豪 / 59

3、年龄40岁以下近1/3，新人呈年轻化趋势 / 60

4、企业总部纷纷落沪，地域经济优势开始显现 / 60

5、与其他沿海城市相比，本土富豪较少 / 60

6、行业特征明显，过半数经营房地产 / 61

7、女性创业者榜上有名，多与家人共同创业 / 61

四、时代对业主的素质要求　66

1、经营能力 / 66

2、管理能力 / 66

3、平衡利益相关者需求的能力 / 67

4、判断、维护经营行为合法性和合乎道德的能力 / 67

5、对企业公民意识的认识能力 / 67

6、政策解读及运用能力 / 67

五、提高非公企业业主综合素质的基本思考　68

1、必要性 / 68

2、指导原则 / 69

3、工作重点 / 70

第五章

由弱小到壮大——
部分非公企业发展轨迹　74

一、上海非公企业发展壮大的一般特点　74

1、练好内功，建设和谐企业，企业充满活力 / 75

2、守法诚信，打造金字招牌，经营无形资产／76

3、开拓创新，不断探索科学发展，一路做强做大／77

4、建立机制，防范风险，又好又快发展／78

二、非公企业做强做大的初步经验　80

1、做有心人，寻找市场空隙，占得发展先机／80

2、锐意创新，填补核心技术空白，赢得发展机遇／82

3、产学研联合，不断创新，保持领先／83

4、坚持专业化，做精做细，保持竞争优势／83

三、非公企业发展机遇展望　85

1、公用事业领域市场化水平将不断提高，

　非公企业可以一展身手／85

2、社会事业发展前景广阔，非公企业可以大有作为／86

3、科技创新方兴未艾，

　非公企业在推动科技进步中将有更好的发展平台／86

4、现代服务业将加速发展，

　非公企业有着广阔的拓展空间／87

第六章
从辉煌到衰败——
部分非公企业教训剖析　88

一、衰败非公企业的共性特点　88

1、多为实施多元化战略的系族企业／88

2、通过资本运作实施规模扩张／89

3、企业一旦衰落倒闭，影响面广，社会危害大／89

二、导致非公企业衰败的直接动因　90

1、大股东占用或抽逃资金／90

2、盲目发展，扩张速度过快／90

3、用不正当手段，获取银行贷款／91

4、不顾自身实力，盲目互为担保／91

三、部分大型非公企业衰落的规律　92

1、规模扩张与效益未同步增长／92

2、产业经营与资本运营本末倒置／92

3、资本结构脆弱，现金流短缺严重／93

4、管理缺乏有效的监控和制约／93

四、部分大型非公企业衰落的原因　94

1、企业家的贪大求快心态，促使企业盲目多元化超常发展／94

2、公司治理结构的不完善，使企业的可持续发展难以维系／94

3、地方政府的政绩冲动，为企业急速扩张提供了条件／95

4、金融结构的缺陷，加大了非公企业的生存风险／95

5、监管机制的不完善，助长了非公企业违法违规现象滋生／96

6、部分大型非公企业存在致命弱点，
宏观调控成为企业崩溃的导火线／98

7、对不法企业家打击不力，致使一些企业违法违纪现象不断／98

五、防范非公企业衰落的对策　99

1、非公企业家和非公企业自身，应着力提高个人综合素质，
提升企业可持续发展能力／99

2、从大型非公企业发展的外部因素是，
应着力营造促进非公企业健康发展的社会环境／100

第七章
夯实基础——
非公企业群众思想行为特征及群众工作　103

一、非公企业就业群体的基本特征及群众工作团体　103

1、非公企业中群众的基本特征／103

2、非公企业中的群众工作团体／106

二、非公企业群众的思想状况 107

1、非公企业青年白领的思想状况／107

2、非公企业中转制企业群众的思想状况／111

3、非公企业中外来务工青年思想状况／113

三、非公企业群众权益保护情况 115

1、劳动关系平等理念日益强化，但相关法律还不够完善／115

2、劳动双方利益逐步得到主张，
但企业依然掌握着劳动合同主动权／115

3、劳动者个体日益受到尊重，
但健康和安全权还没有得到充分保障／116

4、平等就业理念逐步深入人心，但劳动者还处于弱势地位／116

5、法制体制日益健全，但劳动者在权益伸张中仍有诸多无奈／117

四、非公企业群众工作的不足及原因 117

1、非公企业群众工作的主要不足／117

2、群众工作弱化的主要原因／119

五、非公企业群众工作的基本对策 120

1、树立群众工作意识，形成全社会共同推进格局／120

2、整合各方资源，提供工作载体支持／120

3、改进工作方式方法，卓有成效开展工作／120

4、加强群众组织建设，保持与群众的密切联系／121

5、推进民主管理，切实维护群众利益／121

6、实施分类指导，结合企业发展促进工作／122

7、利用信息技术手段，建立信息收集网络／122

第八章
促进发展——
党组织在非公企业中的引导监督作用　124

一、背景情况：党的建设和政府工作　124
1、党建工作推进情况／124
2、政府职能部门工作／126

二、近年来非公企业党组织发挥引导和监督作用的状况分析　127
1、各方对党组织发挥引导和监督作用初步形成共识／127
2、目前非公企业党组织对企业实施引导和
　　监督的四项重点内容／129
3、非公企业党组织在实践中初步形成了多条工作路径／131
4、非公企业党组织紧密结合企业工作，
　　找到了多种工作载体／132

三、非公企业党组织在发挥引导和监督作用中存在的问题
　　及原因分析　134
1、存在问题／134
2、原因分析／135

四、对策建议　138
1、统一各方认识，
　　为党组织发挥引导和监督作用奠定思想基础／138
2、完善保障体系建设，
　　为党组织发挥引导和监督作用解除后顾之忧／139
3、加强对党组织内部建设的指导力度，
　　强化内部引导和监督／139
4、优化外部监管环境，形成工作合力／140

五、实例　140
上海建桥（集团）有限公司党委、纪委发挥引导和监督作用／140
上海宏泉集团党委发挥引导和监督作用／142
上海豫园旅游商城股份有限公司党委发挥引导和监督作用／144

第九章
共建和谐——建立业主评价指标体系构想　148

一、相关概念界定和相关评价体系综述　149
1、企业主和企业家的关系／149
2、企业家的贡献／149
3、有关评价指标体系的理论分析／150
4、已有的有关非公企业业主贡献评选活动综述／151

二、非公企业业主贡献的历史评价和现状　152
1、我党对非公企业业主的历史评价／152
2、非公企业业主贡献社会的现状／153

三、非公企业业主贡献评价体系的构建　155
1、体系构建的原则／155
2、体系构建的指导思想／155
3、非公企业业主贡献指标体系的构成／156
4、指标体系的选择说明／156
5、体系权重的说明／161

四、政策建议和措施　162
1. 要解放非公企业业主／163
2. 树立正确的导向／163
3. 加强对非公企业业主的专门培训／163
4. 强化对优秀非公企业业主的激励机制／164

第十章
未来之路——非公企业发展带来的启示　166

一、要进一步完善制度保障，推动非公企业健康发展　167

二、要进一步强化科学发展理念，
  推动非公企业和谐、永续发展　167
三、要进一步加快政府管理体制转变，
  更好地为非公企业发展提供服务保障　168
四、要加大对非公企业的培育和引导力度，
  切实增强企业自身发展活力　169

附录
15家非公企业创业发展事迹　170
为了人类共同的蓝天
  ——记上海奥威科技开发有限公司／171
产学研结合　竞争力提升
  ——记上海复旦光华信息科技股份有限公司／174
创建世界一流企业　进入全球主流市场
  ——记上海复星医药（集团）股份有限公司／177
用户至上　品质为本
  ——记上海华普汽车有限公司／179
办实业　搞慈善　回报社会
  ——记上海建桥集团／181
发明专利建奇功　百强榜上居首位
  ——记上海杰事杰新材料股份有限公司／183
以产业发展延续社会责任
  ——记上海均瑶集团／186
打造泵业"巨子"　振兴民族泵业
  ——记上海凯泉泵业（集团）有限公司／189
燃料电池车　节能又环保
  ——记上海神力科技有限公司／191

实施品牌战略　增强竞争能力
　　——记上海亚龙投资（集团）有限公司／194

国外技术垄断在这里打破
　　——记展讯通信有限公司／196

变松江"制造"为松江"创造"
　　——记正泰电气股份有限公司／198

万里通途送爱心　文明窗口播新风
　　——记上海芷新（集团）有限公司／201

实施知识产权战略　建设国际纺织业"贝尔实验室"
　　——记上海中大科技发展有限公司／204

品牌国家化　服务社会化
　　——记上海中发电气（集团）有限公司／206

后　记　208

序言

探寻规律 加强服务
积极引导非公企业走健康发展之路

——写在《解读非公企业》出版之际

以公有制为主体,多种所有制经济共同发展,是我国社会主义初级阶段的一项基本经济制度。坚持和完善社会主义基本经济制度,必须毫不动摇地巩固和发展公有制经济,必须毫不动摇地鼓励、支持和引导非公有制经济发展,并把两者有机地统一于社会主义现代化建设的进程之中。

二十多年的实践证明,非公企业有力地支持了国民经济健康、持续和快速发展,促进了所有制结构和产业结构的调整及优化,成为中国经济发展的重要力量。

非公企业在迅猛发展的过程中,有什么样的成功经验和应当记取的教训?党委和政府部门应当如何加强对非公企业的引导管理和对非公企业业主的教育培养,以帮助非公企业发扬优势,克服弊端,走健康发展之路,不断做强做大,在推动上海经济社会建设中发挥更大的作用?这些,是我们委局成立之后就一直在思考和探索的问题。

2003年8月和2004年7月，中共上海市社会工作委员会和上海市社会服务局先后成立，委局合署办公。根据职责要求，市社会工作党委和市社会服务局承担了对新经济组织和新社会组织，加强党的建设和提供综合协调服务的责任。在实践中，委局注重在不断激发社会创造活力和在市场竞争日益激烈的情况下，围绕四个问题加强对非公企业的服务和引导：一是引导非公企业坚持正确的政治方向，始终不渝地走中国特色社会主义道路；二是引导非公企业做强做大，在促进经济又好又快发展中发挥积极作用；三是引导非公企业增强社会责任，为构建社会主义和谐社会贡献力量；四是引导非公企业业主提高自身素质，努力成为合格的中国特色社会主义事业建设者。为此，委局积极做好促进非公企业发展带全局性、导向性事务的沟通、谋划和服务；加强对非公企业依法经营和规范发展的宣传、引导，在东方广播电台FM97.7开辟了"非公星空"栏目，开设"经营创新和风险规避"系列讲座；重视发现、培养和推荐非公企业的各类人才；开展多种形式的培训工作，选送优秀非公企业业主到中央党校深造和出国考察。在开展工作的过程中，委局加强对本市非公企业基本情况的了解，组织了一系列深入的调查和研究，初步掌握了全市非公企业发展的基本状况。

上海经济是中国经济发展全局中富有典型意义的缩影。多年来，上海市委、市政府坚决贯彻"两个毫不动摇"的政策，国民经济和社会发展取得了重大成就，到2006年年底，全市国民生产总值超过万亿元，比上年增长12%，连续15年保持两位数增长。这一成绩的取得，既得益于改革开放的强势推进，也是积极推动非公经济发展的结果。据统计，上海非公经济增长速度明显高于公有制经济，在全市国民生产总值中的比重呈稳定上升态势；产业分布日趋多元化，已涉及工业、农业、建筑业、交通邮电业、房地产业、社会服务业等国民经济主要行业；吸纳就业能力不断增强，近5年吸纳下岗职工总量超过70万人；外省市来沪企业呈加速态势，兄弟省市来沪投资落户的非公企业占全市非公企业总数的30%，注册资本占全市非公企业注册资本总量的38%；科技型企业蓬勃发展，近5年以年均约26%的速度增长。伴随着非公经济的发展，上海非公企业业主队伍不断壮大，涌现出一批政治上有觉悟、经济上有实力、社会上有影响、对人民有贡献的代表人士。他们在发展企业、走向富裕的同时，继承和发扬了中华民族传统美德，自觉回报社会，主动承担社会责任，踊跃参与公益事业，以实际行动树立了良好的社会形象，受到社会各界的广泛赞誉，成为合格的中国特色社会主义事业建设者的先进典范。

在欣喜地看到非公企业快速发展和创造业绩的同时，委局也清醒地看到，一些非公企业采取不正当甚至非法的手段开展经营活动，在社会上产生了严重的负面影响，酿成经营危机，甚至直接导致了自身的衰败。委局深切地感到，党关于鼓励、支持和引导非公有制经济发展的方针政策是完全正确的，必须坚定不移地加以贯彻执行；采取各种措施，加强非公企业及非公企业业主的工作，确保非公企业健康成长，是贯彻"两个毫不动摇"方针的客观要求，也是我们履行职责时必须认真思考的工作。

市委、市政府对委局的工作给予了及时有力的指导。市领导多次听取委局的汇报，提出要求。在上海个别非公企业发生经营危机后，又指示委局对发生问题的非公企业开展个案研究，探寻个别企业从辉煌走向衰败的规律；研究加强对非公企业业主教育、引导和培养的有效途径和方法；探索党组织在非公企业中发挥引导和监督作用的机制建设。根据市领导的要求，委局在加强对非公企业服务引导的同时，又组织专门力量，展开了对非公企业新一轮的专项调查，并形成了新的调研成果。

为了更好地发挥调查研究在指导工作中的作用，也为了给有关职能部门和广大非公企业提供参考，委局组织力量对相关调研成果进行了系统的消化、综合和整理，编辑成本书。

在编写过程中，我们注重着眼于较长的时段，努力以较为宽广的视野，去把握和分析上海非公企业的相关情况。其中，全书篇首的"引子"，简要介绍了调研过程、样本选择和主要研究方法，特别说明了相关调查未能穷尽非公企业的各个类别，主要研究对象为私营企业，较少涉及其他类型的企业，相关数据除特别注明者外，主要指私营企业的数据，不包括同属非公企业的外商投资企业、港澳台商投资企业、非国有控股股份制企业。

本书中"历史沿革——上海非公企业发展回顾"，概括了上海非公企业的发展过程、发展类型、在经济社会发展中起到的积极作用;"发展现状——上海非公企业总体概况",描述了上海非公企业数量、规模、分布状况和显著特点,并概括了影响非公企业发展的不利因素;"科技创新——上海科技型非公企业概述",重点介绍了科技型非公企业概况、特点、成长原因,查找了科技型非公企业发展中存在的问题,提出了促进发展的构想;"成长中的群体——上海非公企业业主构成及素质",从类型及特点、素质状况、百富榜选读、时代对业主的素质要求及提高素质的构想等方面入手,以素质建设为重点,对业主情况进行了全面的分析;"由弱小到壮大——部分非公企业发展轨迹",重点探究一些经营状况良好的非公企业的成长历程,定性分析其发展壮大的一般特点和初步经验,并对非公企业今后发展的机遇作出了展望式判断,试图从中找出上海非公企业做强做大的规律性启示;"从辉煌到衰败——部分非公企业教训剖析",着重围绕上海及外地发生衰败问题且已结案的一些非公企业情况,从共性特点、直接动因、一般规律和基本原因等方面,进行解剖和分析,提出了防范非公企业突然衰落的对策建议;"夯实基础——非公企业群众思想行为特征及群众工作",分析了员工队伍构成及基本特征,重点分析了白领、转制企业员工及外来务工青年的思想特点,剖析了员工权益保障情况,提出了加强群众工作的对策;"促进发展——党组织在非公企业中的引导监督作用",从党的工作的角度,通过大量实例,较为深入地分析、总结了近年来非公企业党组织发挥引导和监督作用的情况,对一些工作模式和方法进行了总结,提出了进一步加强工作的思路;"共建和谐——建立业主评价指标体系构想",着眼进一步激发非公企业业主创造活力,在明确构建贡献评价指标体系意义、界定概念的同时,对相关评价体系进行了综合比较,结合对非公企业业主贡献的历史评价和现实状况,提出了构建非公企业业主贡献评价体系的具体构想;"未来之路——非公企业发展带来的启示",则以党和政府工作部门加强对非公企业引导、管理为思考基点,对如何进一步推动上海非公企业发展进行了一些思考。为丰富全书内容,我们还撰写了15家非公企业的建设情况,期待读者从中或多或少地领略上海非公企业的风采,以收窥一斑而知全豹的效果。

"历览前贤国与家,成由勤俭败由奢",这是古人从俭奢的角度,对国家和个人的成败原因得出的规律性结论。本书的相关调查,试图在对上海非公企业数十年发展给予粗略描述的同时,对非公企业建设和发展的规律有所概括和总结。由于非公企业数量十分庞大,类别众多,而调研工作的范围和占有资料又受到较多局限,相关表述和统计数据一定存在瑕疵。但我们依然期待着,本书能够对广大非公企业走稳健康发展之路有所启示,有所裨益。

我们正处在一个充满机遇和挑战的时代,一个大有可为的时代。中共上海市第九次党代会提出,今后五年要全面完成"十一五"规划,确保"国资、外资、民资共同推动经济发展的格局进一步完善,国有经济竞争力和控制力进一步增强,非公有制经济增加值占全市生产总值比重达到50%以上"。在新的形势面前,市社会工作党委、市社会服务局将认真履行职责,继续积极探索,努力构筑公共服务平台,不断加强公共服务和公共管理,继续为广大非公企业提供服务,努力优化政策环境、市场环境、法制环境、服务环境、社会环境,切实做到亲商、兴商、安商、富商,引导非公企业及其业主把企业自身的发展与国家的发展结合起来,把个人富裕与全体人民的共同富裕结合起来,把遵循市场法则与发扬社会主义道德结合起来,沿着科学发展的道路健康成长,推动上海实现率先发展、科学发展、和谐发展,为加快推进"四个率先"、加快建设"四个中心"和社会主义现代化国际大都市做出新的贡献!

编　者

2007年5月

引子

非公企业是非公经济的重要组成部分。

非公经济的快速发展,是中国经济体制改革取得的伟大成就之一。经过改革开放二十多年来的发展,非公经济已成为国民经济和社会发展的重要组成部分。这些年来,上海市委、市政府积极贯彻党和国家对非公经济的发展政策,毫不动摇地巩固和发展公有制经济,毫不动摇地鼓励、支持和引导非公有制经济发展,为非公经济提供了良好的发展环境。伴随着非公经济的整体发展,非公企业也得到了前所未有的发展。充满活力的上海非公企业创造的经济贡献成为上海国民经济持续增长的重要动力。

在较长的一段时间内,因受计划经济的影响,上海非公企业的发展并不顺利。随着改革开放的不断深入和一些重大理论问题的突破,上海非公企业抓住一次次政策机遇,发挥上海特有的区位和社会经济文化环境优势,迅速发展壮大,在各个经济领域发挥着越来越重要的作用,正走向国民经济的主战场。促进上海非公企业又好又快发展,对推动上海经济建设的进一步发展,加快实现"四个率先"要求和建设"四个中心",对全面落实科学发展观、构建社会主义和谐社会，都有着非常重要的战略意义。

为了更好地履行对非公企业综合协调服务的职责，近几年来，中共上海市社会工作委员会、上海市社会服务局结合日常工作，紧紧围绕掌握上海非公企业基本状况、企业需求和期待、党政机关加强服务引导的方式方法等内容，展开了系列调查。调查旨在全面、准确地把握上海非公企业的发展脉络、当前状况，探索其发展特点和内在规律，界定对其发展产生影响的内外因素。调查研究过程中，课题设计着眼于对非公企业宏观把握的构想，从不同侧面展开了多个专题调研，以求涵盖非公企业的方方面面；在样本选择上，重视了点和面的结合，做到典型解剖与普遍调查相结合；在调研方法上，既注意定量分析，也注意定性分析，在自我调查为主的前提下，积极参考他人的研究成果；在实际应用上，除了积极运用调研成果指导本单位的工作实践外，还及时将相关内容向上级报告，向相关部门通报。

经过数年的积累，形成了对全市非公企业的系列调查报告。为给负有对非公企业服务、引导和管理职能的党政机关提供工作借鉴，为给关心非公企业发展的社会各界提供了解情况的蓝本，为给广大非公企业提供发展建设的参照，编者对以往的调研报告重新进行了梳理、归纳，打破各个单篇调研报告的局限，并加重了解读和剖析的笔墨，力图对上海非公企业有一个全面的概括和全方位的展示，最终形成了本书目前的框架结构。

由于各方面的原因，相关调查未能穷尽非公企业的各个类别，主要研究对象为私营企业，较少涉及其他类型的企业；相关数据除特别注明者外，主要指私营企业的数据，不包括同属非公企业的外商投资企业、港澳台商投资企业、非国有控股股份制企业，少量反映个体工商户的内容；所用资料和数据除说明者外，多以2005年为基准。

第一章
历史沿革——上海非公企业发展回顾

上海非公企业发展迅速，截至2006年底，上海私营企业数量达50.66万户。上海非公企业发展到今天这样的规模，是党坚定地推行改革开放政策的结果，是党坚持社会主义初级阶段社会主义理论的结果，是历届上海市委、市政府坚决执行党中央的路线、方针、政策，带领全市人民艰苦奋斗的结果，也是广大非公企业努力探索、积极投身社会主义建设事业的结果。非公企业的不断发展壮大，对于满足人们多样化的需要，创造更多的就业机会，促进国民经济的发展；对于消除所有制结构不合理对生产力的羁绊，加速市场经济的培育和国有企业的改革，形成多种所有制经济共同发展的格局，具有十分重要的意义。

一、非公企业概念和内涵

1、非公企业概念

非公企业全称为非公有制企业，是指在工商登记时登记为企业的，非国有或非集体性质的经济组织。包括私营企业、外商投资企业、港澳台商投资企业、非国有控股股份制企业等。

在工作实践、日常生活和大众传媒中，非公企业这一概念经常与"民营企业"、"私营企业"这两个概念混用，容易使人产生理解上的疑惑。其实，非公企业与后两者有着较大的区别。

2、非公企业与民营企业、私营企业的区别

　　非公企业是按资产归属角度划分的一种经济实体，它反映的是资产性质。民营企业是按经营管理方式进行划分的一种经济实体，它反映的是资本持有者与经营主体的关系。民营的本质在于"营"，执行主体在于"民"（自然人、民间组织等），强调的是资产经营形式，不涉及生产资料所有权。民营企业对应的是国营企业，在较早的历史年代，这类区分的称谓是民营和官营。民营企业包括了国有民营企业、集体企业、私营企业、个体企业、合伙企业、外资企业、港澳台资企业等非国家经营的企业。民营企业涵盖了非公企业，民营企业中的国有民营企业不属于非公企业。在政府部门的统计中，非公企业的统计范围主要是私营企业和个体企业，外资和港澳台资企业相关的经济参数则单独统计。

　　私营企业是指资产归我国内地公民所有的一种经济实体组织，一般由资产所有人直接经营，或者委托代理人经营，属于"民有民营"的经济类型。由于私营企业的资产和执行主体均为"民"，因此，从这个意义上说，私营企业是民营企业的一部分，也是非公企业的一部分。

二、上海非公企业发展沿革

　　解放初期，非公企业曾是上海的经济支柱。1956年资本主义工商业的社会主义改造完成后，非公企业基本消失。1978年，党的十一届三中全会吹来改革的春风，拉开了有中国特色社会主义建设实践的序幕，非公企业重获生机，开始了在社会主义建设中再立新功的历程。

　　改革开放以来党的历次代表大会不断总结社会主义初级阶段的实践经验，完善社会主义初级阶段的理论，不断提出适应时代要求、符合经济发展规律的经济政策，使我国非公企业得到不断发展，为经济社会发展所作的贡献也日益增多。党的十六大提出的"毫不动摇地巩固和发展公有制经济，毫不动摇地鼓励、支持和引导非公有制经济发展"，表明了自计划经济时代沿袭下来的歧视非公有制经济政策的终结。在上海，非公企业已经成为社会主义市场经济的重要组成部分，成为促进社会生产力发展的重要力量。

　　上海非公企业的发展沿革是改革开放实践的写真，是社会主义初级阶段党的基本路线形成、发展和成熟的写照。

1、解放初期曾主导经济,对经济社会发展有贡献

非公企业曾是上海经济的主力。1949年5月上海解放时,全市非公工业企业有1.2万余家,工业总产值35.66亿元(旧人民币),其中轻工业产值30.91亿元(旧人民币),占88.2%;重工业产值4.15亿元(旧人民币),占11.8%。非公商业企业有9.3万余家,市场上流通的商品,80%从外国进口或为外国资本在沪工厂所生产。1956年,上海基本完成对资本主义工商业的社会主义改造,形成了生产资料公有制占绝对统治地位的所有制结构。以1956年上海国民收入为100计,国营经济、合作社经济、公私合营经济、资本主义经济、个体经济的比重分别是52.9%、3.6%、41.1%、0.6%和1.8%。

2、十一届三中全会拉开改革开放序幕,非公企业再获生机

十年"文革"刚结束时,上海经济发展停滞,民生面临困难,城市就业紧张。1978年具有历史意义的党的十一届三中全会召开,邓小平同志提出"要允许一部分地区、一部分企业、一部分工人农民,由于辛勤劳动,成绩大而收入多一些,生活好起来",并提出了要把工作中心转移到经济建设上来。中国改革开放的序幕由此拉开。个体经济得到了发展,国家经济面貌迅速好转,人民生活得到改善。1978年,上海市区有个体工商户8000余家,其中多为街头巷尾和前店后房的夫妻烟纸店、杂货店、小百货摊和修理摊。改革开放初期的非公企业多数是从个体工商户演变而来。

3、十二大打开发展闸门,非公企业走上前台

1982年9月,党的第十二次全国代表大会提出了"计划经济为主,市场调节为辅"的社会主义市场经济体制框架,会议在明确"有计划的生产和流通,是我国国民经济的主体"的同时,提出要允许对于部分产品的生产和流通不作计划,由市场来调节,允许根据不同时期的具体情况,由国家统一计划划出一定的范围,由价值规律自发地起调节作用,并特别强调"这一部分是有计划生产和流通的补充,是从属的、次要的,但又是必要的、有益的。国家通过经济计划的综合平衡和市场调节的辅助作用,保证国民经济按比例地协调发展。"由此,我国经济体制改革全面展开,非公企业从此开始走上前台。1983年,上海在改革开放后第一次出现了以雇佣劳动者为基础的非公企业。1987年6月底,上海对非公企业进行了清理登记,全市有雇员8人以上

的非公企业971户,其中领个体工商执照的291户,持个体合作经营执照的388户,挂靠集体企业,实属个人投资,自主经营的"假集体"企业292户。

4、十三大承认并允许私营经济发展,非公企业步入快车道

1987年召开的党的第十三次全国代表大会提出:"社会主义初级阶段的所有制结构,应以公有制为主体",继续鼓励城乡合作经济、个体经济和私营经济的发展,认为私营经济是"公有制经济的必要的和有益的补充",私营企业主的部分非劳动收入"只要是合法的,就应当允许"。中外合资企业、合作经营企业和外商独资企业,"也是我国社会主义经济必要的和有益的补充"。1988年11月21日,上海发布《关于贯彻〈中华人民共和国私营企业暂行条例〉若干意见》,规定从即日起,受理私营企业申请登记;对雇工8人以上的个体工商大户和个体合作经营户,换发私营企业营业执照;对挂靠集体,实为个人或合伙投资的"假集体"企业,重新办理私营企业登记手续。1989年,由个体工商大户转为私营企业的有480户,由"假集体"企业转为私营企业的有134户。1990年底,全市共有私营企业1604户(其中生产加工型企业1356户,占非公企业总数的84.5%,科技型私营企业56户),注册资金6684万元,总产值已达16535万元,上缴税金920万元,出口创汇人民币99万元。

5、十四大明确非公经济将长期存在,非公企业再逢发展新机遇

邓小平同志在1992年初的南方谈话中指出:判断姓"社"姓"资"的标准,应该主要看是否有利于发展社会主义生产力,是否有利于增强社会主义国家的综合国力,是否有利于提高人民生活水平。这些论点,科学地总结了我国改革开放以来实践探索的理论成果,消除了错误认识,把经济运行中的一般规律和社会主义与资本主义制度之间的本质差别区别开来。在邓小平同志这些重要理论的指导下,我国开始由计划经济向市场经济转变。1992年10月,党的第十四次全国代表大会明确指出,非公有制经济是社会主义经济的重要组成部分,"在所有制结构上,以公有制包括全民所有制和集体所有制经济为主体,个体经济、私营经济、外资经济为补充,多种经济成分长期共同发展,不同经济成分还可以自愿实行多种形式的联合经营。"非公经济作为一种经济形态将与公有制经济长期共同发展。不少国有、集体企业的职工、党政机关干部和科研院所的知识分子从邓小平南方讲话和党的十四大报告中看到了发展的机遇,投资积极性高涨,非公经济高速发展,其中比较突出的是科技型非公企业蓬勃发展,从而掀起了非公企业发展的第二次高潮,非公企业业主也从以社会边缘人二为主向社会精英为主转变。1991年底,上海非公企业仅有2288户,到1994年已增至1.7万家,其中科技企业就达6470余家。(见表1)

表1:非公企业数量与增长情况

年 份	1991	1994	1999	2001	2002	2003	2004	2005
户数(万户)	0.23	1.7	11	17.6	22.5	29.2	38.5	47.4

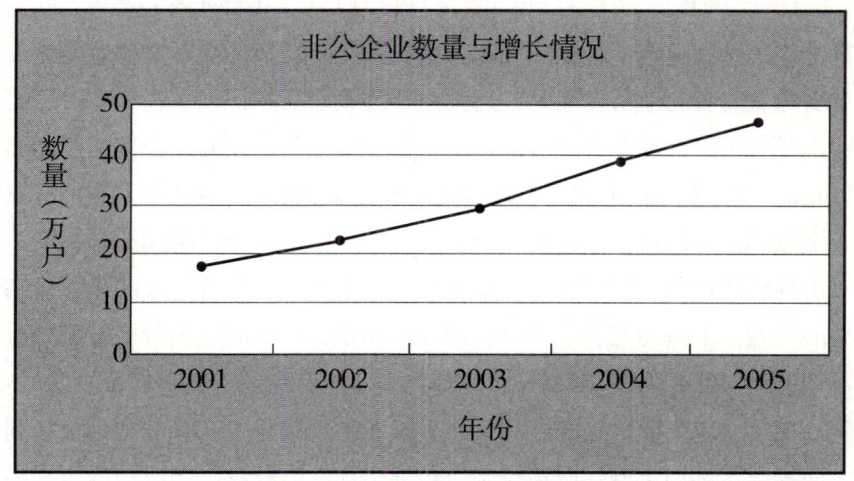

6、十五大明确基本经济制度,非公企业发展环境进一步改善

1997年党的十五大报告第一次明确提出了社会主义初级阶段基本经济制度这一概念,指出:"公有制为主体、多种所有制经济共同发展,是我国社会主义初级阶段的一项基本经济制度。"1999年3月,九届二次全国人大通过的宪法修正案,明确规定"在法律规定范围内的个体经济、私营经济等非公有制经济,是社会主义市场经济的重要组成部分","国家保护个体经济、私营经济合法的权利和利益。国家对个体经济、私营经济实行引导、监督和管理。"这导致了在社会主义经济结构上,由单一的公有制向"以公有制为主体、多种经济共同发展"的转变,使非公经济发展在理论二找到了依据,在

法律上找到了根据。1998年和2001年，上海市人民政府连续发布《关于进一步服务全国扩大对内开放的若干政策意见》（沪府发〔1998〕18号和沪府发〔2001〕43号），提出要积极适应我国加入世贸组织和建立社会主义市场经济体制的新形势，加快实现把上海建设成国际经济、金融、贸易、航运中心，配合国家西部大开发战略，进一步扩大对内对外开放，更好地服务全国，致力于促进全国统一市场体系的建设，以促进上海和国内各地的联动发展、共同繁荣为目标，努力促进上海非公企业的发展。非公企业发展开始突破壁垒，进入了公用事业和部分国有企业垄断的行业。

7、十六大提出"两个毫不动摇"，非公企业发展进入新境界

党的十六大指出："坚持和完善公有制为主体、多种所有制经济共同发展的基本经济制度，毫不动摇地巩固和发展公有制经济，毫不动摇地鼓励、支持和引导非公有制经济发展。"这"两个毫不动摇"，进一步丰富和发展了社会主义初级阶段的所有制理论，是对20多年改革探索的充分肯定。2005年2月24日，国务院出台了《关于鼓励支持和引导个体私营等非公有制经济发展的若干意见》（简称"非公有制经济36条"）。"非公有制经济36条"是我国对市场经济体制的坚定选择，是政府对"非公有制经济"发展清除体制性障碍的开始。上海为配合"非公有制经济36条"的实施，出台了《上海市贯彻<国务院关于鼓励支持和引导个体私营等非公有制经济发展的若干意见>的实施意见》（以下简称《实施意见》）。《实施意见》在充分利用贷款利率等方面提出了多项突破性政策措施，包括引导、鼓励各金融机构逐步提高对中小企业的贷款比例、非公企业利用资本市场的平台加快发展、非公企业成立商业担保机构和互助性信用担保机构，依法开展各类互助性融资担保等。《实施意见》还积极鼓励发展非公有制科技型企业，推动科技创新；鼓励非公有资本发展现代服务业和社会事业；鼓励非公有资本进入基础设施和市政公用事业领域以及投资农业；鼓励非公有资本参与国有经济战略性调整；鼓励公众创业，拓展就业新渠道。各委办局积极清理阻碍非公企业发展的经济政策，上海非公企业发展领域取得全面突破，非公企业进入了石油、航空、军工、公用事业、通讯、金融、教育、文化等领域。

三、非公企业发展类型

纵观全国各地，凡是经济发展比较好的地区，也是非公企业发展较好的地区，上海也不例外。多年来，上海经济一直保持两位数增长，这与非公企业的发展有着紧密的关联；同时，上海是以城市经济为主导的地区，非公企业发展有其不同于兄弟省市的一些特点。

1、以个体户起家，从事传统服务业和简单加工业

从个体工商户演变到非公企业，这是20世纪八十年代初上海非公企业发展的主要模式。解放后，上海的个体工商户并未在经济活动中消失过。解放初期，全市有个体工商户12万余家。1956年，全市有核准登记的个体工商户201243户，1958年停止了个体工商户的登记。到1978年，市区尚有个体工商户8000余家。1989年，全市登记的非公企业有1071户，其中三分之二强是从个体户发展而来，还有不到三分之一的是从挂靠集体单位脱离出来的。这一时期非公企业业主多为社会边缘人士，文化程度不高，创办非公企业的原因多为找工作困难，而又身有一技之长，不得已自己创业。这一时期的非公企业大多从事传统服务业和技术简单的加工业，平均注册资金4.75万元，户均产值10万元。

2、社会精英"下海"，非公企业发展跃上新台阶

上世纪90年代初，非公企业发展面临空前机遇。1992年党的十四大明确提出了建立社会主义市场经济体制的任务，邓小平南方讲话解决了姓"资"、姓"社"的争论并提出了"三个有利于"的标准，进一步解放了思想，打破了传统观念的禁锢，营造了非公企业发展的良好舆论环境，极大地鼓舞了全国人民的创造热情。上海也同全国其他地方一样，迎来了非公企业发展的新一轮高潮，出现了党政机关干部、国有企业干部、科研院所知识分子"下海"兴办非公企业的热潮。1994年上海非公企业数量比1991年增长6倍多，1999年又比1994年增长6倍多。同时，1994年非公企业平均注册资本也比1991年增长了近10倍，1999年再比1994年增长66%。（见表2）社会精英涉入非公企业，使上海非公经济发展出现了与其他省市不同的鲜明特点——出现了大量的科技型企业，这是上海非公企业大发展的先兆。

表2：1989年以来上海非公企业注册资金增长情况

年份	1989	1991	1994	1999	2001	2002	2003	2004	2005
平均注册资金（万元）	4.75	4.3	42.8	71	105.6	121	145	147.6	152

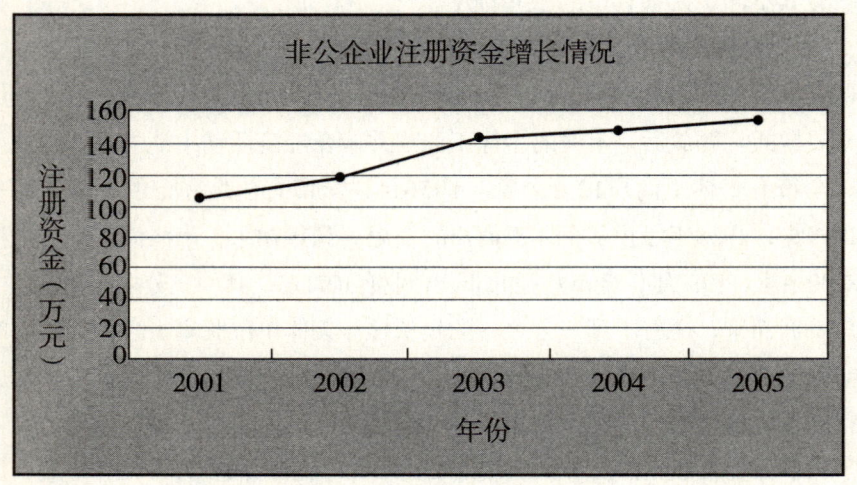

3、外地企业转战上海，在高层次上发展

进入21世纪，上海已成为各地非公企业"二次创业"的上佳选择之地，上海非公企业呈现出又一种新的发展模式，即外省市来沪的非公企业急剧增长。到2005底，上海47万余户非公企业中，外省市来沪投资设立的达25.4万户。不少非公企业在外省市创业，随后转战上海，如希望集团、杉杉服饰、安信地板、腾达股份、华东电器、建配龙建材配送公司、健特生物科技有限公司等等。浙江宁波杉杉集团自1999年初将总部从宁波迁到浦东，从单一的服装业进入服装、科技和投资三业并举，通过"品牌经营、资本运作"，资产规模迅速膨胀。目前，杉杉旗下拥有22个服装品牌，两家上市公司，总资产由1999年的19亿元增长到近60亿元，企业实现了全面升级。2005年上海非公企业十强中，有五强是外省市来沪投资的企业。（见表3）

4、科技创新开路,企业高速增长

1989年《上海市民营科技经营机构管理条例》颁布之后,市政府加大了对科技型非公企业的扶持力度,依托上海的科教资源、产业构成、城市功能以及良好的政策环境,科技型非公企业大量涌现。一些外省市比较成功的非公企业,瞄准上海的科技资源优势、信息优势和中介服务优势,将公司的研发中心设在上海。上海1992年有科技型非公企业两千余家,到2005年底有科技型非公企业4.5万余家,年均增长27%,为国家的科技进步作出了重要贡献。(见表3)以展讯通信有限公司为例,这是一家由归国留学生在2001年创建的高科技集团公司,主要从事新一代无线通信专用集成电路产品和系统的开发与销售,为无线通信终端厂商、设计公司提供了快速市场化的无线终端整体解决方案。公司的核心技术主要体现在ASIC设计、无线通信协议软件设计、无线通信软件开发平台设计等。公司先后开发出我国第一块TD-SCDMA核心芯片和GSM/GPRS核心芯片,其中"展芯GSM/GPRS手机核心芯片关键技术的研制和开发"获得2006年度国家科技进步一等奖、2G/2.5G手机核心芯片获得2005年度上海市科技进步一等奖。

表3:1992年以来上海科技型非公企业数量增长情况

年 份	1992	1994	1995	1998	1999	2001	2002	2003	2004	2005
户数(万户)	0.21	0.64	0.68	0.86	0.97	1.55	1.84	2.2	3.56	4.5

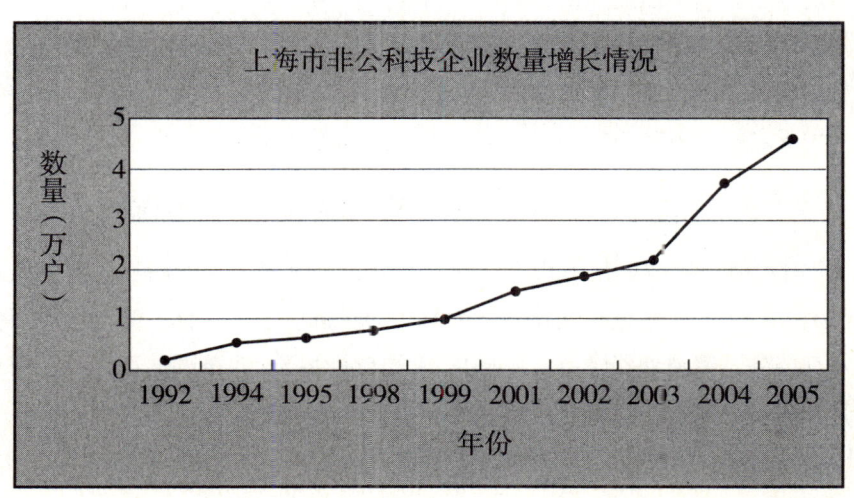

5、海归创业，多数投身高科技产业

多年来，一批又一批海外学子怀着报效祖国、回国创业的志愿，带着在国外学到的知识，从世界各地回到上海创办实业。为支持和吸引归国留学生创业，在硬件方面，上海已建成张江、嘉定、浦东软件园、漕河泾、莘莘学子、虹桥临空科技创业孵化基地，以及宝山、杨浦、莘闵等10个留学人员创业园。张江、嘉定、浦东三个留学人员创业软件园经国家科技部、人事部、教育部、国家外国专家局认定为国家级留学人员创业示范基地。其中，上海留学人员嘉定创业园区是全国最大的留学生归国创业基地。在软件方面，上海还建立了三级网络支持，包括：市政府设立专项资金，用于高层次留学人员来上海创业、工作、短期讲学的资金资助和有关补贴；各区县政府设立专项经费，支持高层次留学人员来沪创业和工作等；创业园区建立若干专业化风险资金或创业资金，为留学人员提供创业资本支持和融资担保的种子资金和担保资金，为园区内企业在吸引国际创业投资和争取上市等方面创造条件。目前，到沪工作、创业的留学人员已达3.2万人，他们中90%以上获得博士或硕士学位，其中30%有海外企业中层以上管理工作经验。至2006年12月31日，留学人员创办的非公企业已达3600余家，总投资额超过4.6亿美元。2003年尽管受"非典"影响，仍有359名海外留学人员回沪创业，共创办企业333家。留学人员创办的非公企业大多从事电子、通讯、软件、生物、医药等高科技行业。归国创业的留学人员来自英国（24.5%）、美国（21.3%）、日本（17.2%）、澳大利亚（7.8%）以及加拿大（5.1%）等国家，其中拥有硕士以上学位的占88.3%（硕士学位70.3%，博士学位18%），年龄主要集中在26~40岁之间（占70.7%）；男性占68.7%，女性占31.3%。

四、非公企业在上海经济社会发展中的作用

上海市委、市政府把城市发展定位在建设国际经济、金融、贸易和航运"四个中心"，以建设现代化国际大都市为目标。这个目标的实现，不仅依靠公有经济，借助外资经济，同样离不开非公经济。改革开放以来，上海市非公企业迅速发展，在繁荣经济、增强城市竞争力、建设"四个中心"、率先构建社会主义和谐社会中发挥了积极作用。

1、扩大了就业渠道

社会的稳定和谐首先取决于民生状况，就业机会是民生的基础。非公企业在经济社会发展中的重要作用之一就是提供大量就业岗位，维护社会稳定。非公企业在创造就业岗位，提高就业率方面具有显著的优势。"十五"时期，上海非公企业每年新增的就业岗位是公有制经济的4倍。2005年，上海非公经济从业人员达502.4万人，占全市从业人员的58.2%，2006年非公经济从业人员已达531.82万人，占全市从业人员的60.1%。（见表4）非公企业吸收就业人口的巨大潜力，有力地促进上海经济社会的发展。非公企业在五个方面扩大了社会就业：一、分流了国企改革转移出来的大量下岗人员，减轻了国企改革的压力；二、吸纳大量待业青年，缓解了社会就业压力；三、转移吸纳了大量农村富余劳动力，包括大量外省市务工人员，为新农村建设作出了贡献；四、吸纳部分海归留学人员，提高了本市就业群体的质量；五、吸收了部分行政事业单位分流的人员，有利于行政体制的改革和非公企业管理水平的提高。

表4：上海市非公经济吸纳就业人员情况表

年份	1997	1998	1999	2000	2001	2002	2003	2004	2005	2006
非公企业就业人数（万人）	73	94	116	151	198	251	318	462.01	502.4	531.8

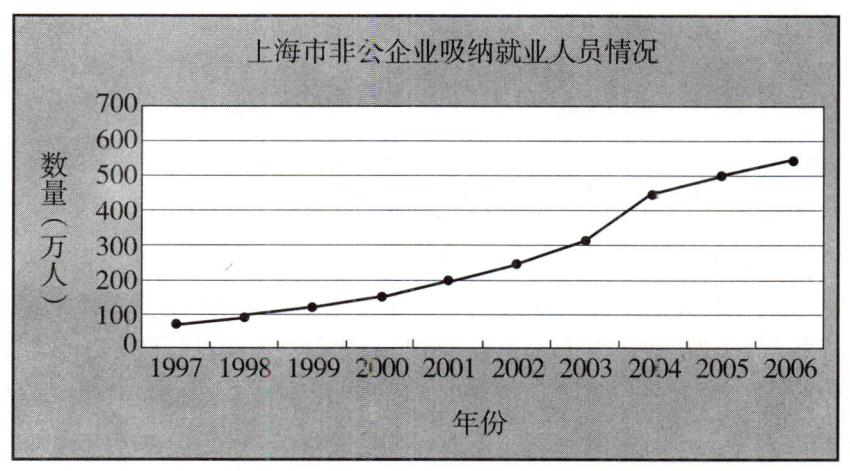

2、推动了国有企业改革

由于机制等方面的原因,改革开放以后,不少国有企业经营不善,亏损严重。十六大提出了国有资产管理体制改革,十六届三中全会又提出,要大力发展混合所有制经济,使股份制成为公有制的主要实现形式。2003年12月31日国资委和财政部共同发布《企业国有产权转让管理暂行办法》。在这些政策的指引下,上海加快了国有企业改制、国有资产重组的进程。非公企业积极参与了这一进程,不仅为解决国有企业退出问题提供了机会,较好地解决了长期以来困扰国有企业的经营不善、包袱沉重、资金短缺等问题,盘活了国有存量资本,同时还吸纳了大量的原国有企业职工转岗就业,为社会稳定做出了巨大贡献。上海积极改善非公经济的发展环境,鼓励各类非公企业成长壮大,允许并支持非公企业进入重要的领域和产业部门,还运用产业引导和优惠经济政策,帮助规模较大、有一定实力、成长性良好、独具专业经营特色和竞争优势明显的非公大企业、集团公司和"小巨人"企业,增强整合社会资源、参与国企改革的综合能力,更多以股份制形式将国资和民资融合起来,实现(国有企业)资源换活力,(非公企业)活力换资源,以资源、机制和活力的新型组合,促进国有经济和非公经济的互动发展。近几年来,上海非公企业根据自身发展需要,充分利用自身优势,紧紧抓住形势发展变化带来的机遇,通过收购、参股、租赁、兼并以及吸纳下岗职工等形式,积极参与国有企业的改革,取得了可喜的成绩,走出了企业发展的新路子。以上海中路(集团)有限公司(以下称中路集团)为例,这是一家从事制造业、投资产业和文化传媒的非公企业。其生产的保龄球设备全球市场占有率超过50%,累计实现销售收入近10个亿,上交税收6000万元。2001年6月,中路集团参与上海永久股份有限公司重组,成为第一大股东,开创了上海非公企业重组国家控股上市公司之先河。重组第一年(2001年)自行车销量达到126万辆,净增10万辆,内销名列全国第一位;电动自行车销量翻了三倍,LPG燃气助力车试销成功;2001年实现净利润883.7万元,主营业务实现恢复性增长。重组第二年(2002年)自行车销量达到146.5万辆;电动自行车销量1.3万辆;LPG燃气助力车销量1.7万辆。主营业务收入达5.5亿元,较2001年3.6亿元增加48.78%,实现净利润5255.8万元,较2001年增加494.75%,重组取得了成功,国有资产得到了保值增值。

3、增强了城市科技创新实力

在全市规模以上工业企业中，非公工业企业的研发机构占工业研发机构总数的30%以上，科技人员占15.6%，研发经费占19.5%，是一支不容忽视的科技研发力量。非公企业的研发机构规模不大，创业历史不长，但具有市场反应灵敏、原创动机强和自主知识产权比例高等特点。它们虽然并不出现在科技研究主战场上，但在开发研究环节、产业应用技术和新产品、新工艺等方面极具活力、竞争力和效率。据统计，截至2004年底，全市16373家非公企业中，研究开发费用高达171.84亿元，同比增长131.22%；申请专利5452件，获专利权2319件，实施专利2560件，不少专利已达国际领先水平。非公企业的科技"含金量"已经越来越高，有力地提升了上海科技创新的实力。在2007年召开的全国科技大会上，来自上海的非公企业获得了国家科技进步一等奖，开创了非公企业获国家科技进步一等奖的记录。

4、促进了郊区城市化建设

1992年，"富民经济小区"在青浦诞生。2005年底，郊区的经济小区已达160多个，在小区注册的非公企业已超过15万户，经营范围在国民经济行业90个大类中占2/3以上，而且越来越多地涉足科技、教育、信息、基础设施投资及部分新兴服务业领域。据统计，2005年郊区非公企业创造工业总产值达到1714亿元，占沪郊区县工业总产值的22%；非公及个体商业消费品零售额占区县总额的56%；非公企业为沪郊劳动力创造就业岗位30万余个。非公企业为上海郊区建设作出了积极的贡献。

5、提升了国际竞争力

非公企业的兴起，不仅给国有企业带来竞争压力，同时也使整个经济系统的效率和服务品质得到了提高。据2005年的统计，非公企业在经营效率上明显好于国有企业，非公企业技术开发的成本明显低于国有企业。从经济效率看，非公企业500强的平均利润率、平均资产周转率分别为4.7%和116.3%，分别高于中国企业500强的3.5%和31.9%。从经营效率指标看，和世界500强企业做一个比较，按2005年1美元兑换8.28人民币的汇率计算，世界500强企业的劳动生产率、人均利润是我国非公企业500强的5.5倍左右，我国非公企业的总资

产周转率、总资产利润率却是世界500强企业的5倍左右。也正是如此,中国非公企业的产品在国际市场上难得遇到有力的竞争对手,出口每年都以很高的速度增长。

第二章
发展现状——
上海非公企业总体概况

上海曾经是我国国有企业最为集中、国有经济比重最高的城市。随着改革开放的不断深入,政府加快管理体制转变,政策环境不断改善,社会服务体系和社会保障体系基本形成,非公企业得以迅速发展,并显示出巨大的发展潜力和空间。如今,非公企业无论是在数量、规模、结构分布、经济贡献和发展前景上,都显示出良好的发展态势,非公企业的发展已是上海地方经济的重要增长点,是推动城市经济和社会发展的重要力量。

一、数量、规模及行业分布

1、数量快速增长

近10年来,上海非公企业GDP年平均增长率达18%,大大高于全市GDP的平均增长率。到2005年底,全市非公企业单位数达47.4万家,比上年增长17.4%;2005年,上海非公企业生产总值1500亿元,比上年增长16.7%;上交利税503亿元,比上年增长36%;占全市GDP总量的16.4%,比上年上升2.9个百分点。(见表1)上海非公企业表现出的高增长态势说明,非公企业已成为一支重要的经济力量,随着时间的推移,这一重要性将愈加明显。

第一次全国经济普查数据显示,上海非公企业发展迅速,2004年底本市非公企业数35.1万家,占全部企业数的85.4%,高于全国的79.9%、北京的72.3%和广东的82.2%,但低于浙江,(见表2)较2001年增长57%,占全市企业数的比例上升了19个百分点;在第二产业中非公企业吸纳的就业量是整个第二产业职工数的83.3%，高于全国平均水平8.9个百分点。而上海国有、集体企业的数量，2004年与2001年相比，分别下降了43.9%、49.3%。

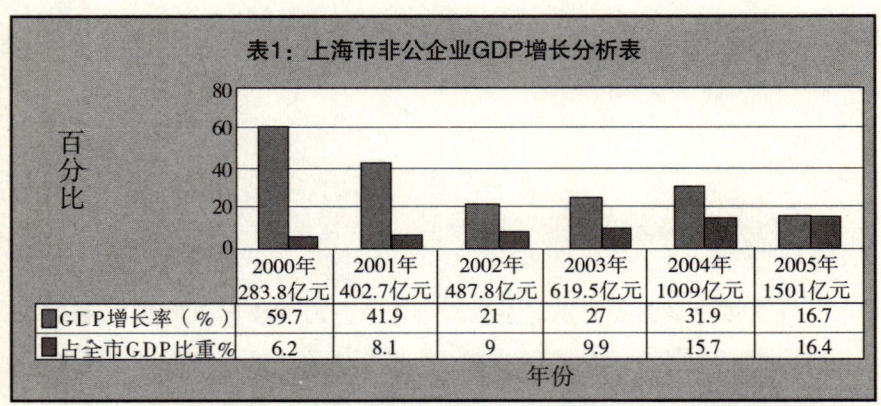

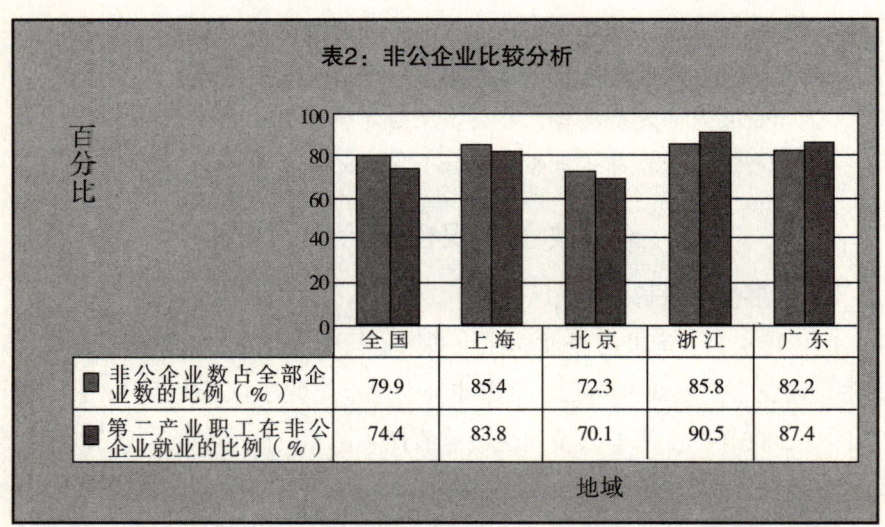

2、规模急剧扩大

2005年上海非公企业规模进一步扩大，全国百强民营企业中上海企业已达7家，进入500强的企业31家，全国排名第四位。2005年底，上海非公企业集团251户，同比增长47.7%。非公企业集团的总体实力显著增强，在全国民营企业500强中，上海复星高科技（集团）有限公司（第二名）和上海华冶钢铁集团有限公司（第七名）进入前十名，在前十强中上海占20%。2005年末，上海非公企业总注册资金为7209.3亿元。其中，年度新设立企业约13万户，比上年净增8.9万户，同比增长23.1%；新增注册资本1527.8亿元，同比增长26.89%。至2005年底，注册资本在1000万元以上的企业12.2万户，同比增长26.3%；注册资本在1亿元以上的企业566户，同比增长25.2%。外省市来沪投资设立的非公企业约25.4万户，占非公企业总数的53.6%。非公企业注册资金中，外省市来沪投资设立的企业投入资金约3572.4亿元，占总量的49.6%。2005年末，全市个体工商户达28.3万户，同比增长2.8%；注册资金37.3亿元，同比增长11.4%。民间投资进一步增长，2005年全市民间投资额942.15亿元，同比增长31.5%，占全社会固定投资总额的26.6%。

3、在国民经济中的份额日益增大

上海非公企业迅猛发展，对经济发展的贡献不断增长，已形成了国民经济三分天下有其一的态势。非公企业在国民经济中的比重、税收贡献、吸纳社会就业数量等方面全面飙升，势头强劲，空间巨大。其中，在纳税贡献方面，非公企业中的私营企业和个体工商户纳税户数61.5万户。其中私营企业纳税户数47.4万户，个体工商户纳税户数14.1万户，分别比上年增长17.4%和3.7%。私营企业上交税收达503.06亿元，同比增长35.8%，约占全市同期税收总额的18.9%；个体工商户纳税约26.06亿元，同比增长109.2%，占全市税额的1%。在非公企业吸纳就业方面，截至2005年9月底，非公企业就业人数达到501.5万，比2004年底增加63.2万人，约占全市从业人员总数的六成。非公企业成为吸纳农村富余劳动力的主力军，2005年非公企业中城镇私营企业从业人员、个体劳动者及非正规劳动就业人员共计266.61万人，占全市城镇从业人员总数的44.6%。在非公企业参与国企改革和产权交易方面，据上海联合产权交易所统计，2005年上海民间资本产权成交金额104.10亿元，比重占12.6%。民间资本作为产权交易的出让方，涉及交易585宗，同比增长43.03%；交易额为93.08亿元，同比增长27.26%。2005年，全市非公企业受让国有产权、集体产权宗数连续两年超过整个市场宗数的50%，交易总额连续两年超过250亿元。

4、组织形式和产业分布进一步优化

随着经济全球化和市场经济的进一步深化，非公企业为适应市场竞争，组

织形式进一步优化,混合经济样式得以凸显。2005年末,非公企业中有限责任公司为42.57万户,约占非公企业总户数的89.82%,比上年增加0.42个百分点;个人独资企业4.62万户,占9.74%,比上年减少0.36个百分点;合伙企业2074户,占0.44%,比上年减少0.06个百分点。随着市场准入门槛的降低,非公企业在科技、教育、基础设施、市政建设、医疗服务等领域呈增长态势,产业分布进一步优化。至2005年底,上海市非公企业中从事第一产业的企业为1592户,注册资本为26.4亿元;从事第二产业的企业为10.5万户,注册资本1622亿元;从事第三产业的企业为36.8万户,注册资本为5560.9亿元。非公企业在一、二、三产业结构中的比例为0.34:22.11:77.55。(见表3)尤其值得关注的是,2005年,非公企业投资新办物流企业1.2万户,同比增长61.9%,投资新办信息传输、计算机服务和软件行业达1.07万户,同比增长40.1%。

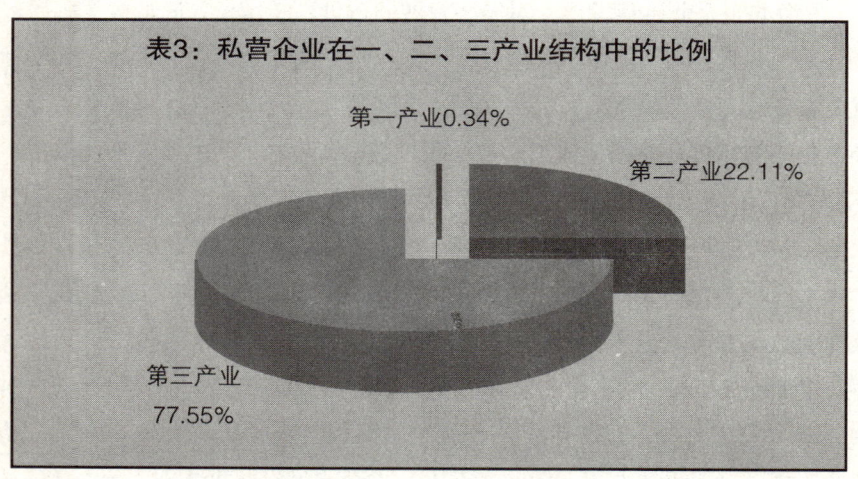

二、发展变化中的显著特点

1、平均规模小,传统、民生领域比重大

上海第一次经济普查结果显示,上海非公企业中私营企业平均从业人员仅11.9人,小企业占了绝大多数;规模以上(指年产品销售收入500万元以上)的非公有工业企业较少。统计表明:上规模的非公企业仅3372家,占全部非公工业法人单位数的0.08%;第三产业中非公企业一枝独秀,在全部第三产业

的法人单位中，非公企业为22万个，占66.8%。从行业分布看，主要集中在传统的、民生依赖度较高的批发零售业、租赁和商业服务业，这类企业共21.7万个，占第三产业法人单位数的56.2%。其中，批发零售业中非公企业12万个，占全部批发零售业法人单位的85.5%，成为批发零售业的主要力量。在住宿业的低星级宾馆、旅游饭店和一般旅馆中，非公企业占有相当份额，共529家，占34%，从业人员1.3万人，占13.1%。餐饮业法人单位中非公企业4400家，占72.8%，从业人员11.3万人，占60%，非公企业成为主角；限额以上批发零售贸易企业较少，批发业（指年末从业人员20人以上，年主营收入2000万以上）的非公企业仅174家法人单位，975家产业活动单位，从业人员2.0091万；零售业（指年末从业人员60人以上，年主营收入500万元以上）的非公企业209家法人单位，834家产业活动单位，从业人员3.2898万。二者合计仅占全部三产中批发零售业非公企业数的1.8%和从业人员数的5.7%。非公企业平均规模小，是因为上海长期受计划经济影响，改革开放初期，国有企业仍占主导地位，非公企业发展空间受到影响，随着改革开放的不断深入，这种影响将不断减小，上海非公企业将会进一步做强做大，目前，平均规模较小只是发展的阶段性特征，有其历史的必然性。上海非公企业的成长，多是通过规模有限的自身资本积累的方式完成的，随着非公企业大量通过重组和上市来增加企业发展资金，大型非公企业和非公企业集团将大量涌现。

2、经济增长快，企业数量多，但经济实力相对较弱

2004年全市私营企业的数量占全市企业数的66.8%，较2001年增长92.4%（同期全部企业数仅增22.2%），高于浙江（58.4%）、广东（43.6%），但低于深圳（105.3%）；第二产业非公企业职工151.7万人，占全市第二产业从业人员的34.1%，高于广东（23.5%），低于浙江（50.6%）（见表4），其中非公建筑企业职工占全部建筑业从业人员的46.8%。上海非公企业的个人资本相对较弱，个人资本仅占全部企业实收资本的21.4%，比全国（28%）低6.6个百分点，也低于浙江（52.3%）、广东（27.7%）和深圳（27.4%）的企业业主（见表5）。（即使剔除港澳台资本和外商资本云集的特殊原因，个人资本占全部企业实收资本的比例也只有26.3%）；个体户从业人员占全市从业人员的比例为5.1%，低于北京的15.5%，深圳的17.1%和全国的30.5%。

表4：非公企业发展状况的比较分析

	上海	北京	浙江	广东	深圳
非公企业占全部企业的比例（%）	66.8	49.6	70.7	56.5	68.4
非公企业数2004年较2001年的增幅（%）	92.4	—	58.4	43.6	105.3
第二产业职工在非公企业就业的比例（%）	34.1	20.6	50.6	23.5	—

表5：个人资本占全部企业实收资本的比例(%)

	全国	上海	浙江	广东	深圳
个人资本比例	28	21.4	52.3	27.7	27.4

3、科技型企业发展迅猛，在科技创新中初露头角

近几年，许多有战略眼光的非公企业纷纷加大研发投入，重视企业的科技创新，扩造企业的品牌新形象，更多非公企业积极跻身科技领域。在2005年全市1701项科技成果中，非公经济有54项，占总量的3.1%。其中，属于国际领先的有4项，达到国际领先水平的有21项。截至2005年底，全市非公企业技术中心已达38个。上海第一批29个科教兴市重大项目中，非公企业承担的项目达到10个。非公企业2005年的受理专利申请量22918件，占上海全年受理专利申请量的70%；非公企业注册商标39200件，占总量的40%。2005年上海著名商标新申请155件，其中非公企业占60.1%。至2005年底，上海市名牌产品已有422项，其中非公企业88项，占20.9%。

4、非公外贸企业进一步发展，出口创汇能力逐步增强

随着经济全球化，非公企业为更好地增强企业的生存能力，纷纷走出国门，开拓国际市场，非公外贸企业从规模数量到出口能力都有很大的增长。上海市政府也加快了对外贸经营资格准入制度进行改革，取消了外贸经营资格的审批，实行核准、登记制度，并且规定企业不论何种所有制，一视同仁。在全国率先实行非公企业可以申请设立进出口公司，进一步促进了非公外贸企业迅速增长。2001年11月10日中国加入WTO是我国非公企业全球化的重要节点，2003年底，上海共有非公外贸企业5469家，占全市外贸企业总数的69.93%，其中2003年新增非公外贸企业3489家，占当年新增外贸企业总数

的25.79%。2003年，非公外贸企业出口额18亿美元，占全市出口总额的3.74%，其中出口超过500万美元的非公外贸企业75家，超过1000万美元的24家。2005年，非公企业完成出口74.92亿美元，比上年增长76.2%，占全市出口总额的8.3%。到2006年，上海有非公外贸出口企业2.3万多家，完成出口115.58亿美元，占全市出口总额的10.2%。经过多年努力，上海非公企业集团的资本触角已逐步伸展到新加坡、德国、澳大利亚、以色列、英国、新西兰、美国、巴西、南非等国家及中国香港地区。

5、注重拓宽发展空间，加快服务全国和"走出去"步伐

为寻求更大的发展空间，上海非公企业加快走出上海、走出国门的步伐。在服务全国方面，取得了令人瞩目的成绩。除了复星集团、均瑶集团等大企业集团进一步加大了全国市场和资源的整合力度外，还有怏鹿集团投资镇江工业园区、安信地板（集团）投资东北林业资源、华东电器集团投资西安商业地产等众多上海非公企业对外投资项目。据不完全统计，到2006年2月底，全市非公企业仅参与中西部地区的投资项目就达130个，投资总额达203亿元，累计到位资金80亿元，从而在自身发展的同时，也为全国的经济发展做出了积极贡献。在向国外发展方面，上海非公企业加快了"走出去"步伐，2005年与2001年相比，非公外贸企业增长了52.8倍，出口额增长了约176.1倍。2005年一年新批非公对外投资企业就有32家，占全年新批对外投资企业总数的55.2%，对外投资总额达3900万美元。非公企业投资延伸至40多个国家和地区，涉及行业有资源性项目、科研开发项目、带料加工项目以及进出口贸易和服务项目。上海海欣集团出资2500万美元，收购了世界最大纺织面料生产企业，获得了现成销售网络和46个商标的永久使用权；上海曦龙生物医药公司与新西兰科研机构合作研究，研制抗癌药物，并取得了美国FDA的资质认可；复旦光华信息科技公司、万科仪器公司等企业在我国香港地区和澳大利亚设立IT产品研发机构和软件开发中心，利用当地的信息、技术优势，借机、借脑、借物开发新技术，研究新产品，提高了企业国际竞争力；2005年上海泓邦企业发展有限公司在南非购买矿山，从事有色金属的开采，为上海企业的发展提供了资源型基地；东方希望集团在越南南部和北部设立两家饲料生产企业，取得良好的经济效益，每年带动国内出口达100多万美元；上海

安信地板公司买下了巴西1000平方公里原始森林,建立了两家木材加工厂。

6、在第二、第三产业领域日益活跃,初步呈现出都市型特征

经国务院批复的《上海市城市总体规划(1999—2020年)》,进一步明确上海城市发展的战略目标是把上海建成现代化国际大都市和国际经济、金融、贸易和航运中心之一。在这一政策大背景下,近几年上海非公企业的发展呈现出都市型特征。都市型工业的主要特征是小批量、多品种、更新快、劳动密集型,属于创业型、就业型的企业;出版业、广告业、网络业、新媒体业、演艺娱乐业等新兴产业自身也呈现出都市型特征。这些行业主要集中在第二产业和第三产业,它们的行业特征与非公企业的要素特征较接近,从而成为非公企业进军的重要领域。近几年,在第二产业中,非公企业已逐渐成为上海都市型工业的主力军,所涉及的行业主要有服装服饰、食品加工、包装印刷、室内装潢及用品、化妆及洗涤用品、工艺美术及旅游用品和小型电子信息产品等,这些行业不仅有鲜明的都市型消费特征,而且是国有力量最薄弱的领域。资料显示,上海非公企业在第三产业领域的产业结构发生了变化,社会服务业的份额大幅度提高,且越来越多地涉足计算机服务业、软件业、广告业、咨询业、技术服务等拥有一定技术含量的现代都市型服务业。1997年,上海从事第三产业的非公企业比重为73.5%,并主要集中在传统的商贸餐饮、交运仓储和一般的社会服务业;2003年,上海第三产业非公企业的比重还是73.5%,但商贸餐饮所占比例已由1997年的63.9%下降为45.6%,而社会服务业则由7%上升为16%。

7、与城市地位相匹配,港澳台资本和外商资本大量集聚

上海"四个中心"建设日益推进,初显国际化大都市姿态,海外投资者越来越看好上海发展形势,大量资本流向上海这块投资热土。全市非公企业,包括私营企业、个体户、港澳台投资企业和外商投资企业等的比重高于全国:2004年非公企业数占全市企业数的73.6%,较全国(65.7%)高7.9个百分点,高于广东省(68.9%),低于浙江省(74.8%)和深圳(83%);非公资本占企业实收资本的51.6%,较全国(44%)高11.6个百分点,但低于浙江(69%)、广东(60.6%)、深圳(70.9%)(见表6)。第一次全国经济普查数据还显示,上海是港澳台资本和外商资本的重要集聚地。港澳台资本和外

商资本占全市企业实收资本的30.2%，高于全国的16%、浙江的16.7%，低于广东的32.9%、深圳的43.9%，其中外商资本的积聚度为13.8%，高于广东省的12.4%。

表6：非公经济发展的比较分析

	非公企业占全部企业数的比重（%）	2004年较2001年非公企业数占全部企业数比例的增幅（%）	2004年较2001年非公企业数的增幅（%）	非公资本占企业实收资本的比例（%）
全国	65.7	—	—	44
上海	73.6	29.9	105.3	51.6
北京	52.6	—	—	—
浙江	74.8	18.1	57.9	69
广东	68.9	14.3	35.9	60.6

三、制造业、服务业及房地产业中的非公企业

上海非公企业在制造业和服务业的一些重要行业表现突出，发展空间和潜力巨大。

1、制造业领域

全市455个制造业小类中，非公企业表现不俗，其中246个行业进入了前六名。47家企业行业排名第一，62家企业行业排名第二，70家企业行业排名第三，94家企业行业排名第四，90家企业行业排名第五，156家企业行业排名第六。上海非公企业在基础装备产业领域大展身手，投资规模和市场份额稳步增长，与国有大型装备产业相媲美，一批有代表性的非公企业在装备产业的影响力越来越大。在信息产业方面，非公企业凝聚大量人才，大胆开拓创新，形成一批拳头产品，企业不断发展壮大，展讯通信、复旦微电子、高智科技等一批非公企业成为行业代表。在生物医药产业方面，非公企业发展势头迅猛，复星医药、科华生物工程、绿谷（集团）等已成为生物医药产业的代表。在新兴产业方面，广大非公企业大量进入，积极创业，发展空间广

阔。如，上海华明电力设备制造有限公司已成为国内第一、世界第二的有载分接开关企业，国内市场占有率达80%；上海惠生化工工程有限公司成为亚洲唯一一家乙烯裂解装置改造企业；上海华普汽车有限公司2005年产销汽车24518辆，比2004年增长143.6%，居全国汽车行业增幅之首；上海干巷汽车镜（集团）有限公司主导产品"蝴蝶牌"轿车后视镜国内市场占有率达到70%；中国龙工（上海）机械制造有限公司的主导产品——龙工牌装载机获得了"中国名牌产品"称号；展讯通信有限公司成功开发了中国首个具有自主知识产权的GSM/GPRS基带处理芯片/软件及系统解决方案，打破了手机芯片核心技术长期以来被国外公司垄断的技术堡垒；上海宽频科技有限公司首创的"中国芯"及其系统设计达到了世界先进水平；上海延华智能科技有限公司研发的"数字社区综合信息管理平台"被国家科技部、商务部、质量监督检验检疫总局、环境保护总局等四部委联合评定为"国家级新产品"；步行博科科技资讯有限公司开发出了"全球首个ERP自主平台"；上海复星医药（集团）股份有限公司研制的"青蒿琥脂"处于世界领先水平；上海数康生物科技有限公司开发的C12属世界首创；微创医疗器械（上海）有限公司生产的药物支架等主要产品绝大多数为国内首创；上海神力科技有限公司已申请质子交换膜燃料电池技术中国专利、美国专利260项；上海杰事杰新材料股份有限公司凭借25项授权发明专利和上百项发明专利，站在了中国工程塑料开发的制高点上；上海安乃驱动技术有限公司处于国内新能源汽车和电机系统研究的领先地位。在经营模式创新方面，上海美特斯邦威集团有限公司开创了国内服装行业"虚拟经营"的先河。

2、服务业领域

2005年，上海在"四个率先"发展理念的指导下，现代服务业得到了长足发展，非公企业也根据服务业的商业投入相对较低、经营风险小、进退自如等特点，在服务行业进行广泛投资，加速发展。通过对互联网信息服务、计算机服务业、软件业、租赁业、企业管理服务、法律服务、咨询与调查、广告业、知识产权服务、职业中介服务、旅行社、会议及展览服务、工程管理服务、技术推广服务、科技中介服务、理发及美容保健服务、洗浴服务、婚姻服务、新闻出版、广播电视电影和音像业、室内娱乐活动、游乐园、休闲健身娱乐活动、批发、百货零售、超级市场零售、正餐服务、快餐服务、饮料及冷饮服务、旅游饭店和一般旅馆等31个服务行业分析,10家企业行业排名第三,7家企业行业排名第四,8家企业行业排名第五,8家企业行业排名第六。如,在网络旅游服务领域,携程网成为行业领军企业;在连锁经济型酒店领域,莫泰168已成为行业最知名的品牌;在民用航空领域,春秋航空成为国内第一家低成本航空公司;在数字娱乐领域,盛大网络公司成为全国的行业龙头;在钢铁物流领域,华冶钢铁集团开辟了国内钢铁物流新模式;在新媒体领域,分众传媒凭借在上海的楼宇广告经营成功在纳斯达克上市;在物流行业,有佳吉快运、远成等全国知名物流企业。非公企业正在尝试进入金融、公共服务等领域。如,上海三宝农产品经纪有限公司经过多年的市场开发,已形成一张水产销售经纪网,对各个水产市场的消费特点、行情波动了如指掌,年销产品上千吨,年销售额达到5000多万元,带动了奉贤、青浦等虾苗养殖业的发展;上海瀛生实业有限公司是一家以水产养殖业、农产品加工与休闲旅游三大主业为支撑的实业体系,2001年开始,公司收购了天鹤大酒店,并将其改造成崇明岛最高规格的三星级涉外宾馆,配套建立了两处休闲度假基地,主要以"农家乐"等形式开发生态旅游,吸收了当地许多农村的富余劳动力。

3、房地产业领域

上海房地产业近几年持续升温,房价也呈总体上升趋势,从上海举办世博会和上海交通枢纽建设等整体发展情况看,上海的房地产业仍然前景看好。在上海房地产业领域中,非公企业成长迅猛,进一步做强做大,竞争实力越来越强劲。复地(集团)股份有限公司是上海最大的房地产开发公司之一,主营房地产开发与经营业务,一级开发资质,香港联交所主板H股上市公司,2005年(第5届)中国房地产上市公司十强企业。截至2005年6月,复地集团共有25个在开发项目,总建筑面积约为1828000平方米。上海瀛通(集团)有限公司总资产达16亿元,注册资本1.2亿元,已成为上海房地产市场的知名品牌,现发展成以房地产开发为主业,涉及建筑安装、物资贸易、房地产开

发、房地产销售等集团化大型企业。上海证大置业有限公司是一家以专业投资理财服务和房地产开发为主,总资产逾40亿的大型民营企业集团,2004年,"证大"商标被评为"上海市著名商标"。上海鹏欣(集团)有限公司是以房地产开发为主,基础设施投资、金融和高科技开发等多元并进,高速发展的大型企业集团,现有全资、控股子公司10多家,资产达10多亿元。上海明泉房地产开发有限公司成立于1994年,注册资金5000万元人民币,具有二级房地产开发资质,先后被评为上海市百强私营企业、上海市A类纳税信用单位、中国人民银行A级资信等级企业。上海建德企业发展有限公司是从事房地产开发、经营和管理的专业公司,2004年度被评为上海青浦工业园区民营经济二十强企业。上海正阳(集团)有限公司是一家有着近十年房地产开发经验,总资产达数十亿元的企业集团,实力进入第二、三届上海房地产开发企业50强,2005年位居全国房地产百强企业第74位,2005年9月获颁"2005年中国房地产品牌价值研究成果鉴定书"。上海兴盛实业发展(集团)有限公司,资产规模27.5亿元人民币,净资产5.22亿元人民币,具有累计全额投资、独家开发总量130万平方米的骄人业绩,是一家以房地产开发为主业的综合性产业集团。

四、在反哺农业中展现身手

广大非公企业在自身发展的同时,积极参与上海郊区建设,在反哺农业中发挥了很好作用。

1、参与公共基础设施建设

近年来,非公企业积极参与郊区农村的基础设施建设,改善了群众的出行条件,优化了生存环境,提高了群众的居住水平。松江区非公企业家程荣昌从1995年起,先后投入资金1.3亿元,造林1.1万亩,其中包括8400亩黄浦江上游水源涵养林,在创造经济价值的同时,也践行了郊区的"清洁家园"行动计划,改善了生态环境,美化了居民的生存环境。

2、发展现代农业

截至2005年底,全市非公企业建立了拥有一定规模的农业产业化经营组织共计730家(含11家国家级重点龙头企业),销售收入达390亿元,从业人员

9.38万人,带动农户近50万户。上海高榕食品有限公司(上海蔬菜行业协会会长单位)是中国农副产品最大的龙头企业,从事保鲜蔬菜、食用菌等农副产品种植、加工和出口,在上海发展蔬菜种植3.4～4万亩,带动农户8000到10000户,在全国各地建立了9个大型生产基地,蔬菜种植面积超过20万亩。上海瀛通(集团)公司与崇明前卫村共同组建"上海前卫瀛通现代化都市循环型生态农业示范园区",瀛通、前卫、交大三方全方位合作,成立了"上海前卫大通循环型生态科技发展有限公司",以示范性循环产业作为输入,市场化经营,股份制运作,实现优势互补,共同发展,成为2010年上海世博会现代化农业的示范点。

3、发展科技产业

近年来,郊区还出现了一大批科技"小巨人"非公企业,如青浦区2004年非公"小巨人"企业完成工业产值53.6亿元,占全区工业产值的7.6%,同比增长44.9%,高于全区工业总产值增幅22.7个百分点。据统计,郊区科技型非公企业均占本区县科技企业数量的90%以上。科技企业在研发农业新产品,推动产业发展方面发挥了重要作用。被授予"中国品牌猪"的上海祥欣畜禽有限公司,投资1300万元建设种猪基因改良中心,丰富了国内种猪的育种基因库。

4、兴办社会事业

近年来,非公企业在教育、卫生等领域投资活跃。上海建桥(集团)有限公司于1999年投资5.5亿元,在南汇康桥创办上海建桥学院,校园占地487亩,开设7个系,6个本科专业、28个高职专业,面向全国招生,现有在校生8000余人,连续三届毕业生就业率超过96%。2006年4月,该集团投资3亿元人民币兴建上海市首家老年社区,可提供约1800张养老床位。亚龙集团、均瑶集团等一批民营企业集团也都投资教育,参与郊区农村社会事业建设。

五、保障和服务非公企业的举措

1、制订和出台了利于非公企业发展的政策规定

2005年,上海市政府认真贯彻国务院出台的《关于鼓励支持和引导个体私营等非公有制经济发展的若干意见》等政策规定,相继出台和制订了《关于

推进本市国有中小企业改制重组的指导意见》、《关于上海市转制科研机构深化产权制度改革的若干意见》、《关于推进本市农业旅游发展的若干意见》、《上海市大学生科技创业基金管理办法》、《推动本市银行业金融机构改进小企业融资服务的工作方案》，以及市政公用行业特许经营、发展民办医疗机构等方面的配套政策措施，各区县也充分发挥各自优势，结合自身特点，制订和出台了一系列政策规定，进一步放宽了市场准入条件，加大了非公企业创业、创新扶持力度，改善了融资环境。

2、搭建了一批促进非公企业发展的服务平台

上海市社会服务局举办了"改革与发展"系列讲座，在东方广播电台FM97.7开辟了"非公星空"栏目，开办了"两新高级人才培训学校"，为非公企业提供培训、政策咨询和典型宣传服务。上海市经委在《文汇报》创办了"新沪商"专版，进行正面宣传和引导；通过完善"上海中小企业网"建设，整合政府部门、市区县服务机构和中介机构等各方面的信息资源，在平台上形成信息交互、发布、存储、分析的功能，为非公企业中的中小企业提供信息和综合服务。通过设立上海市研发公共服务平台，积极吸收社会科技资源，为科技型非公企业发展提供了有力的技术研发支撑；建设非公经济与国资产权交易服务平台，使之成为民资、国资联动发展的重要纽带。上海还建立了民营经济发展促进中心，通过协调社会资源为民营经济发展服务，为非公企业提供了良好的综合性服务。

3、形成了全社会共同为非公企业发展创造机会的氛围

2005年，上海市经委、市发改委和市工商联共同举办了"民营企业家·上海产业发展咨询会"，邀请全国23位知名企业家为上海"两个优先"献计献策，并由市政府产业部门向参会的民营大企业介绍了上海产业发展的相关政策；上海联交所与上海民营经济促进中心联合举办"国有产权与民营资本对接项目信息发布会"，利用上海联交所产权信息和交易平台，发布项目58个，参会民营企业超过100家；上海民营经济促进中心举办"民营企业家·上海'十一五'发展专项规划思路系列讲座"，帮助企业家了解本市产业发展方向，已有近百家民营企业参加此项活动；香港贸易发展局与市经委组织"上海市民营企业家赴香港考察培训班"，帮助民营企业"走出去"，共有

16家企业的董事长、总经理参加；香港生产力促进局与上海联交所等举办"沪港投融资论坛"，帮助民营企业拓展融资渠道，近200家企业参加；临港新城管委会组织召开"上海装备产业基地建设与民营企业合作推进会"，引导重装备制造和现代服务产业领域的民营企业向临港集聚；《解放日报》与市工商联举办以"科教兴市——民营企业的使命和发展机遇"为主题的科教兴市论坛专题研讨会；市工商联主办了"相约海滨·民营企业家看金山"和"聚焦南汇——长三角知名民营企业家临港新城行"活动。这些活动，为非公企业提供了服务，对扩大非公企业的影响，创造其发展机会起到了很好的作用。

六、影响非公企业发展的内外因素

随着我国市场经济的日趋完善和经济全球化的形成，经济发展环境进一步得到优化，非公企业发展有了更为广阔的经济舞台，很多非公企业走出生存期，逐步走向发展壮大的成熟期，成为推动国民经济发展的重要力量。与此同时，市场化的完善和经济全球化的形成，也为非公企业带来了更多更为复杂的市场考验。我国非公企业很多都是从家族企业演化而来，缺乏科学的内控管理体系，缺乏适应外部环境的自变能力，还存在着这样那样的问题，亟需关注和加以改进。

1、发展环境虽已比较宽松，但仍需进一步优化

（1）市场壁垒还有待取得新的突破。以落户松江的温州高低压电器生产企业为例，企业为全国最大的工业电器高科技产业集团，产品远销70多个国家和地区，但产品还没有进入上海市场，市场保护是主要原因。同样，一家光电源生产企业，历时四年研制成具有节电50%～90%、10年质保期优点的新型电光源，被国际光学界誉为"超越世界照明技术的发明"，产品先后进入了天安门广场灯光改造、北京奥运会道路照明等重大示范工程项目，但在上海市场却难以形成销售使用的规模效应。闵行的一家汽车配件企业，技术先进，产品质量优异，可给高档汽车配套，但就是进不了上海著名的汽车生产企业，而其德国总部却对企业产品表现出了浓厚兴趣，准备大量采购。综观这些实例，买方往往集中在行业内1至两家垄断集团或事业单位，受部门利益

影响,与原有卖方形成了利益联合体。非公企业要想突破,有所作为,困难较大。

(2)市场保护措施还有待逐步健全。目前,由于缺乏适当的市场保护,大量可以国产化的产品还在大量进口,受其影响和冲击,非公企业研发热情不高。当年韩国的汽车制造基础没有我国的好,但现在韩国汽车自主品牌已远远超越我国,重要经验之一就是对国外部分产品的限制,对国内企业的过度保护。与此同时,重复引进比较严重,有些国外淘汰的生产线在中国市场却被众多厂家争着要,最后价格被抬得很高。在引进的合作项目中,由于缺乏核心技术和品牌,受制于人,在合作和竞争中处于劣势,这对非公企业冲击很大,很多企业家对此忧心忡忡。

(3)融资渠道还有待进行新的拓展。调查发现,90%非公企业的融资渠道来自自有资金和银行贷款,主要用于注册及初创期营运资金、产品科技开发经费、经营所需流动资金、生产扩大所需固定资产购置等。但本身自有资金数额有限,银行贷款又缺少资产抵押和担保机构,且多数为短期贷款,一旦银根紧缩,非公企业首当其冲,企业正常发展必然受到冲击。属于无形资产的知识产权抵押困难重重;国内的各种风险投资基金,只是锦上添花,而非雪中送炭;企业直接融资的资本市场尚未有效形成。这种企业资金来源单一和融资受阻的局面,直接阻碍了非公企业发展和自主创新的后续投入。

(4)政府监管体制还有待逐步理顺。在市政府的职能部门中,市发改委负责制定政策,市社会服务局负责综合协调服务,市工商局负责登记和年检,市经委(小企业办)负责中小企业的产业协调和发展等。各部门掌握的往往是全市非公企业发展中某一方面的情况,而且相互间的信息交流存在滞后现象。一旦非公企业面临重大困难或发生经营危机,会遇到监管责任主体不明的问题,给问题的及时有效处置带来不良影响。

2、管理结构缺乏科学理性,对企业良性发展制约较大

一些非公企业领导者集权、家族化管理现象严重,管理能力和管理素质差,内部财务管理有很大的随意性和盲目性,投资中缺乏整体战略意识,只注重企业的生产活动,不注重财务管理,造成财务管理混乱,失去了财务管理在企业管理中应有的地位和作用,不能通过投资培育自己独特的技术或核心竞争力，不利于企业长远发展。一些非公企业的创业者是企业的所有者，长期担任企业董事长兼总裁职务，往往凭借过去的经验管理企业，企业的战略目标以及实现目标的途径和手段并不清晰，在企业内部没有形成战略共识，缺乏战略指导，盲目投资或扩大规模，企业的决策风险较大。一些非公企业组织结构分工不明确，绩效管理工作开展不力。非公企业发展到上亿元的规模后，许多企业都成立了集团公司，但由于缺乏战略指导，集团公司与子分公司，集团公司的职能部门与子分公司的关系定位不清晰。大量中型以下非公企业在组织结构设计上具有一定的盲目性，存在管理职能缺项，企业产品质量管理、技术管理和安全管理等职能部门不被重视，精减人员时常常首当其冲。由于部门间分工不明确，组织结构调整频繁，企业一般没有详细的部门和岗位职责说明书，也没有正式的工作流程，员工只是按照惯例和领导的安排完成日常工作。由于缺乏明确的部门职责和岗位职责，工作没有计划，企业的绩效管理工作难以开展，员工的职位晋升、薪酬晋升管理缺乏科学的依据，影响了工作积极性并造成优秀人才流失。

3、企业文化培育关注较少，内聚力明显不够

一些非公企业家的自身文化程度不高，对企业文化的重要性更是认识不足，因此对企业文化缺乏引导和建设，而企业自身发展过程中自然形成的文化则往往具有较多消极因素，最终导致在企业内部难以形成统一的价值观。有的非公企业家时常会有重点培养本地员工（本地员工只局限于企业所在的县或区）的意识，这种思想在企业内具有传染性，本地员工因此很容易形成高人一等的感觉和狭隘的排外思想。这样，企业业主与非本地员工之间、非本地员工与本地员工之间缺乏必要的信任，非本地员工心理上常常产生强烈的失落感，要么"埋头做事、低头做人"，要么选择离开企业，而企业急需的技术人才与技术工人又较多来自外地区。在国际化、全球化的今天，这种狭隘的地域意识、小农意识十分有害，极大地影响企业的发展。在这种企业文化氛围中，大部分员工认为企业属于老板个人，而看不到企业与自己、企业与社会的联系，不能在心态上与企业休戚相关。企业也不重视模范员工的榜样宣传，缺乏集体活动或重大事件的宣传。在这样的非公企业中，工作生活就像一潭死水，员工士气不高，企业凝聚力差。

4、企业人力资源管理不够合理，缺少战略规划

很多非公企业对人力资源管理缺少战略规划，大多只体现在一些规章制度上，如，工资制度、人员调配、晋升等常规性的工作计划，而没有按照企业发展战略的需要，制定员工包括管理人员的开发、选拔、培养、任用、激励等方面的系统规划，不仅使非公企业很难随着发展的需要及时发现和选拔优秀人才，而且，现有员工的工作能力、技术水平、思想道德素质也得不到发展，难以调动其积极性、主动性、创造性，更难挖掘员工的潜能，从而严重阻碍企业发展目标的实现。一些非公企业，特别是中小企业，没有专门的人力资源管理机构，其职能多为总经理或办公室兼任。有的非公企业只强调"管"，而忽视了人的"积极性"、"创造性"和"反抗性"。一些非公企业的老板，不想也不愿在员工培训上下功夫，实施"不用不招、现用现招、不行再招、只用不养"的功利措施，导致人才队伍不稳，思想涣散。

5、片面追求高利润、高回报，信用建设亟需加强

从调查的情况看，上海一些非公企业面临着信用缺失问题。一些非公企业内部信用管理不规范，信用等级低，失信事件时有发生。一是融资信用缺失。有的缺乏对融资信用的重视，在向银行借款时就没有考虑怎样还贷，有的甚至根本就没有打算归还，给非公企业树立了不好的形象，银行普遍认为非公企业的信用风险偏高。二是商业信用缺失。一些非公企业存在大量信用交易违约行为，严重影响了企业生产经营的正常运转，也干扰了市场经济的正常秩序。三是生产信用缺失。有的使用劣质、有害的原材料，采用非法生产方式，制造假冒伪劣产品；有的做虚假广告，欺骗消费者；有的严重侵犯他人商标权和专利权，谋取暴利等。四是财务信用缺失。有的与审计机构串通一气，制造虚假的财务数据，少纳税或者不纳税；有的甚至通过虚设分公司，开设多个不同账户，以达到套利目的。五是个人信用缺失。部分非公企业业主单纯追求利润，出现假冒伪劣、偷税漏税和走私行贿等不诚信的行为。

第三章
科技创新——
上海科技型非公企业概述

科技型非公企业作为一个充满活力的企业群体，近几年得到了快速发展，产品科技含量不断提高，在介入新兴行业、开拓海外市场和资本市场融资中取得了重大突破，在上海经济社会发展中的重要地位日益凸现。

一、上海科技型非公企业概况

1、加速发展，成为上海"科教兴市"的重要力量

统计数据显示，至2004年底，上海科技型非公企业的总数为1.6万余家。从业人员47.99万，从事科技活动人员17.99万，科学家和工程师10.8万，技术员6.95万。企业资产总额达到3221亿元，科技投入171.84亿元，销售总收入2834亿元，同比增长32.3%；完成利润160.79亿元，利税总额同比增长33.44%，上缴税收136.48亿元；出口创汇达31.3亿美元，同比增长245.5%。

一批规模大、技术水平较高的科技型非公企业成功崛起。年销售收入超过1.2亿元的企业有256家，有的已成为万人大厂，为国民经济发展做出了重要贡献。2004年全国民营企业500强中，上海科技型非公企业有两家进入前十名，分别是位列第三的上海复星高科技（集团）有限公司和位列第七的上海华冶钢铁集团有限公司。

2、交易活跃，充当高新技术成果转化项目的"主力"

至2005年底，全市共认定高新技术成果转化项目3555项，其中非公企业2492项，占70.1%。2005年新认定高新技术成果转化项目602项，其中非公企

业458项，占76%。2005年1~5月，上海共成交技术产权243宗、交易量166.79亿元，其中非公企业分别占18.56%和16.27%。

3、提高"智商"，初步确立企业自主创新主体地位

2005年，上海非公企业申报专利被受理量22918件，占全市受理量的70%，思源电气一家非公企业就有6项核心技术获得"国家发明专利"。全市共认定高新技术企业2303家，其中非公企业1538家，占66.78%。

2004年上海科技型非公企业共拥有产品3989项，其中处于国际领先的有243项，占产品总数的6.1%，属于国际先进的872项，占产品总数的21.9%，二者占了产品总数的28%。2005年新评定的66件上海市著名商标中，非公企业拥有30件，占45.5%。非公企业注册商标占全市比重为40%，著名商标所占比重为19.5%。

在2006年初公布的"2006福布斯中国潜力100榜"中，上海有6家科技型非公企业上榜。第一次入榜便进入第5位的掌上灵通，主要提供无线增值服务；同样是首次上榜的微创医疗，主营业务是心脏支架等医疗设备；前程无忧、携程、荣盛生物技术及友声衡器等4家上海非公企业，也都以创新见长。上海百强私营企业中，有11家列入上海科技型非公企业百强，两家进入十佳自主创新领先企业。

4、初显身手，在新兴领域展示不凡业绩

据统计，至2004年底，在制造业，科学研究、技术服务和地质勘查业，信息传输、计算机服务和软件业等众多行业中，科技型非公企业的数量较集中。其中，服务于制造业的企业有5474家，占总数的33.43%，服务于科学研究、技术服务和地质勘查业的企业有3914家，占总数的23.91%，服务于信息传输、计算机服务和软件业的企业有2930家，占三行业企业总数的17.9%、占了上海科技型非公企业总数的75.23%。这个比例，既创造了上海的历史纪录，也远高于国内其他地区。

越来越多的科技型非公企业进入了过去一直被国营大型企业占据的国家高、精、尖技术新天地，攀上科技高峰。上海宽频科技有限公司及下属控股公司共承担了7项国家863计划项目；上海格尔软件股份有限公司也于2000年、2003年先后两次承担国家863计划项目；展讯通信有限公司成功开发出全球首块具有自主知识产权的第三代移动TD-SCDMA核心芯片,使我国手机第一次有了中国"芯";上海迪赛诺医药发展有限公司的抗艾滋病病毒药物在同行业居领先地位;上海铭源控股有限公司研制生产的"多肿瘤标示物蛋白芯片"填补了世界空白,其年产950万片的规模,将使之成为亚洲最大的生物芯片生产企业之一;正泰电气、德力西电气、查尔斯电子等科技型非公企业的产品已成功应用在"神舟五号"和"神舟六号"上,为我国载人航天飞船事业贡献了力量。

5、扬帆出海,在"走出去"舞台上担当"主角"

2005年上海企业"走出去"投资项目达49个,其中科技型非公企业投资的有25个,在对外投资项目中占据了"半壁江山"。非公企业投资涉及40多个国家和地区,涉及行业有资源性项目、科研开发、工厂产业等。科技型非公企业飞雕电器公司出资600万美元,一举并购意大利某企业,开始从事开关插座等产品的生产销售。

2005年以来,越来越多的上海科技型非公企业,将IT、IC产品研发中心,化工、轻工、服装、软件研究设计机构等"头脑"型企业,从上海搬到了发达国家和地区。上海曦龙生物医药公司出资275万美元,在新西兰投资研发型企业,与当地科研机构合作,开展抗癌镇痛药物的研发,并取得了美国FDA的资质认可。上海复旦光华信息科技公司在澳大利亚等地设立IT产品研发机构和软件开发中心,巧借当地技术、信息优势,借机、借脑、借物地开发新技术、研究新产品,提高了企业国际竞争力,成为上海企业"走出去"的重要力量。

6、各显神通,演绎国内外资本市场"神话"

上海一批科技型非公企业通过国内、国外资本市场成功解决了"融资难"的问题。上海置信电气、科华生物等20多家科技型非公企业已跻身于国有企业唱主角的国内"主板市场",并有许多成为公众青睐的"绩优股"。另有一些科技型非公企业在境外资本市场崭露头角。香港证券交易市场出现了复旦微电子、交大慧谷、华博、交大铭泰等多家上海科技型非公企业的身影;在国内众多企业期盼的美国纳斯达克市场,盛大、携程、易趣、掌上灵通、四方信息、分众传媒等6家上海科技型非公企业也成功上市。这批企业通过成

功的资本运作,已成为美国资本市场的正规军和中国概念股的宠儿。

二、上海科技型非公企业的特点

1、人员年轻且学历层次高,充满活力

科技型非公企业本身的领域特性决定了从业人员的年龄普遍较轻,且学历较高。2004年末对上海科技型非公企业从业人员的抽样统计显示,35岁以下的占了60.6%,具有高学历的专职科技人员占37.0%,成为企业发展的坚实基础。在IT业取得巨大成功的上海致达科技公司员工的平均年龄为30岁,学历为学士、硕士和博士,管理、技术人员占员工总数的90%以上。科技型非公企业的职工以及管理人员的年轻化、知识化,使企业充满了活力,在知识不断更新、技术飞速发展的科技领域永葆竞争力。

2、"海归"掌门,营造技术和管理新模式

留学归国人员正逐渐成为科技型非公企业的一支重要力量。目前,"海归"在沪创办企业达3000多家,总投资额超过4.4亿美元,其中大部分是科技企业。展讯通信有限公司总裁武平曾在瑞士和美国从事IC设计工作,领导开发了世界上第一个单片GSM/GPRS/EDGE手机基带芯片;微创医疗器械上海有限公司董事长常兆华上个世纪80年代中期赴美攻读医学博士,毕业后曾在美国两家上市公司任副总裁,他曾是美国业内最年轻的副总裁。

对于"海归"成功创业的经验,微创的做法可以窥见一斑:归国技术人员将国外最先进的发展趋势带回国内,在公司现有产品的基础上加以完善,使产品自成一体,同时符合国内需求;管理团队中又有多位在国内从事多年管理工作经验的管理人才,他们将企业的市场、销售、财务、品质等几方面的工作有机结合起来,实现了公司运作机制的良性循环。

3、学者型企业家,善于探索企业发展新途径

科技型非公企业的创业者大多拥有较高的学历,有的在某一领域有深入的研究,在高校和研究机构有任职经历。他们善于将学术、技术与市场结合起来,走出了科技企业发展的新路。杰事杰公司的杨桂生是一位工程塑料专业的博士生导师,走出了一条以企业为"学堂",在科研实践中培养博士生之路。复旦光华的董事长张世永同样是一位博士生导师,他具有学者与企业家的双重素质，既保持着信息技术上的优势，能及时跟踪、掌握业内最新技术，又知人善用，积极培养企业管理人才。

4、研发投入大，夯实企业科技发展基础

从国际经验来看，自主创新的科技企业技术投入资金应高于销售收入比重的5%，而上海很多科技型非公企业的研发投入都占到了销售额的6%~7%，高于这一国际公认值，更远高于国内企业的平均值，为今后的发展积蓄了竞争力。复星医药每年的研发投入接近销售额的7%，复旦光华每年拿出销售收入的10%用于研发，微创公司每年的研发投入更是占到了公司销售额的20%。高额的研发投入加上适当的管理和引领，给企业带来高额的回报。

5、机制灵活，科技成果转化快捷

科技型非公企业充分发挥自身机制灵活的优势，结合自身特点，以战略合作、联合开发、建立基地、风险投资等多种形式，采取产学研一体化的合作方式，将越来越多的科技成果成功转化为生产力。

凯泉泵业与清华大学、江苏大学、流体力学研究所等近10所大专院校和研究所建立了长期的战略合作关系；思源电气与上海交大、复旦微电子与复旦大学一直保持着密切的联系；上海绿谷集团与中科院上海药物研究所、北京大学医学部、中国中医研究院等进行合作，形成了绿谷强大的无编（边）实验室；上海日之升同上海石化院、华东理工大学高分子材料学院、上海交大金属复合材料国家重点实验室等开展合作。科华生物2003年经国家人事部批准设立博士后科研工作站。上海华铭智能终端设备有限公司2004年被上海市人事局授予上海市博士后创新实践基地。

6、核心竞争力强，打造企业百年品牌

科技型非公企业开始自觉地把自主创新融入企业生产实践，确立科技创新是企业生存之本的意识，在建立和完善企业各项制度的同时，逐步形成科技创新运行机制，使企业真正成为研究开发投入主体、技术创新活动主体和创新成果应用主体，形成核心竞争力，打造卓越企业。

上海裕科（集团）有限公司树立"依靠品牌占领市场"的理念，改良生产工艺、工序，引进先进生产和检验设备，建立科学的质量保证体系，完善客户体系和销售网络，做强做响品牌，企业生产的"裕生牌"漆包线连续八年

被评为"上海市著名商标"和"上海市品牌产品"。上海爱登堡电梯有限公司五年前就成立研发中心，培育民族品牌，大力运用国际国内已有的创新成果开展集成创新，现已有多项产品拥有国内外自主知识产权，多项具有发明专利权的研究成果达到国际先进水平。上海宏源照明有限公司几年来在照明领域默默耕耘，他们研制并投入产业化的节能型电磁感应灯，填补了全球照明技术的空白，被誉为"超越世界照明的发明"。

三、科技型非公企业快速成长的原因

1、科技型非公企业发展环境的"双优化"

（1）科技创新环境的优化。实施科教兴市战略以来，从战略动员、战略启动到全面实施，上海科技创新能力明显提高，高新技术产业发展迅速，城市创新体系建设取得新进展。

一是思想认识不断深化。从市委提出科教兴市战略到召开上海市科学技术大会，全市各方积极探索中国特色、上海特点的自主创新道路，对于建设创新型城市的使命感、忧患感、紧迫感进一步增强，对于科学技术是第一生产力的认识进一步提高，高科技产业成为经济增长的主要驱动力和第一增长点，对于推进"四个中心"和现代化国际大都市建设具有重要的战略意义。

二是政策体系日趋完善。为贯彻《促进科技成果转化法》和《上海实施科教兴市战略行动纲要》，2004年底上海发布了新修订的《上海市促进高新技术成果转化的若干规定》，加快科技成果转化，形成高新技术产业链。继国务院发布《实施国家中长期科学和技术发展规划纲要（2006—2020）若干配套政策》，上海也发布了《上海中长期科学和技术发展规划纲要（2006—2020）》，为上海今后15年科技发展作出了全面规划和部署，明确将"以应用为导向的自主创新，企业作为创新主体"作为今后一段时间上海科技发展的基本思路。

三是科技投入快速增长。"十五"期间，全社会科技研发（R&D）投入翻了一番以上，占全市GDP比例从1.69%提高到2.34%。其中，2005年企业研发投入占全社会研发总投入的62%。

四是服务平台加快构建。本市现有66家国家级和市级工程（技术）研究中心，构筑了由科技数据服务等10个系统构成的研发公共服务平台框架，形成了由31个科技创业中心组成的高科技企业孵化器网络，建立了集成电路、纳米技术、生物医药、中药标准化等一批专业化的技术创新平台，建立了比较健全的技术交易市场，2005年合同交易额达232亿元。

五是人力资源逐步集聚。以张江高科技园区为例，到2005年底，园区从业人员超过6万人，其中两院院士20多名，博士2000名，归国创业的高级人才4000多名，硕士7200多名。

六是推动机制初显成效。通过实施"科技小巨人"工程，依靠市区联动、三区联动和产业联动，通过资金、项目、政策的集聚，发掘和培育成长型的科技企业。特别是本市创新的"三区联动"模式，充分整合科技、教育资源，推动科技园区、大学校区、城区三区融合联动，有效推动了产学研联盟构建和区域科技合作，有效整合了区域优势科技资源，有效推进了高新技术产业集群创新。

（2）非公企业发展环境的优化。国务院《关于鼓励支持和引导个体私营等非公有制经济发展的若干意见》（简称"36条"）出台后，上海颁布了《上海市贯彻〈国务院关于鼓励支持和引导个体私营等非公有制经济发展的若干意见〉的实施意见》（简称"38条"），为非公企业创造了良好的发展环境，进一步形成共同服务非公企业的合力。

2、科技型非公企业总体布局的"双集聚"

（1）科技型非公企业向高科技园区集聚。本市高科技"一区六园"（"一区"总指上海高新技术园区；"六园"即张江高科技园区、漕河泾新兴技术开发区、上海大学科技园区、中国纺织国际科技产业城、金桥现代科技园、嘉定民营技术密集区），已经成为上海高科技产业发展的重要基地，成为科技型非公企业集聚的"高地"。这些园区集聚了政府、企业、市场、社会的资源要素，通过体制创新，发挥政策效应，推进专业化的服务体系建设，引进一批高水平的研发机构，为科技型非公企业的成长创造了良好的条件。张江高科技园区在科教兴市重大产业科技攻关48个项目中，企业为主体实施的有14家。闵行紫竹科技园区，依靠市区两级政府政策支持，上海交大和华东师大的技术和人才支撑，建设科研服务、大学生创业和科技成果展示

三个中心，引进了30多家科技型非公大企业研发中心，促成了一大批科技型非公企业的发展壮大。

（2）科技型非公企业向重点产业集聚。按照中央对上海发展的要求，结合城市功能定位，把国家战略和上海的产业结构调整有机结合，充分利用产业政策，引导科技型非公企业向高新技术产业、新兴产业、战略产业等重点产业集聚。科技型非公企业在微电子与通信、生物医药产业（张江）、微电子、软件、新材料产业（漕河泾）、数字媒体产业（长宁）、光电和集成电路产业（嘉定、松江）等领域都已经初显产业规模。

3、科技型非公企业创新内生动力的"三要素"

（1）领先型的创新科技。科技型非公企业由于有着高技术、高投入、高风险等特点，因此，成功的科技型非公企业必须把关键项目和技术定位于国际科技创新的前沿和高新技术产业发展的高端：第一能保证核心技术的不可复制性，使其知识产权不轻易被复制和侵害；第二能保证投产以后，迅速产生规模效应，取得垄断性的市场份额，获得丰厚回报。基于以上两点，成功的科技型非公企业容易获取国内外各类风险基金的青睐，迅速将科技转化为生产力。

（2）高层次的人才集聚。科技型非公企业领军人物一般都是既有深厚专业技术背景，又有国外大企业管理岗位实践经验的复合型人才，如展讯的武平博士、微创的常兆华博士、科华生物的王缦博士等，这些人才，因其高超的学术能力，能够带动、整合一支高素质的创新研发团队，占领全球科技发展的制高点；因其丰富的商场经验，能够找到科技创新与产业化的结合点，准确切入市场；因其特殊的个人经历，能够抓住经济全球化的机遇，充分利用全球范围的科技、资金、人才和市场资源。

（3）国际化的融资渠道。"高投入、高风险"的融资要求，促使企业放眼国际和国内两个市场，最大范围地寻找适合自身发展的融资渠道。一般来说，都是先得到了海外风险投资基金的扶持，再到美国、香港、新加坡等地上市融资。值得关注的是，美国欢迎科技型企业通过直接上市（IPO）的方式筹集资金，如上海的盛大、携程、易趣、掌上灵通、分众传媒、四方信息等，都通过美国场外交易市场（OTC），在纳斯达克（NASDAQ）上市，获得巨大成功。还有一些科技型非公企业在OTCBB（场外交易系统）市场采用买壳上市（RTO）的方式，成功融得资金，再升级到NYSE、NASDAQ或全美证券交易所（AMEX）进行交易。

四、科技型非公企业发展中的问题

1、政策支撑环境有待进一步改善

1998年以来，上海推出了《上海市促进高新技术成果转化若干规定》、《上海科技进步条例》、《上海知识产权战略纲要》等政策性文件，还制定了鼓励科技企业发展的个人入股股份制、私人科技公司等相关政策，这对科技型非公企业的规模提升、数量增长和结构调整起到了积极作用。但从总体上看，还缺乏与政策配套的具体措施，缺乏对政策落地的监督评估机制，科技型非公企业的统筹协调的政策推进机制没有真正形成。

2、综合协调服务机制有待进一步健全

目前，上海已安排专项资金对科教兴市重大科技攻关项目给予支持，对经认定的高新技术成果转化项目给予专项资金扶持，这在全国形成了先发效应，并取得了积极成效。但是，上海科技项目立项仍然存在政府各部门"自作主张"的情形，虽然在一些大项目上已有合作，但数量有限，这种各自为政的局面不仅使科技项目难免重复立项、资金设备重复投入，而且受资金总额所限，难以立足全市抓大项目研究。同时，政府各部门间信息不通畅，资源处于分割状态，缺乏统筹协调的机制，直接导致科技型非公企业不能有效得到法律咨询、产业政策、投资方向、科技信息、社会保险、安全生产、质量认证、环境保护、劳动人事等方面综合协调统一的服务。为科技型非公企业进行全方位服务的综合平台还有待完善。

3、投融资渠道有待进一步畅通

尽管政府部门、金融机构和各区县相关部门都出台了一些方便科技型非公企业融资的政策和措施，但是，科技型非公企业的"融资难"问题没有得到根本解决。创业初期的科技型非公企业缺乏风险投资扶持，小型科技型非公企业借贷缺乏有效的担保、而较大科技型非公企业在快速发展期缺少新的资本金注入；一些创新能力较强的科技型非公企业面临核心技术产业化与资金

需求之间的矛盾，导致持续创新发展受阻；银行和金融机构放贷操作手续复杂、资产抵押面太窄，大多数科技型非公企业难以获得贷款担保或者得到贷款支持；资本市场发育不健全，科技型非公企业股票上市或发行债券渠道不畅。投融资渠道的通畅与否成为影响科技型非公企业"自主创新"的主要瓶颈。

4、内在动力有待进一步激发

近年来，许多科技型非公企业按照《公司法》的要求进行了产权改造，在内部管理上加大了管理创新的力度，引进了许多先进的管理理念，采用了一些行之有效的运作机制，如对管理与技术骨干的期股、期权激励，动态工作团队的构建等。科技型非公企业的组织形式和内部管理日趋完善，经营管理水平不断提高，逐渐纳入规范化、科学化的轨道，体现了活力强、机制活的优势。但从总体来看，科技型非公企业从事基础性研究、支撑性技术拓展和前沿性科技研究的能力还不强，在2005年度国家科学技术奖励项目中上海获奖的46个奖项中，只有上海申馨产业有限公司的"基于本体的交通系统驾驶员个性化培训技术开发及标准化"1项来自民营企业，其他45个获奖项目均为上市公司、股份制企业或中外合资企业获得；在上海市科学技术进步奖名册中，仅有展讯通信（上海）有限公司、上海欣泰通信技术有限公司、上海神力科技有限公司等寥寥几家企业的项目获奖。企业自主创新内在动力不足，企业技术创新的主体地位尚未确立，缺乏自主知识产权和自主品牌，特别是部分大企业缺乏核心技术和稳定的技术来源，尚未形成有效的研发体系和系统的创新战略。

5、产业链配套服务有待进一步整合

各区县纷纷创造做大科技产业的新模式，发挥园区的集聚效应，但除了张江、漕河泾等几个国家级园区和产业特点明显的专业园区外，大部分的区县工业园区与区县、高校，骨干大企业与配套小企业，上游产业与下游产业之间的联系不够紧密，创新资源的巨大潜能未能得到充分开发。上海集聚了相当数量的大专院校以及科研机构，但尚未形成资源共享、产业联动发展的新机制，产学研结合的价值取向和利益关系缺乏协调，各类经济园区虽然已形成一定规模，但受到招商引资的利益驱动，没有结合区域的功能定位，为大专院校和科研机构的作用发挥创造良好环境，激发产学研资源汇聚的创新合力。

6、科技领军和研发人才有待进一步培养

近年来，科技型非公企业人才队伍初具规模，科技型非公企业逐渐成为吸引高技术人才的高地。科技型非公企业的发展，不仅盘活了本地的高技术人才，还吸引了一大批国内外的高技术人才到上海创业发展。但从当前来看，科技型非公企业的科技领军人才、科技研发人才短缺，人才引进、培养、激励机制尚不完善，创新型、技能型人才队伍储备不足。据市科协对科技型非公企业的抽样调查，有近四成的民营企业认为科技领军人才是提高企业自主创新能力的关键，但科研经费不足、创新人才匮乏、科技人才的流动率高、职业发展空间太窄，是制约科技型非公企业自主创新的主要因素。

7、中介服务能力有待进一步强化

中介机构在企业科技成果商品化、产业化以及整个产业的持续创新方面起着至关重要的催化作用。随着上海科技型非公企业的快速发展，出现了资产评估、咨询、产权交易、法律服务等服务于科技型非公企业的科技中介服务机构。但目前来看，科技中介机构存在诸多问题，如非营利性法律地位不明确、管理体制不科学等，更为关键的是，科技中介服务机构的服务能力与服务质量不能适应科技型非公企业对融资、新技术采用、人才培养、管理水平提升等多方面的需求。由此，催生符合科技型非公企业发展需求的各类中介服务机构，提高科技中介服务能力和水平，使之更好地为各类科技型非公企业提供服务，成为当务之急。

五、进一步发展科技型非公企业的基本构想

科技型非公企业的发展、壮大，必须按照胡锦涛同志对上海提出的"四个率先"的要求，着眼于国家中长期科技发展《规划纲要》和上海的"十一五"战略目标，不断提高企业自主创新能力，增强上海城市国际竞争力，着力激发企业自主创新的内生动力。从以往的经济增长主要靠"投资拉动、工业挂帅"过渡到"内需拉动，创新挂帅"，是"十五"到"十一五"的重大变化，科技型非公企业如何抓住企业业主"二次创业"的难得机遇，走科

型自主创新之路，这关系到科技型非公企业生存环境的改善和优化，关系到企业发展模式的转变和企业价值取向的自我调整。

1、建立完善各种创新激励机制，为科技型非公企业提供良好的服务

（1）制定促进发展科技型非公企业的政府规章或地方性法规。编辑《科技型非公企业政策指南》，做好科技型非公企业统计，营造有利于科技型非公企业发展的政策法规环境和社会环境。

（2）强化科技型非公企业与国家发展战略的对接。要充分利用科技部提出的国家重要科研基地向民营企业开放，扩大国家科技型中小型企业创新、创业基金规模，863等"八大科技计划"支持企业进行基础性研究的良好机遇，在科技型非公企业与国家发展层面，设计和构建更多的对接渠道，鼓励科技型非公企业积极参与国家重点项目的开发，参与国家重大科技项目、重大关键技术的研发和国家重要研发基地的建设，从而对国家发展战略有所作为。

（3）加大知识产权保护力度。尽快制定操作性强、措施有力的科技型非公企业技术保护条例及其配套管理办法，建立系统的知识产权保护法律框架，为自主创新营造良好的法律环境；改变现有专利执法、知识产权保护体系，使专利、商标等知识产权保护部门与公安、法院等执法部门进行有效整合，建立知识产权举报投诉中心，形成快速打击侵权、有效保护知识产权的合作机制。加强对科技企业和科技人员的法律援助，遏制违法侵权的势头；完善知识产权创造激励机制，加大技术标准专项资金资助力度；支持科技型非公企业创造和掌握自主知识产权，创建自主品牌，使企业的创新价值得以落地和实现。

（4）制定技术入股、无形资产评估等管理办法。使企业家能充分利用分配手段，较好地解决企业和技术持有者的利益冲突。成立企业家服务机构，及时解决企业家在组织创新活动中遇到的问题，降低创新成本。

2、按照建设创新型城市的要求进行创新，引导企业成为创新的真正主体

建立和健全企业技术创新体系，培育和提升企业的技术创新能力。企业应制定正确的技术创新战略，坚持自主研发为主，提高企业的技术创新水平，确保企业在激烈的市场竞争中提高核心竞争力；建立健全企业技术创新的机制，加大科技投入，提高R&D比例，确立劳动、资本、技术、管理等生产要素参与分配的原则，增强企业创新活力。

3、完善社会服务体系，大力发展服务型中介机构

资助建立各类企业工程中心、企业技术中心、生产力促进中心、创业服务中心，提高其服务能力和水平，促使其能够根据企业需求开展技术中介、技术孵化、技术集成、技术培训、企业技术诊断等服务工作；集中建立和完善与科技型非公企业发展相配套的社会服务协作体系，包括资产评估、产权交易、风险投资、政策法律服务及会计事务等机构；培育和健全技术市场，统筹规划，合理布局，壮大技术交易中介组织、技术经纪人队伍；大力发展咨询机构，为企业提供包括战略、管理、市场等方面的咨询服务；提供孵化场地和服务设施，支持科技成果转化；引导各类社会中介服务机构实行开放式管理，逐步形成覆盖全市的组织网络化、功能社会化、服务产业化的创业服务体系。

4、大力促进研发体系建设，培育较强国际竞争力的企业

深化科技体制改革，建立健全相应的技术服务网络和咨询体系。鼓励大学、科研机构与科技型非公中小企业进行合作，推进产、学、研合作；鼓励大型企业、高校、科研院所与民营中小企业成立多种形式的"技术联盟"，联合攻关、协同作战，以提升其技术创新能力。与此同时，科技型非公企业自身应该针对不同市场、不同技术领域有选择地进行创新。一要选择市场"自然缝隙"进行创新；二要选择应用性的技术创新。科技型非公中小企业应密切注视市场需求，拦截成熟的技术终端产品进行边缘和旁击式开发；三是集中优势，在某个特定项目或特定时期，集中自身优势，实施重点突破；四是主动与大企业保持技术协作，借助于大型企业的技术力量和物质条件，实现自身的创新发展。

5、建立创新人才激励机制，促进人才的凝聚

（1）瞄准世界前沿。利用上海的优势，放眼国际市场，努力吸引海外优秀留学人员回国创新创业，给予创业支持和政策优惠，走好自主创新、跨越发展这条路。

（2）采取有力措施激励科技人员提高技术创新的积极性，创造促使人才充分发挥其积极性的工作环境。如给科技人员一定的个人时间和较大的自治权，使其拥有发挥想象的空间，促其形成新的产品创意；对于富有创意、具有一定开发前景的个人研究项目给予一定资助，使其成为具有市场价值的商品。

（3）加强企业文化建设。不断改善企业的软环境，尽可能满足员工的精神、文化生活需要，激发员工的主人翁精神，增强员工的责任感。

（4）实行股权激励。要在进行企业股份制改制的基础上，采取认购股权的方式，让员工有权在一定时间内拥有以事先约定好的价格购买公司一定数量的股份，将企业主要技术人员、管理人员的利益同公司的发展前景紧密结合在一起。

（5）承认知识产权的价值。使科技人员在开发产品过程中的智力贡献能从收益上体现出来。

6、拓宽投融资渠道，加强企业信用环境建设

（1）改革科技型非公企业的投融资体制，探索建立产业导向基金。在创新资源配置上向科技型非公企业倾斜，用财政性科技投入带动企业研发经费的投入；加大财政支持力度，选择技术含量高、有市场前景的项目，给予财政贴息，无偿资助一些高新技术成果转化项目，让它们尽快转化为现实生产力；采取税收优惠政策，允许用于研发的经费支出在税前列支，对进口国内没有的先进技术、设备实行减免税；鼓励企业通过积极申报国家创新基金、尝试风险投资和加强国际技术创新合作等多种渠道，解决创新资金投入不足的问题。金融机构在符合金融监管要求的前提下，积极创新金融产品，根据科技型非公企业发展的不同阶段，结合企业发展的不同需求，提供多种形式的金融服务。

（2）拓展与政策性金融机构合作领域。转变政府对企业自主创新投入的方式，把对高新科技企业的投资转到开发性金融机构，由他们给科技型和创新型非公企业投放股本性、资本性贷款。长期的技术成果转化贷款，由开发性的金融机构去选项目，并跟踪管理。加强对科技型非公企业科研项目的前期科学评审、中期动态管理、后期绩效评介，便于投资后进入三板和二板市场的操作。

（3）建立政策性担保基金的补偿机制，探索政府担保基金专业化管理模式。以国家产业政策为导向，以国家财政资金为支撑，普遍建立贷款担保机构，为科技型非公企业向金融机构贷款提供担保。融资担保机构可有多种形式：一是由各级政府出面组织成立担保公司，建立为科技型非公企业融资担保的专门机构；二是建立行业性的担保机构，由加入行业公会的科技型非公中小企业会员出资建立担保机构；三是可建立专门用于科技型非公中小企业融资担保的担保基金，通过上市筹集资金。

（4）加快开放证券市场的柜台交易，建立科技型非公企业的募股融资渠道。进入资本市场融资是解决科技型非公企业技术创新融资问题的重要途径。虽然让科技型非公企业全部上市不太可能，但应允许具有一定技术创新能力和发展潜力的企业，通过场外市场交易等方式，发行自己的债券或股票筹措资金。

（5）推进科技型非公企业的信用管理制度建设。逐步完善科技型非公企业的信用档案，建立信用等级评估制度，使企业通过积累自身的信用资本争取更多的融资机会。扩大"企业信用管理岗位培训"在科技型非公企业中的试点，提高企业高级管理人员的信用意识和实践操作能力，提升企业信用状况，促使其获得更多的政策便利和交易机会。

7、多管齐下，营造浓厚的创新氛围

（1）促进市、区两级政府在营造创新环境上的协同，进一步优化有利于科技型非公企业创新价值实现的载体。通过区域创新"热点"的培育、形成和扩张，释放区县对科研成果的"吸附"和对创新型企业的"集聚"，加快研发活动过程中的"技术溢出"。加速各类科研重大项目的最终转化，加快形成关联企业联动实施产业化的格局，建立具有竞争力的特色产业集群。围绕"三区联动"，依托研发公共服务平台，形成创新资源开放共享的新格局，扩大技术、知识、技能等的转移，扩散和提高科技型非公企业创新的效率和效果。

（2）充分利用展讯、复星等企业在自主创新上取得巨大成功的扩散效应和强大的示范作用，推动社会资源向科技型非公企业创新活动聚集，带动一

大批民营中小企业投入到自主创新活动中去。从加工基地走上自主创新之路，形成科技型非公企业蓬勃发展的氛围。

（3）推动和实施"科技小巨人工程"，设立专项资金。对本区域有成长潜力的科技型中小企业在研发机构建设、产品研发、专利申报、人才培养、国际交流、咨询诊断等方面给予资助。进一步增加本市科技中小企业创新资金的投入，扶持、培养一批"科技小巨人"。

（4）营造有利于科技型非公领军人物成长的社会环境。具有战略创新能力和市场运作能力的企业家是社会的宝贵资源，能否造就大批高素质的科技型非公企业家，在很大程度上决定着科技型非公企业的发展。要充分利用广播、电视、报刊、互联网等新闻媒体，宣传科技型非公企业对带动上海科技创新、促进科技成果转化、发展优势产业、扩大社会就业、推动经济增长的重要作用。宣传优秀的科技型非公企业家的品格业绩，给科技型非公企业家以应有的荣誉和社会地位，用舆论引导、推动全社会的思想解放和创业文化的形成，促进上海科技型非公企业大发展。

第四章

成长中的群体——上海非公企业业主构成及素质

随着非公企业的出现，诞生了与之伴生的非公企业业主。自2002年以来，上海非公企业的数量平均每年以25%以上的速度递增，非公企业业主的队伍也迅速扩大，到2006年，全市非公企业业主总数已超过50万人。经过二十多年的大浪淘沙，曾是社会边缘人士为主的上海非公企业业主队伍，如今则以社会精英为主，其文化素质、管理水平、社会活动能力和政治敏感性都较前有了巨大改观，大批热心慈善事业、勇担社会责任、提供优良服务、依法纳税的非公企业业主形成了上海的主流。

一、现阶段非公企业业主的类型及特点

1、国企改制型

随着国有和集体企业产权制度改革的深化，许多企业实现了企业管理层对企业资产的收购，原来的厂长经理也从国家干部转变为私营业主。国企改制是经济体制改革的需要，也是国企走出困境，维持生存的需要。资料表明，当国企的境况不佳、效益滑坡、负债率上升、利润率降低的时候，地方政府为了不让资产继续缩水，希望尽快把企业转让出去。为尽快促成这种转变，往往会给予原来的企业经营者较大的优惠，以调动这些人改革的积极性。企业主可以持大股，也可以向银行贷款持股，改制后的企业多半以公司制的形式出现。有些改制后的企业业主可以无偿获得企业固定资产价值一定比例的

股权。

这类非公企业业主由于其身份背景的缘故,在政企关系的把握上比较到位,一般能支持政府的工作,与政府团结合作,保持高度一致。他们当中,绝大多数是党员,在政治素质、道德意识和履行社会责任方面都比较好。但是,由于计划经济时期原国有企业和集体企业对把握市场机会和追求企业效益的要求,与现代市场经济环境存在较大差异,非公企业业主又是在组织的安排下"下海"的,部分非公企业业主对市场经济环境难以适应,再加上现代管理知识的缺乏以及企业历史包袱等因素,导致对企业的经营管理较为混乱。也有个别人为了追求自身的利益,在位时故意把企业搞垮,以便随后低成本掌控改制企业。还有的凭借自己曾为"政府官员",具有良好的"政府关系",熟悉政府的运作方式,大肆利用寻租获取自身利益。

2、草根打拼型

改革开放之初,商品短缺,客观上存在着一个巨大的饥渴型卖方市场。因生活的需要,在社会底层的一部分农民、没有安排工作的返城知青、没有固定职业的无业人员等,冒着"搞资本主义"的巨大风险,开始是偷偷地、后来则公开地做起了生意或开起了作坊式的工厂。在这样一种历史性机遇面前,由于非公企业发展具有比国有企业更大的自由度和更有利的机制条件,在天时、地利、人和的大好形势下,这类企业迅速发展起来,于是造就了一批草根打拼型非公企业业主。

这类非公企业业主一般都有想干一番事业的热情和决心,能够吃苦耐劳,具有一定的冒险和创新精神。这类非公企业的创立与发展,一定程度上是由于改革开放所带来的市场机遇,所以这类非公企业业主对机遇的识别和把握能力较强,但大部分人没有受过系统的管理知识培训,有些人几乎没有任何受教育的经历,因而在企业的有效组织、运作、激励、计划等方面能力较差,而且这类非公企业业主在企业公民、社会责任方面的意识较为薄弱,在生态环保、诚信经营方面做得也不够好。

3、专家"下海"型

专家"下海"型非公企业业主是以技术作为自身主要资本来建立和发展企业的。这类企业必须依靠具有足够科技含量的产品来打开市场,必须始终保持其在技术方面的领先水平。专家"下海"型非公企业业主一般都是高级知识分子，他们有些是国家科研单位的科研人员，有些是大专院校的专家教授，拥有深厚的理论功底和卓越的科研能力，他们利用自身所特有的专业技术特长，来有效地满足市场化的需求，将科技转化为企业在市场竞争中的核心优势。

这类企业主通常具有刻苦、严谨、追求技术突破的精神，也特别注重文化对企业的作用。他们一般都能以自身的高尚品格去营造一种奉献、敬业、执着、正直的企业文化，因此对社会道德的判断能力也较强。由于他们有着国家科研机构或者大专院校的背景，所以在政企关系方面，具有紧密联系、沟通合作的意识。他们的思维一般都比较理想化，更看重把自己富有诱惑力的想法变成现实，但有时会与市场脱节。他们大多是技术干部出身，对技术较为敏感和擅长，而在企业管理方面的能力相对薄弱。有时，知识分子的固有特征也导致他们中的部分人做事过于谨慎，魄力不足。

4、"海归"创业型

随着改革开放的深化，我国综合国力大大增强，发展机会增多，吸引了大批海外华人归国创业，施展才华。他们在国内接受了早期教育，又在海外生活多年，东西方文化的影响兼而有之。他们把专业知识带回国内，也把国外新的技术、新的管理理念、新的生活方式等带回国内。他们回国后创办的多是高新技术企业或现代服务企业，加快了我国产业结构调整，提升了产业结构层次，有利于我国非公企业参与国际竞争与合作。

这类企业主在市场经济发达国家受过教育，对于法律、规则等有更深的认识。他们大多具有正确的道德判断能力，对保护生态环境，履行社会责任等都更加积极主动。在经营管理方面，他们具有较高的专业知识和能力，但国内外市场环境和体制环境的差异，使得这类企业主更强调企业的独立自主性，对来自政府的要求和调控不理解，甚至难以适应。这类企业在经营过程中有许多问题难以靠自身力量来解决，促使他们产生了与政府相应部门建立联系并获得支持的愿望，但是他们又怕来自政府的直接干预，于是在与政府建立关系方面，造成了既渴望又回避的两难境况。

5、子承父业型

改革开放以来,一大批草根打拼型非公企业应运而生。在混沌的第一次创业后,经过多年摸爬滚打,创业者实现了财富的原始积累。然而,随着时间的推移,他们中不少人年事已高,精力不济。由于受中国家族沿袭传统的影响,他们往往会选择子女作为自已企业经营的接班人,并在日常生活中有意对他们进行一些商场实战的锻炼和指导,甚至不惜重金将子女送到国内外知名高等学府深造。从心理上说,他们的子女也有承接父业的思想准备。父辈打拚商场的经历,他们耳濡目染,父辈在商战中的不良行为,他们也受到潜移默化的影响。从现实看,子承父业的企业主们往往需要更大的魄力和能力,来理顺和引导好企业未来的走向,他们不能完全脱离于父辈们"幕后"的指点,甚至很难真正独当一面。

这类非公企业业主事业起点比较高,基础比较好。他们在继承巨额财富的同时,也承载了父辈在事业上更多的期望。他们轻松地站在财富的巅峰,但压在他们肩上的担子也非常沉重。他们的思维和行为模式,往往与老一代有着较大的不同,会有突破、寻求新的增长的愿望。但是,由于他们长期在"利润"的熏陶下,生活在殷实的家境中,难以再有第二次创业的热情和魄力。由于他们并不是改革开放政策最直接的受惠者,对党和政府的感情往往不如他们的父辈。由于他们还拿不出令人信服的业绩,在领导企业时难免碰到阻力,其领导能力和开拓行为受到很大的挑战。

6、外来转移型

随着上海投资环境的不断改善,尤其是现代服务业的快速发展,上海"四个中心"功能的基本形成,外省市一些成功的非公企业业主,尤其是一些浙江的非公企业业主纷纷到上海发展。如,在浙江发展之后迁移上海的均瑶集团王均瑶兄弟、上海埃力生的吴国迪、安信地板集团的卢伟光、上海亚龙的张文荣、上海杉杉科技的郑永刚、中融集团的倪召兴、富春建业的张国标等。到2005年底已有25万多外省市非公企业业主到上海发展。其中,来自浙江、江苏、安徽的居前三位,分别占上海注册登记非公企业的20%、12%和5%。

2002年,外省市投资者来沪设立的企业(以注册资本在100万元以上为统计标准）共有6千余户，注册资本总额近550亿元。2002年，在上海注册的浙江来沪投资的非公企业有5万多家，其中规模以上的有2000多家。2004年，在上海投资的浙江非公企业至少7万家，在上海注册的外省市企业中，平均每5家就有1家来自浙江，仅来自浙江的非公企业注册资本就达610亿元。

二、非公企业业主素质现状

1、思想素质

关注民生，热心社会事业。在党的政策指引下发家致富的非公企业家，不忘回报社会，热心公益事业，急社会之所需，积极参与社会事业建设。仅以民办非企业单位为例，大量民办学校、民办医院、民办养老院、民办劳动培训机构、民办科研院所等均系非公企业业主创办。目前，上海准予登记的各类民办非企业单位已达4700余家，吸纳从业人员10余万人。非公企业业主积极投资社会事业，如学校、医院、福利院，为各级政府解决了诸多后顾之忧。民办非企业单位的发展，已经成为上海不断满足市民日益增长的多元化需求、推动社会事业全面进步的重要力量。

支援中西部建设，参加光彩事业。自2000年来，上海市工商联、上海市光彩事业促进会共组织约50批（次）非公企业业主赴西部地区开展帮困扶贫、洽谈项目、捐赠光彩小学、植树造林等活动，有400多位非公企业业主参加了活动，落实了一大批合作项目。上海非公企业业主为中西部发展捐赠累计超过了10亿元，2006年上半年的捐赠额就达4800多万元。为贫困地区援建光彩希望小学101所，资金总额3415.34万元，其中在"对口"地区捐建46所，金额955.04多万元。曾荣获"全国优秀中国特色社会主义事业建设者"称号的上海万隆会计师事务所董事长王晓鹏，连续三年资助三名困难儿童，现又再增加两名资助对象；他还筹资50万元建立"万隆育才奖学金"，帮助高校毕业生解决就业难；并出资15万元，援建了安徽霍山桃源河万隆春蕾小学，让老区孩子也能和上海孩子一样幸福成长。2006年12月8日在上海举办的"2006年光彩事业活动日"上，复星集团等上海百位知名非公企业业主向全市非公企业界发出倡议：把企业的发展与祖国的新农村建设融为一体。上海非公企业业主对国家和社会的发展与自身发展的关系，已有了新的认识。

真心回报社会，热心慈善事业。2002年，上海市委党校所做的调查显示，上海多数非公企业业主热心慈善事业，分别有69.6%、71.7%和78.3%的被调查者表示愿意参与希望工程、社会慈善事业和各种公益活动。调查还发现，大多数非公企业业主都有一定的社会责任感，多数人致富后没有忘记回报社会，甚至将慈善事业作为自己产业的一部分。一些业主认为，慈善事业是对自己对国家都有益的事。对自己，不仅可以提高社会声望，达到心理平衡，而且可以免去部分税款；对国家，不仅可以切实帮助困难群体，为国家分忧解难，而且可以为解决贫富分化带来的矛盾做出贡献。上海非公企业业主回报社会的一个重要途径就是从事社会慈善公益事业。在2006年中国内地慈善排行榜上，上海非公企业有18家榜上有名。上海慈善基金会创立10年来，募集善款近9亿元，其中40%是非公企业业主的捐赠。上海瀛通集团向上海慈善基金会单笔捐款就达3000万元。来自浙江的非公企业业主为上海浙江两地公益慈善事业捐款超过了100亿元。2003年中组部对8省区非公企业业主专题调查结果显示，2002年仅上海市就有3568位私营企业主捐助希望工程，共捐助款物合计146万元；258人参与助残，捐款62万元；1120人参与救灾，捐助款物106万元；62人参与公共设施建设，捐资95万元；942人参与防治"非典"，共捐助款物2201万元。上海的非公企业业主以自己的热情，真诚地回报社会。

对发展前景看好，对未来充满期待。中共上海市社会工作委员会进行的抽样调查显示，72.22%的非公企业业主对非公经济发展有信心或基本有信心。他们说，改革开放前，非公有制经济受到社会的排斥和限制；改革开放后，特别是党的十六大和十六届三中全会提出"毫不动摇地巩固和发展公有制经济，毫不动摇地鼓励、支持和引导非公有制经济发展"，给非公有制经济注入了生机，非公有制经济发展将迎来又一个春天。此次调查还显示，有96.3%的业主对上海非公经济发展环境表示满意或基本满意；45.37%的业主认为到政府管理部门办事比较方便。部分业主反映：由于思想观念等因素，行政不作为、服务不到位、政策不透明、办事程序复杂等现象在某些地方依然存在。有12.96%的业主认为政府管理部门对非公企业潜意识中有歧视现象。与此同时，绝大多数非公企业业主对政府改进工作和非公企业的进一步发展充满信心。

自我定位社会中间阶层，崇尚奋斗自强。中央统战部对非公企业抽样调查结果显示，有50%左右的非公企业业主认为自己在收入、社会名声和政治参与程度方面处于社会的中上位置，有76.0%的非公企业业主认为自己处于社会的中等或中上阶层，分别有52.1%和54.4%的被调查者认为自己在受教育程度和职业方面处于社会的上层位置。非公企业业主对于自身经济地位的评价相对显得较为低调，对于收入和财产认为处于社会上层位置的比例不到20%。调查发现，非公企业业主对人们刻意划分社会"强势群体"和"弱势群体"十分反感，对人们有意无意将他们列入"强势群体"更不认同。对于所谓的"弱势群体"，非公企业业主也有自己的想法，一位受访者说："不少下岗工人缺乏竞争意识，不勤奋，这种习惯一定要改。现在国家有这么好的政策，只要肯动脑筋，奋斗自强，努力工作，不会没有饭吃。我觉得现在的分配体制非常公平，只要大家都勤奋努力，规范做事，贫富差距就不会太大。"

2、文化素质

早期创业多为社会边缘人士，他们中很多人文化程度低，面临生活压力，难以找到适合的工作，不少人是返沪知青，因政策没落实无法找工作，但也不能长期依靠薪水不高的父母生活，"下海"创业是无奈而艰难的选择。1988年是上海开始正式登记非公企业的第一年，《探索》杂志当年在浙江、上海做了一个非公企业业主情况的调查，结果显示，非公企业业主中没有一位受到过高等教育，小学、初中文化程度的占了绝大多数。（见表1）

表1：1988年浙江、上海非公企业业主文化程度调查(100人的样本)

文化程度	小学	初中	高中	大专	本科	硕士	合计
人数	35	56	9	0	0	0	100
比例(%)	35	56	9	0	0	0	100

上世纪90年代"下海"的非公企业业主中，有较高文化素养者占有相当比例。1992年，在邓小平同志南方讲话精神的鼓舞下，大批工厂职工、机关干部和知识分子下海办实业，上海非公企业业主文化程度结构发生了巨大变

化。1993年，上海市工商局组织的一次非公企业调查显示，非公企业业主初高中文化程度虽然还是主流，但受过高等教育的业主已超过25%，小学、初中文化程度的业主已不到半数。（见表2）

表2：1993年上海非公企业业主文化程度(261人的样本)

文化程度	小学	初中	高中	大专	本科	硕士	合计
人数	24	92	75	38	28	4	261
比例(%)	9.19	35.25	28.74	14.56	10.73	1.53	100%

2000年，全国工商联进行的调查结果显示，非公企业业主的文化程度，小学和初中的比例大为减少，而高中和大学的比例提高，分别增长10个百分点。（见表3）

表3：2000年全国工商联进行调查的非公企业业主文化程度

文化程度	小学	初中	高中	大学	硕士	合计
比例(%)	2.9	19.5	39.2	35	3.4	100%

进入新的世纪，受高层次教育的人士成为非公企业业主的主流。2004年，中共上海市社会工作委员会对非公企业业主进行了抽样调查，下发调查表590份。调查表明，非公企业业主文化程度表现为"三高"，即高学历、高新科技人才和海归高层次管理、科技人员。调查的对象中，曾在国家机关企事业单位中担任领导职务或从事管理和技术工作人员，高校毕业生，海外归国的高层次管理人员、高新技术人员等，占问卷调查人数的73.26%。其中，具有高级、中级、初级职称的分别占3.7%、20.37%和14.8%，显示大量受过良好教育的人士加入了创业者队伍，非公企业业主文化素质有了较大提高。

3、部分非公企业业主综合素质欠佳原因

在非公企业快速发展过程中，一些企业主为了追求自身的经济利益而侵害国家和公众利益的现象也大量出现，突出表现为见利忘义、制假贩假、偷税漏税、不正当竞争、劳资关系不协调等；在环境保护、安全生产、职工权益等方面问题也比较突出；缺乏诚信也是影响非公经济发展的一个重要因素。从长远看，这些问题也关系着科学发展观能否真正贯彻，关系着中国经济能否持续健康发展，关系着中国和谐社会能否有效构建。总体而言，上海非公企业业主素质状况较好，这是他们在市场经济大潮中能够生存、发展的重要原因。但无庸讳言，一些非公企业业主素质状况存在不足，其经营、管理等方面的能力不能适应企业发展的要求，特别是一些非公企业业主会采用一些不正当的甚至非法的手段开展经营活动，对企业、社会都造成了不良影响和损失。非公企业业主素质欠佳是由多种原因造成的。从外部看，有经济体制转型过程中的制度因素、环境因素以及其他主体的影响作用等等；从内部看，企业主的文化水平、经营能力以及自身价值观、心理因素等等都会起作用。非公企业业主的行为是自身原因和社会因素共同作用的结果。

（1）外部因素

社会原因。研究发现，当一个社会处在制度转型时期，违法违规的现象就会激增。自改革开放以来，我国从计划经济向市场经济转型，原有的规范失去作用，新的规范又没有完全建立起来，而不少非公企业的初创阶段正处于这个时期。因此，非公企业业主的违法违规行为，一定程度上是社会失范在他们身上的投射。以褚时健、李经纬为代表的直接贪污受贿，以胡志标、戴国芳为代表的诈骗、偷逃巨额税款等经济犯罪，一段时间内屡见不鲜，部分企业主非但没有受到法律的制裁，而且不法行为一直持续，形成了习惯，甚至演变成"潜规则"，严重破坏了社会的正常经济秩序。

待遇有别。不少非公企业业主认为，与国有企业、外资企业相比，非公经济得到的仍然是"次国民待遇"，这在客观上也造成了他们的违法违规行为。不少中小企业无法正常从银行获得贷款，不得不寻找非正常的渠道；还有一些企业看到外资企业获得很多优惠，就把资金到国外转一下，把原本的纯内资企业变成假合资企业。

信息不畅。非公企业不存在传统意义上的上级主管单位，也看不到关系他们切身利益的"红头文件"，本来用于支持非公企业的政策制度，却因为企业主对程序要求不甚了解而无法发挥作用。近几年我国在技术创新、成果转

化等方面出台了诸多支持非公企业发展的措施，但实际上，还不尽如人意。

权力寻租。目前，企业经营所需要的不少资源（如土地、经营许可等）还由政府严格控制，一方面企业在办理相关手续时必须面对繁琐的审批制度，另一方面，政务公开的透明度，还没有达到市场经济发展的要求，给少数政府官员利用权力进行寻租留下了空间。比如，最近暴露的国家药监局原局长郑筱萸腐败案就是典型例子。对于非公企业业主来说，当看到其他企业以非正常的方式低成本获得某种资源时，就容易去模仿，其结果是守法经营的企业反而难以生存下去。

（2）内在因素

自我满足。不少非公企业业主文化水平低，管理能力差。创业初期，他们凭借自己的闯劲和勤奋打开市场，并可能因抓住市场机会而实现企业的快速发展。但是，一些非公企业业主受到自身素质的局限，或者是不愿意改变自己，虽怀有把企业做强做大的良好愿望，但缺乏把企业做强做大的经验，自身的知识和能力没能随着企业的快速发展而同步提高，加之认识上的偏差，导致企业发展缺乏后劲，以至出现不合法的行为。

道德失守。部分非公企业业主认为有钱就能办到一切，任何事都可以私下通过人脉通融解决，在事业有成后就不思进取。有的吃喝嫖赌，追求腐朽的生活方式；有的热衷于与政府官员拉关系、套近乎，以博得政府支持，获取不正当的资源。他们为了经济利益可以不择手段，不按游戏规则"出牌"，甚至知法犯法，丧失了基本的道德水准。比如周正毅、张荣坤就是极力腐蚀和拉拢干部下水，最大限度地互相利用，获取各自的经济利益。

短期行为。部分非公企业业主只注重企业的短期效益，而忽视企业的长期发展，不遵循企业发展规律，急功近利，希望通过"走捷径"更快谋得利益。例如"标王"姬长孔风靡一时之后，发生了"秦池酒勾兑"事件，过度短视导致企业日落西山。

投机心理。经济快速发展，使得非公企业业主对抓住"机遇"，赚取财富的心理需求较为强烈，因此投机心理就特别明显。部分企业主认为法不责众，利用制度不完善，钻法律空子，骗贷、偷漏税，致使出现很多类似的违法违规行为。

三、百富榜选读

胡润百富榜是一始于2000年排序中国富豪的排行榜,每年都对全国非公企业业主按资产多少、慈善捐助情况等进行一次排序,包括百富榜、慈善榜、民营上市公司榜、民营品牌榜等。其中百富榜还包括了房地产、能源、IT、金融、零售、女富豪等子榜。百富榜上的非公企业业主的地域分布,从一定意义上反映了一个地区经济发展的情况。最近一次"观澜湖2006胡润百富榜"于2006年10月11日在上海正式公布。(见表4)仔细分析榜单上的上海非公企业业主,大致可归结出以下七大特点:

1、数量上名登三甲,占有"一席之地"

此次上榜的上海富豪(按企业总部所在地计算,下同)达到64位,占总数(500位)的12.8%。2005年是47位,占总数(400位)的11.75%。2006年与上年相比,增加了1.05个百分点。上海富豪数仅次于浙江(75位)和广东(74位),位列第三。在榜单前100位富豪中,上海富豪占18席,接近五分之一。

2、财富集中度相对较高,且一门多富豪

上海富豪普遍累积较多财富,拥有15亿元以上的上海富豪36人,占上榜上海富豪的56.25%;拥有财富40亿元以上的上海富豪12人,占全国55人的21.82%;拥有财富15～40亿元的上海富豪24人,占全国166人的14.46%。(见表4)同一企业出现多位富豪,如复星集团上榜了4位富豪,其中郭广昌以90亿元列第11名,梁信军以35亿元列第73位,范伟、汪群斌均以16亿元列第217位;其他还有家饰佳集团、分众传媒、携程网、橡果国际等都有2位富豪上榜。

表4:"2006年胡润百富榜"富豪财富分布

财富段	全国人数	财富段人数占全部人数	上海人数	上海财富段人数占上海总人数比例	上海财富段人数占全国财富段人数比例
40亿元以上	55	11%	12	18.75%	21.82%
15~40亿元	166	33.2%	24	37.5%	14.46%
8~15亿元	184	36.8%	19	29.69%	10.33%
7~8亿元	95	19%	9	14.06%	9.47%
合计	500	100%	64	100%	12.8%

3、年龄40岁以下近1/3,新人呈年轻化趋势

市场需求引领着企业的发展方向,上海在中国经济中的独特地位以及比较规范的市场环境,吸引着大批外省市非公企业业主和回国留学生来沪投资。2006年有15位上海富豪年龄在40岁以下,占总数(40岁以下富豪总共49人)的30.6%,他们的平均年龄36.3岁,平均财富32.53亿元。新生代上海富豪多从事IT业,33岁的陈天桥与其家族以60亿元列IT榜第2位,同样33岁的江南春以41亿元列第5位,他们也是2006年胡润百富榜中最年轻十大富豪之一。"2006胡润百富榜"前100位中有27位新人,上海富豪占6席,以35亿元位列第73名的福记食品的魏东、姚娟,南都集团的周庆治,以33亿元位列85名的盛高置地的王伟贤,均是当年新上榜的富豪,且均小于35岁。

4、企业总部纷纷落沪,地域经济优势开始显现

这几年来,一些知名企业纷纷将总部迁来上海。据悉,除浙江外,广东、北京、上海、江苏和香港是另外几个企业更愿意选择作为公司总部的地方。"2006胡润百富榜"前十位富豪的企业总部所在地刚好是个缩影,从榜单来看,广东有4家,香港、上海分别有2家,北京、江苏各有1家。

5、与其他沿海城市相比,本土富豪较少

虽然从整体来看,富豪多产生在沿海地区,但与其他沿海城市相比,上海本土出生的富豪并不多,从榜单看,浙江继续成为产生富豪最多的地方,2006年有106位浙江企业家荣膺其中,超过江苏(60位)和广东(58位),排名第一,而上海出生的富豪仅24位,列第六位。(见表5)

表5:"2006年胡润百富榜"富豪地区分布前10位

排名	企业总部所在地		企业家出生地	
	地区	数量	地区	人数
1	浙江	75	浙江	106
2	广东	74	江苏	60
3	上海	64	广东	58
4	北京	60	福建	26
5	江苏	53	山东	26
6	山东	18	上海	24
7	香港	18	北京	19
8	福建	17	辽宁	17
9	辽宁	15	四川	16
10	四川	14	山西	15

6、行业特征明显,过半数经营房地产

"十一五"期间,上海把优先发展现代服务业作为新一轮产业发展的重点,现代服务业自然成为上海的优势领域。首先是房地产业,造就出上海富豪最多,主营房地产或将房地产作为重要主业之一的上海富豪达36人,占全部上海富豪的56.25%。在"2006胡润房地产富豪榜"上,上海14人,超过广东(10人)、北京(9人)、浙江(6人),排名第一,世茂集团的许荣茂以财富160亿元位居榜首。其次是IT业,包括传媒、互动娱乐、在线游戏等,从事该行业的上海富豪有10人,占全部上海富豪的15.63%。其他还有从事物流、教育等现代服务业的富豪,占12.5%。

7、女性创业者榜上有名,多与家人共同创业

企业业主"2006胡润女富豪榜"揭示,上海女富豪有5人上榜,占总数

（2006年共有31位女富豪上榜）的16.13%，平均财富27.8亿元，平均年龄35.4岁。据介绍，晨讯科技集团的杨文瑛与家人共同拥有财富41亿元；阳光媒体的杨澜与丈夫吴征共同拥有财富40亿元；福记食品的姚娟与丈夫魏东共同拥有财富35亿元；盛大网络的雒芊芊，财富18亿元，她的丈夫是陈天桥，她直接拥有丈夫公司的股份。（见表6）

表6："2006胡润女富豪榜"上海女富豪

上海地区排名	姓名	财富（亿元）	年龄	公司	总部	行业
4	杨文瑛家族	41	41	晨讯科技集团	上海	手机及无线通讯模块
5	杨澜	40	38	阳光媒体投资	上海	传媒
6	姚娟 魏东	35	34	福记食品	上海	食品
13	雒芊芊	18	30	盛大网络	上海	互动娱乐
48	谭海音	5	34	易趣网	上海	网络购物

表7："2006胡润百富榜"上海富豪名单

上海地区排名	2006排名	姓名	财富（亿元）	公司	行业
1	4	许荣茂	160	世茂集团	房地产
2	8	钟声坚	110	仁恒集团	房地产
3	11	郭广昌	90	复星集团	房地产、钢铁、医药、零售、金矿、金融、媒体
4	17	刘永行	70	东方希望集团	饲料、电解铝
5	20	童锦泉	65	长峰房地产	房地产
6	25	陈天桥家族	60	盛大网络	互动娱乐

7	25	叶立培	60	仲盛集团	上海房地产
8	30	史玉柱	55	上海健特征途网络	在线游戏、金融
9	39	李新炎	47	中国龙工集团	重型工程用车
10	47	王张兴	42	家饰佳集团	商业地产
11	51	江南春	41	分众传媒	楼宇广告
12	51	杨文瑛家族	41	晨讯科技集团	手机及无线通讯模块
13	56	颜立燕	40	达德投资	房地产
14	56	杨澜	40	阳光媒体投资	传媒
15	73	梁信军	35	复星集团	房地产、钢铁、医药、零售、金矿金融、媒体
16	73	魏东 姚娟	35	福记食品	食品
17	73	周庆治	35	南都集团	房地产、基础设施
18	85	王伟贤	33	盛高置地	房地产
19	108	戴志康	28	证大集团	房地产、能源
20	108	高峰	28	华冶钢铁集团	钢材物流
21	108	沈雯	28	紫江集团	包装印刷、精密制造、房地产
22	123	倪召兴	25	中融集团	房地产、能源
23	130	车建新	24	红星家具集团	商业地产
24	152	陈早春	20	前沿控股	房地产服务、工业园、酒店

25	152	李勤夫	20	茉织华	纺织、印刷、房地产
26	152	宓春磊	20	中瀛集团	进出口贸易、煤炭、房地产、通信、基础设施建设
27	152	王树清	20	西郊庄园	房地产
28	152	周传有	20	中金投资	房地产、矿产
29	180	陈伟峰	19	瀛通集团	房地产
30	180	虞锋	19	分众传媒	传媒
31	191	李松坚	17	明园集团	房地产、投资
32	203	陈荣	16	中路集团	保龄球、自行车、投资
33	203	施建祥	16	快鹿投资	工业园、电线电缆
34	203	王均金	16	均瑶集团	现代服务业
35	217	范伟	16	复星集团	房地产、钢铁、医药、零售、金矿、金融、媒体
36	217	汪群斌	16	复星集团	房地产、钢铁、医药、零售、金矿、金融、媒体
37	221	梁建章	15	携程	旅游服务
38	221	刘根山	15	茂盛集团	基建、上海房地产
39	221	沈南鹏	15	红杉资本	投资
40	221	郁国祥	15	新恒德置业	房地产
41	242	朱骏	14	第九城市	在线游戏
42	251	荣克敏	13	金迪生物科技	废水处理
43	281	姜照柏兄弟	12	鹏欣集团	房地产、基础设施
44	281	刘益谦	12	新理益	投资
45	306	成雪刚	11	家饰佳集团	房屋租赁、投资集团

46	306	姚 原 姚 涌	11	上海铭源	上海房地产、食品
47	324	季 琦	10	携程网、 如家酒店 连锁	旅游门户网站、连锁酒店
48	324	林凯文	10	凯泉泵业	水泵
49	324	徐锦鑫	10	置信集团	上海房地产、运输业
50	324	朱永兴	10	华辰隆 德丰	房地产、物流、饲料
51	375	胡煜君	9	橡果国际	产品研发、生产、 营销策划、商品零售
52	375	卢伟光	9	安信集团	地板
53	375	杨东杰	9	橡国国际	电视营销
54	375	张兴标	9	兴盛集团	房地产
55	375	张忠泉	9	黄河实业 投资	广东、上海房地产
56	405	包 涵	8	南江集团	房地产、投资、广告
57	438	常兆华	8	微创医药	医疗设备
58	438	陈 晓	8	永乐家电	家电零售连锁
59	438	赖振元	8	龙元 建设集团	建筑工程
60	438	阮希玮	8	德亚集团	投资、农业、房地产
61	438	张胜飞	8	胜华电缆	电缆
62	438	张幼才	8	佘山 高尔夫	房地产、商业、 休闲度假
63	438	郑生华	8	飞洲集团	房地产
64	438	周小弟	8	周氏集团	房地产、出租、酒店 医疗、教育

四、时代对业主的素质要求

时代的步伐在不断前进,时代的变化将给人们的生活方式、思维方式、工作方式及经济发展方式带来剧烈而深刻的变革。优秀的非公企业业主是21世纪推动我国经济发展的主要动力之一,是企业生存与发展之本,是推动社会发展的坚实后盾,更是真正代表繁荣昌盛的象征。没有大批企业主活跃在社会的舞台上,这个社会肯定缺乏生气,停滞不前。

非公经济已经成为上海经济的重要组成部分,非公企业业主已经成为促进上海经济增长的中坚力量。上海在实现"四个率先",建设"四个中心"的过程中,将对非公企业业主的素质提出与时代特征、上海特点相吻合的新的要求。

1、经营能力

所谓经营能力就是非公企业业主对市场环境的预测、把握,对企业业务和运营模式的设计能力,通俗地讲就是赚钱的能力。企业主的经营能力主要包括:一是对市场机会的把握和利用能力。非公企业业主在选择其经营项目时需要具备对外部机会的识别能力、把握能力以及经过各方面工作协调后充分利用机会的自信心。二是企业长期发展的战略决策能力。包括科学决策能力、风险承受能力、战略规划能力等等。三是持续的学习能力。在知识经济时代,"知识"爆炸,知识老化速度加快,企业主再也不能固步自封一劳永逸了,而需要终生学习。非公企业业主在不断快速变化的外部环境压力下,必须锻炼自己持续学习的能力,迎接挑战。

2、管理能力

所谓管理能力就是非公企业业主对企业内部各个环节的领导和控制能力。随着非公企业规模和经营范围的扩大,企业经营活动变得越来越复杂,对非公企业业主的组织、指挥、协调、控制等方面的能力也提出了更高的要求。企业主的管理能力主要包括:一是企业精神的塑造。企业主在建立了企业的长期目标后,要与企业所有员工充分透彻地沟通,使每个员工都能了解企业想要做什么,正在做什么,能够做什么。企业只有上下团结一致,才能拧成一股绳,发挥最大效率。而企业目标的得以实现,需要企业主通过与全体员工的有效沟通，建立共同愿景，形成企业文化和企业精神，激发和激励员工。二是企业运营管理模式的建立。随着企业规模的扩大，企业需要建立一个与之相适应的运营模式和管理体系，通过充分授权、权力制衡、有效反馈等一系列制度的执行，使企业管理实现现代化。

3、平衡利益相关者需求的能力

企业的利益相关者是指与企业有利益关系的个人和组织，包括股东、债权人、经营管理者、员工、顾客、政府等。企业的各类利益相关者对企业有不同的要求，表现出利益需求上的差异性和不协调性。非公企业业主要想实现企业的稳定发展，就需要有效地识别不同利益群体的需求，平衡每个利益相关者的利益。

4、判断、维护经营行为合法性和合乎道德的能力

在市场经济的各种诱惑中保持清醒的头脑和正确的判断能力，维护经营行为合法性和合乎道德标准，是非公企业持续经营的重要条件。拥有良好社会道德品质的企业主，本质上应该把企业的使命和责任从有效地生产产品、提供劳务和获得利润这种狭隘范围，扩展到企业活动所涉及的社会效益上来，并注重两者有机协调。在经营中，做到对客户诚信，真心实意为客户提供最优质的产品和最优质的服务，对员工爱护，尊重员工的利益，注重发展良好的劳资关系。

5、对企业公民意识的认识能力

企业在社会中的作用，一方面体现在企业对国家经济的推动，另一方面体现在企业作为社会的一员，应当承担的责任和义务。在市场环境中，充满了各种可选择的商业机会，通过对机会的识别和把握，可以获得很大的经济收益。但是，优秀的非公企业业主应当在识别和选择商业机会时，充分考虑国家的宏观经济走向，结合国家的政策导向，与国家的利益保持一致。企业作为"社会人"，不能以利润作为自己的唯一目标，不应该仅仅是"赚钱的机器"。企业的成功或者说真正的价值，归根到底不在于企业有多大、有多强，而在于这个企业对社会的回报，在于是否主动承担社会责任。

6、政策解读及运用能力

我国正处于体制转轨过程中，市场环境和制度环境还处于不断完善的阶

段,新政策推出的频率及其变化幅度往往较大。非公企业作为社会的一分子,企业主必须关注相关政策,认真学习、充分理解政策的含义,积极配合政府做好各项工作,更好地领导和指引企业的发展。

五、提高非公企业业主综合素质的基本思考

1、必要性

目前,非公经济已成为社会主义市场经济不可或缺的组成部分。来自全国工商联的数据显示,"十五"期间城镇非公经济的就业人数从1.5亿人增长到2.07亿人,净增5700万人。自2000年以来,非公企业税收年增长率一直保持在40%以上,2005年非公企业税收占全国税收总额的8.8%,提供的就业岗位占全社会的80%以上。截至2005年底,非公经济在GDP中所占比重为50%,加上外商和港澳台投资经济,"十五"期末两者相加的比重已经占到了65%。全国非公企业数量也从2000年的176万户增长到430万户。全国工商联预计未来5年,全部非公经济占全国GDP的比重将达3/4,非公企业数量将占全国企业总数的70%以上。

由于我国经济仍处于转轨过程中,体制、机制等方面还不够健全,无法可依、有法不依、执法不严的现象还时有发生,单纯通过法制的方式难以完全解决所有问题。因此,探讨改善非公企业业主的社会行为,提高非公企业业主的综合素质具有重要的现实意义。

(1)有利于促进非公经济的健康、快速发展。非公企业在现代经济中具有举足轻重的地位,非公经济被认为是经济发展的主要动力,一些学者甚至把经济发展、企业发展与企业主等同起来。正如美国经济学家萨缪尔森所比喻的那样:"企业家是推动企业发展、推动企业这部机器运转的心脏。"一个地区的经济发展状态,从某种意义上来说,取决于该地区有多少优秀的企业以及这些企业主要经营者的素质和水平如何。非公经济作为上海经济的重要组成部分,其作用大小与上海非公企业业主的素质和水平密切相关。

在影响非公企业发展的诸多因素中,企业主的作用始终处于首位,在某种意义上对企业的命运起着决定性作用。一个成功的非公企业,在市场竞争中获得并保持优势,必定有一个优秀的企业主。非公企业业主作为企业的领导

者,其经管管理能力和社会责任意识等各方面的综合素质,会直接影响非公企业的长期发展。因此,提高非公企业业主的综合素质,有利于促进非公企业的蓬勃发展,有利于非公经济的持续增长。

(2)有利于社会的和谐稳定。现有经济成份中,非公经济的比重越来越大,非公企业的数量与日俱增,规模逐渐扩大,且吸纳的从业人数不断增加,成为我党执政的重要群众基础和阶级基础。而企业主的政治倾向、责任意识会直接影响到企业和员工的行为。因此,最广泛、最充分地把他们紧密团结在党的周围,不仅关系到非公经济的健康快速发展,也关系到社会稳定和谐。

从另一角度来看,个别非公企业违法经营以及非公企业业主的不轨行为不仅在一定程度上扰乱了经济秩序,而且这种负面作用还会影响到其他企业经营活动的有序开展,对国家的经济安全和社会安全都有不利影响。

(3)有利于企业主自身发展。企业经营过程中,处处充满着竞争,时时面临着选择,"优胜劣汰、适者生存"时刻考验着非公企业业主。但就目前情况看,他们的企业处于不同行业、不同发展阶段,他们的文化程度差异悬殊,能力水平参差不齐,社会阅历深浅不一,创业背景各不相同,且流动性大,不少人还长期缺乏正面引导和教育,稍有不慎,就会使企业面临灭顶之灾。因此,提高非公企业业主综合素质,有利于增强竞争力,改善自身形象,扩大社会影响。

2、指导原则

坚持以邓小平理论和"三个代表"重要思想为指导,以科学发展观为统揽,通过法制建设、政策引导、舆论影响、教育培训等手段,大力提高非公企业业主的综合素质,努力培养和造就一大批优秀非公企业业主,为促进上海社会经济发展,为构建社会主义和谐社会,提供保证,奠定基础。

(1)长期性原则

长期性原则是指开展提高非公企业业主综合素质的工作需要一个较长的时间周期来完成。在开展工作的过程中,我们需要从制度环境的完善、社会环境的营造以及企业主的培训等多个方面来展开,而且良好的制度环境、社会环境的形成和企业主综合素质的提高都不是一朝一夕能实现的,需要较长的

时间才能逐渐改善。

(2) 预防性原则

预防性原则是指在工作的开展过程中需及时考虑经济发展不同阶段可能出现的问题，做到未雨绸缪。在一定程度上，政策的颁布实施滞后于市场经济的发展，但这也是社会发展不可避免的过程。值得注意的是，在这个过程中，一些原本没有违规意图的企业主却因此越界了，尽管已采取相应的措施解决了问题，但是如果能提早防范，各方面工作能进一步完善，则无论对社会还是对企业主，都更为有利。

(3) 动态性原则

动态性原则是指随着时间的推移，工作开展的重点应有所差异。市场环境的变化，使得在不同时期，可能出现的重大问题也有所不同。不同时期对企业主素质的关注点应体现出不同。因此开展工作时，需考虑到长期性任务在不同阶段的变化，教育引导上体现与时俱进。

(4) 重点性原则

重点性原则是指在工作开展中应分清主次、突出重点，将较多的精力放在有重大影响或者亟待解决的问题上。在这项长期的工作中，一定会遇到很多需要关心的问题，但其中部分问题的意义会相对更为重大，可能会对整个社会产生深远的影响，所以在工作中应抓住重点问题，重点解决。

(5) 疏通性原则

疏通性原则是指在引导企业主行为的同时，要为企业主创造更好、更合理的经营平台和环境。应当注意到，提高非公企业业主的综合素质，应是在合理的制度框架下对其认识和行为的引导，而不是通过一些政策、制度来直接干预非公企业业主，进而约束非公企业的发展。所以在工作中应以疏通为主，约束为辅。

3、工作重点

培养和造就一大批优秀的非公企业业主，努力营造优秀企业主批量成长的体制和土壤，是上海社会经济进一步发展的迫切需要。从总体上来说，社会对非公企业以及非公企业业主还是持肯定态度的。但是随着经济的快速持续发展，非公企业业主的综合素质与时代要求之间的差距也逐渐显现，因此，作为党政机关应采取有效措施，积极创造条件，提高非公企业业主的综合素质。

（1）要大力营造有利于非公企业业主守法经营、健康成长的社会环境

要建立健全与非公企业业主有关的法制体系。一是建立健全对非公企业业主的保护机制，肯定非公企业的社会经济贡献以及政治权益，保障非公企业业主的合法权益，为非公企业业主提供一个良好的政策环境，鼓励、引导、支持非公企业的发展。二是建立健全对非公企业业主的监督机制。非公企业业主的违法违规行为之所以发生，究其原因，一方面是由于非公企业业主缺乏应有的社会道德，胡作非为而造成的；另一方面则与监督约束机制失灵有关。因此，为了防止非公企业业主的各类违法违规现象，杜绝其侵蚀国家、集体和公民的资产，必须建立健全有关监督防范制度，对其行为进行全面有效的规范、控制和约束，将非公企业业主的行为严格限定在法律许可的范围以内。

要促进行业协会等自律组织的建立与发展。行业组织在规范非公企业业主行为方面有着独特的作用，要根据经济发展状况，不断健全行业组织，通过政府管理与行业自律的双重手段进一步规范企业主的行为。同时，建立一套客观的评价指标体系，由行业组织定期或不定期地开展对企业主的评价工作，通过对非公企业业主的经济贡献、社会责任、社会贡献以及社会影响等几个方面评价，形成非公企业业主认同的评价机制，引导非公企业业主对社会作出更大贡献。

要疏通非公企业业主和政府有关部门之间的良好沟通渠道。保证政府与非公企业业主双方都能及时、准确地获知对方的相关信息，对引导和规范非公企业业主的行为尤为重要。要利用与非公企业业主联系较多的各类协会、商会、工商联等机构，建立覆盖广泛的信息通道。积极完善政务公开制度，扩大信息资源，向企业提供新闻动态、政策法规等信息服务，定期发布信息。建立政府部门向非公经济发布政策和有关经济信息的制度，通过政府部门的信息发布，引导非公经济按照上海社会经济的发展方向和市场需求健康有序发展。加强对中小型非公企业在投资方向、产品供求等方面的信息引导，避免和减少投资与生产经营中的盲目性。

要充分利用各类媒体，加大对非公企业业主的宣传引导力度。媒体有效的宣传，有助于增加整个社会对提高非公企业业主综合素质工作的关注程度，也有助于提高非公企业业主改善行为的积极性。因此，可根据不同社会媒体自身的特色，选择对应的宣传手段。一是平面媒体。主要包括报纸、杂志、户外海报、宣传资料等多种形式。利用报纸时效性强的特点，及时发布非公企业的相关信息。可以在报纸开设专栏，以每周或每月的时间间隔向受众宣传优秀非公企业业主，通过增加社会的关注程度，达到宣传引导目的。二是电视媒体。由于电视巨大的社会影响力，内容详细直观，偏向感性，容易被观众理解，使得同一时间会有很多人关注同一内容。可以选用电视媒体来进行宣传，开设与提高非公企业业主综合素质相关的专题节目。三是网络媒体。可以在互联网上开辟专题网站，介绍非公企业业主的具体情况，包括经营活动纪实、参与公益事业的纪录片、非公企业业主收获感言、论坛等多种形式。当然，在利用媒体弘扬先进的同时，对仍然执迷不悟的非公企业业主的违法违规行为也要大力抨击。

（2）要不断加强对非公企业业主政治素质和良好品德的培养

2006年党中央颁布实施了《干部教育培训工作条例（试行）》，按照"党管人才"的原则，把非公企业业主纳入干部教育体系。根据"大规模培训干部，大规模提高素质"的要求，不断强化对非公企业业主政治素质和良好品德的培训，使他们致富思源，始终与党同心同德，为建设有中国特色社会主义伟大事业，为构建社会主义和谐社会作出应有的贡献，是上海社会经济发展提出的新任务、新要求。

充分发挥主渠道、主阵地的培训作用。有计划地组织非公企业业主到党校、行政学院接受教育和培训，聘请政府部门领导、高等院校教授、社会知名人士进行党的路线、方针和政策的宣讲，使他们深刻了解我党的成长历程和社会主义建设的宏伟目标，帮助其提高政治素质，增强他们的荣辱观，提高党对他们的凝聚力，不断巩固党的执政基础和执政能力。

优化培训内容。企业的经营活动时时处于新知识大量涌现的环境之中，企业主已有的知识是非常有限的，而社会新知识的发展则是无限的。因此要统筹考虑，从武装头脑、规范行为的角度出发，开发出符合非公企业特点的培训内容。可重点进行以下五个方面内容的培训：一是法律法规知识培训，使非公企业业主做法律法规的"明白人"，提高其对政策的解读能力，增强其有效贯彻执行国家政策和遵章守纪的自觉性。二是经济及金融知识培训，通过开设国家宏观经济及产业发展的培训课程，使非公企业业主能更多地了解国家经济发展状况，增强其推动国家经济发展的主人翁意识。也可以安排金融市场的专家，为非公企业业主分析现今的资本市场情况，帮助他们寻求做强做大的资源。三是生态环保培训，开办生态环境保护的培训课程，使非公企业业主了解环境保护的重要性。四是商业伦理培训，帮助非公企业业主提高经营伦理素养，提高其诚信意识。五是思想文化修养培训，重树优秀的传统道德观念，使他们重"利"不忘"义"，充分认识参与公益事业，回报社会的重大意义。

丰富培训形式。针对非公企业业主的特点，采取灵活多变的培训方法，使培训达到事半功倍的效果。从实践看，可采取以下方式方法：第一，召开交流会。定期开展非公企业业主交流论坛活动，增加非公企业业主之间的沟通交流机会，可以利用互相之间的影响作用更有效地提高非公企业业主的综合素质。第二，举办各种讲座。邀请知名企业家对非公企业业主进行相关的培训，安排国内外名人或先进人士演讲，在互相学习借鉴中，增强非公企业业主对企业做强做大的信心。第三，实地考察学习。可以安排非公企业业主出国考察，通过对发达国家优秀企业的实地访问，使其亲身感受到企业基业常青对企业主的素质要求。也可以安排非公企业业主到其他兄弟企业进行实地考察。第四，组织公益活动。安排非公企业业主参加各类慈善公益活动，增强其参与社会公益事业的责任意识。

作出适合非公企业业主情况的培训安排。为了使有限的时间、财力和精力达到最大的引导、培训和教育效果，在培训过程中，应充分考虑接受程度以及非公企业业主的时间安排，分期或业余开设培训课程，保证非公企业业主有充足的时间精力，以高效的学习周期完成培训。要注重培训的持续性，经常性地"回炉"和提高，使非公企业业主的综合素质能长期保持在一个较高的水平。

第五章
由弱小到壮大——
部分非公企业发展轨迹

改革开放以来，上海非公企业从无到有、从小到大、从弱到强，取得了巨大发展，形成了国有经济与非公经济相互促进、共同发展的格局。上海非公企业发展壮大的过程是党和政府推进经济体制改革和调整经济政策的过程，也是上海市委、市政府根据上海实际，坚决贯彻党中央改革开放战略、执行国家鼓励和促进非公经济发展政策的过程。单就非公企业来讲，除了受惠于党和政府的政策之外，企业自身的因素也是影响其发展壮大的重要原因。有关统计数据显示，非公企业平均寿命7.5年。每年，都有大量新的非公企业注册开业，也有大量的非公企业消亡。非公企业在生产活动中，因各自不同的种种因素，有的不断成长，成为参天大树，成为行业龙头老大，有的则勉强维持，甚至被注销。为什么同处一个大的环境之中，非公企业会有不同的表现和生长情况。尤其是逐步壮大、健康成长的非公企业，在自身行为的设计和把握上有什么样的基本规律可循？我们对上海非公企业在上海各个行业中的龙头企业、领先企业、进入全国500强的企业和在自主创新中成长较快的部分企业进行了调查，在对企业起家、发展，企业做强、做大历程的分析中，归纳了上海非公企业发展壮大的一般特点和做强做大的成功经验。

一、上海非公企业发展壮大的一般特点

非公企业发展壮大的因素很多。就自身因素而言，上海部分发展较好的非公企业有以下共同特点。

1、练好内功，建设和谐企业，企业充满活力

如何构建企业的组织机构，培养何种企业文化，如何提升员工素质，如何进行企业利益分配等问题，是影响非公企业发展的重要内因，非公企业要保持永续发展，必须把这些内因问题认真解决好。

（1）适时进行调整，重建适合企业发展的组织结构。在非公企业创办初期，其产品和业务往往较为单一，企业规模较小，企业组织结构比较简单。随着企业规模的扩大，产品和业务趋于多样化和复杂化，从而对企业组织变革与结构调整提出了要求。合理设置企业内部的各类业务部门，明确这些部门之间的分工与协调关系，处理好企业总部集权与各个部门分权的关系，建立规范的企业组织结构是企业持续发展的关键。"集权有道、分权有序、授权有章、用权有度"是许多非公企业组织机构设置中坚持的指导思想，它们在实践中因事设职，因职设人，人事相符，责权相当，从而确保了企业的有效运转，为企业发展奠定了组织基础。

（2）适应发展要求，确立适宜的管理模式。不少非公企业在创办之初，往往是创业者抓住了一个机会，凭着自己的胆识、技能及冒险精神，勇闯市场获得成功。但随着企业发展，招募员工增多、机构增设，就会出现管理难度增大、管理成本升高的问题。成功的非公企业自觉地选择了管理的专业化和职业化，建立了内部条件与外部环境相结合、战略管理与业务管理相结合，包括生产管理、营销管理、科技开发管理、人力资源管理、财务管理等在内的适宜的管理制度。

（3）提升员工素质，培养招募两条腿并行。企业做强做大，自身拥有的各种层次的人才是根本保障。许多成功的非公企业都重视吸纳各类人才特别是科技开发人才与经营管理人才；重视建立和完善激励与约束相结合的薪酬制度，留住人才；重视使企业成为学习型组织，下大力提高各类人员的素质，以造就人才，为企业的持续进步提供基础性条件。

（4）实施股权激励，给企业注入发展动力。股权激励的方式可以弥补传统管理方法和激励手段的不足。在管理理念上，通过雇员对股权的拥有，使

雇主与雇员的关系,由原来简单的雇佣与交换关系变为平等的合作伙伴关系;在激励与约束的方法上,通过建立所有者与雇员之间在所有权、管理权、经营收益、企业价值以及事业成就等方面的分享机制,形成所有者、企业与雇员之间的利益共同体;在管理效果上,变外部激励为主为雇员自身的内在激励为主,变制度性的环境约束为主为自律性的自我约束为主。通过让经理人或其他员工在一定时期内持有股权,享受股权的增值收益,并在一定程度上承担风险,使其更多地关心公司的长期价值。股权激励对防止经营的短期行为,引导其关心企业长期发展具有较好的激励和约束作用。事实证明,非公企业实施股权激励,有助于留住和吸引优秀人才,突破企业发展瓶颈,实现企业的再次腾飞。

（5）以人为本,重视企业内部和谐建设。成功企业都能认识到,做好教育人、使用人、培养人、管理人、关心人、帮助人的工作是企业发展的重要一环。在提高员工劳动效率,实现企业发展目标,达到企业利润最大化和股东利益最大化的同时,积极培育员工素质和培养团队意识、创新意识、奉献意识,使员工在岗位上充分发挥作用,各尽所能,各尽其才;让广大员工感受到企业关怀员工的职业生涯,为他们提高素质、胜任工作提供有力的支持,使员工的价值得到体现;使员工感受到,在取得成绩时受到表扬和鼓励,在遇到挫折和困难时得到关心和帮助,进而在企业内形成培养人才、使用人才、善待人才的良性循环,使企业上下级之间、员工与员工之间团结协作,友好相处,使整个企业充满积极向上、团结友爱的和谐氛围。

2、守法诚信,打造金字招牌,经营无形资产

上世纪80年代企业有产品就有客户,90年代有广告就有销路,21世纪有信誉的企业才有市场。企业占领市场一靠品牌,二靠信誉,好的品牌是靠良好的信誉支撑的,良好的信誉是企业的无形资产和无价之宝。在日益成熟的市场经济中,企业信誉对经济效益的影响日渐突出,成为一个企业是否成功、成熟的重要标志。企业在追求利润最大化的同时承担更多的社会责任,并由此得到更多的社会支持,赢得市场资源配置的优先权。守法经营,诚信从商,把无形资产经营好是成功企业的共同特征。从上海许多发展良好的非公企业情况看,正确认识企业社会责任与竞争力的关系,树立科学的社会责任观，敢于承担和践行与自身实力相当、社会公众认可的企业社会责任，对提升企业竞争力，促进企业的持续健康发展有着极其重要的意义。一些成功企业，在以下三个方面做得很出色：

（1）守法经营，还善于抓住发展机遇。守法经营是非公企业持续发展的必然要求。遵纪、守法是作为一个法人的非公企业对社会的一种责任，是自身形象的一种塑造，是企业对未来经营环境的一种投资。非公企业要做到持续发展，开百年老店，必须奉公守法。一些企业在守法经营的同时，又善于抓住机遇。改革开放是一个压缩性的历史变革，我们正处于这一变革的历史高潮期，国家政策的演进，经济形势的变化，尤其是国家开放带来了国内经济与世界经济的联动，所有一切都在快速变动中。许多非公企业正是顺应了时代要求，敏锐地进行政策分析，灵敏地捕捉瞬息万变的商机，从而把机遇转变为企业的发展现实，并在此后的经营中，始终牢牢地把握住守法经营原则，使企业一直保持着健康、持续的发展。

（2）追求效益，并积极承担社会责任。不论是国有企业还是非公企业，要在激烈的竞争中持续发展，都必然追求较高的经济效益。追求利益最大化是其在竞争中获得生存权的客观要求。然而，非公企业要持续发展，遵守商业道德和参与社会公益事业等是必须承担的社会责任。许多成功的非公企业在取得经济效益的同时，都自觉而积极地承担社会责任，主动开展社会公益活动，树立了企业良好的社会形象，为企业的社会公关打下良好的基础。

（3）灵活经营，坚持诚信从商。经营灵活是非公企业的优势。"民无信则不立"，诚信是企业生命之源，企业生存之本，企业发展之道，企业通过长期诚信经营积累的无形资产是企业后续发展的宝贵财富。只有用诚信创造市场，拓展业务，企业才能实现持续发展。许多成功的非公企业往往把企业信用提高到企业生命的高度来认识，在灵活经营的同时，坚持重合同、守信用，树立企业的金招牌，使诚信成为企业无形资产的一部分。

3、开拓创新，不断探索科学发展，一路做强做大

创新是一个民族进步的灵魂，也是非公企业发展的不竭动力。随着对非公企业政策环境的进一步改善，非公企业的发展空间得到了有效的拓展，大量的机会在等待着非公企业。随着企业的发展，企业面临的形势也会发生变

化,许多非公企业的成功实践证明,要保持企业的持续发展,必须在管理上、服务上和技术上不断创新,保持企业对市场的适应,不断提高企业的竞争力,使企业立于不败之地。

(1)在管理上不断创新。非公企业在规模上不断扩大必然要采取新的管理模式,否则就难以保持良好的发展态势;非公企业进入资本密集型行业和技术密集型行业,对企业管理将提出新的更高要求;企业持续发展,在内部建设和发展战略上也将提出管理科学化的新要求。非公企业管理创新是一种适应性的创新、一种科学化的创新。许多成功的非公企业都十分重视改变家族化、高度集权化管理模式,吸收先进管理理念,创新管理制度,从而形成了一套适合企业当前要求的管理模式,使企业始终保持了蓬勃生机。

(2)在服务上不断创新。作为企业,除了提供性能卓越的产品外,还必须有完善的服务,才能得到消费者的支持。服务创新的目标是提高服务层次,更好地满足客户的需求,维持客户的满意度,提高企业社会知名度,这是维护市场的重要手段。在信息化时代,通过网络等现代化的通讯手段提供个性化与特色化的服务,已成为大批新生非公企业进入市场的重要途径。许多成功非公企业在服务上不断创新,使企业找到新的利润增长点,获得发展的新动力,进而推动了企业的良性发展。

(3)在技术上不断创新。在短缺经济时代,非公企业依靠灵活的机制和廉价的产品赢得了市场。随着经济进一步全球化,国内市场的市场化程度和竞争程度进一步加剧,传统的非公企业成本优势已不再是构成其竞争力的首要决定因素。在这种情况下,如何提高企业技术创新能力,就成为非公企业生存与发展的一个关键因素。许多成功非公企业以市场为导向,以满足市场需求为主,不断加强技术革新,不断开发新产品、开拓新产业,带动传统产品升级换代,推动传统产业升级改造,使企业持续保持在市场的技术优势,走上了可持续发展的道路。

4、建立机制,防范风险,又好又快发展

非公企业在做强做大的过程中,很多不确定因素会影响企业的生存和发展。非公企业风险可以划分为两大类:一是企业外部客观环境因素导致的风险,如自然灾害、宏观政策的变化等;二是民营企业自身内部的风险,如企业的价值观问题、企业法人治理结构问题、生产管理、市场管理问题等。以事前防范、事中控制为主和事后补救为辅的企业法律风险防范机制，能较好地实现由事后"灭火"向事前预防和事中控制的转变。从现实情况看，全国非公企业的平均寿命不到7.5年，有的地区非公企业平均寿命仅2.9年，为数不少的非公企业，有的是大型非公企业，在面临风险时处置不当，导致企业发展急转直下，从此一蹶不振，教训惨痛。上海许多成功的非公企业面对风险，不仅勇于进取，更重视积极防范，使企业在风险中获得机遇，在风险中平稳发展。

（1）加强风险教育。加强企业管理层的国家政策、法律法规、法律风险知识的培训力度，提高企业行为的合法意识，避免出现法律不予保障的经济行为。注重培养企业员工的法律风险意识，针对不同工作岗位的职工，通过管理流程控制、全面培训计划等方式，积极引导和培育员工的风险防范意识，使企业上下都有风险规避意识和应对意识。

（2）完善风险管理机制。风险管理是一项系统工程，牵涉到企业生产经营的各个环节和各个方面，要建立完整和科学的组织架构、流程、报告程序，明确管理层和业务部门的管理职责、规章制度和量化风险管理评价体系及措施，确保风险管理制度被切实执行并不断加以完善。建立各层级及相关人员提供和交流有关风险管理信息的平台，让内部各职能部门和人员，都能够清楚地了解风险管理的制度和要求、面对的风险和机遇，从而知道其所应承担的责任和义务，激发员工自觉参与企业风险管理与控制。在划分风险管理职责时，将"控制"与"监督"职责加以细化分解，将责任落实到人，保障风险管理机制能有效运行。

（3）加强风险控制。将风险防范功能有机地融入企业经营管理体系之中，以确保发挥预防、控制的功效。注重风险防范工作重心前移，形成变事后处理为事前预防、事中控制的制度保证，使风险防范成为一种常规性的管理工作，并贯穿在企业的各个业务流程中，嵌入企业生产经营的实际工作中。这种融入防范功能、危机处理功能的企业管理系统，已经不是传统管理功能的简单重复与重组，而是在整体功能上融企业稳步发展机理与风险防范机理于一体；集企业顺利发展时期的预防和企业发生风险时的危机处理于一

身；将企业在生产经营过程中的决策失误、管理失误等风险，置于有效的监测和控制之下，使企业的一切管理行为均在有序均衡状态下自我运行，最终保证企业阶段性战略目标的实现。

（4）加强危机应对。建立了风险防范机制，有时危机还是会发生的。一些非公企业在面对危机时积极应对，避免危机成为灾难，最终将危机转变为机会。为正确处理危机，许多企业重视信息收集和对潜在危机的评估、预报。首先是建立良好的管理信息系统；其次是依据收集的信息，确定诱发和导致危机的主要风险因素；再是针对不同监测对象，建立相应预警指标体系；最后是按各项预警指标标准，对企业经营、管理各种行为作出评估。许多企业在处理危机时坚持了化解危机的六大要则：第一是快速反应，毫不迟疑地对危机作出回应；第二是主动面对；第三是全局利益优先；第四是尊重公众的利益和感受；第五是真诚坦率；第六是统一对外。正确应对危机有时反而能给企业带来巨大的机会，不少成功企业在危机应对中为自己树立了很好的形象，有力地促进了企业的发展。

二、非公企业做强做大的初步经验

我国经济处于高速发展之中，上海经济发展高于全国平均水平，非公企业发展更是高于全市平均发展速度。在信息时代的经济全球化大格局中，市场机遇很多，不少非公企业探索出一些做强做大的成功经验。

1、做有心人，寻找市场空隙，占得发展先机

成熟市场的竞争规则是大者恒大，新进入市场的企业机会在逐渐减少，那种爆炸式的行业增长已经比较少见，企业依靠简单的寻找机会或市场升级手段，已经不能适应成熟市场的竞争。新"进入"企业必须在市场上找到一个适合的切入口，找到市场"空隙"，做填补市场空白的事业，从而获得企业发展的新机会，在市场竞争中取得先发优势。上海有不少非公企业就是依靠找到的市场"空隙"取得发展机会的。

（1）分众传媒公司的成功案例。2003年的一天，已经在广告业摸爬滚打多年的江南春，在上海太平洋百货公司电梯门门口没有赶上趟，却被电梯门旁张贴的广告惊呆了，一个要在电梯门旁和电梯里打广告的创意冒了出来，

江南春开始思索如何寻找突破口。多年的广告代理经验告诉他，新的媒体，尤其是新的电视媒体一定有广阔的发展空间。思考结果被高度浓缩进了半年后的一次演讲。在那次演讲中，他高度概括了新媒体应该有的四个特点：第一，必须是代表媒体表现能力的最新技术和发展趋势，具有高度的煽动性。例如，你看到一个宝马汽车的灯箱广告，你可能只会想到："噢，宝马又出了一款新车。"但是，当你在电视中看到宝马掠过海浪，水花四射，一位惊艳的美女深情注视着那个开车的CEO模样的男人时，你所想到的就不会是"宝马汽车上市了"，而是"好想拥有这辆车"。这也是电视广告成为全球广告主要形式的重要原因，比起别的方式，动画和声音结合的煽动性不可同日而语。第二，必须是分众性的。打中的必须是特定的人群——只有这部分人群对广告商而言才是有意义的。而当今的传媒业从大众性向分众性转变的趋势是不可逆转的。第三，要有比较高的抗干扰性。譬如在现在的外滩、徐家汇，你再怎么样打广告，面临的干扰都太多了，很难保证广告的有效性。因此，必须创造新的特定时间和空间，提高广告的有效性。第四，必须带有一定的强制性。事实上，分众传媒的强制性非常高，在电梯口狭小的空间内，很多人都"被迫"欣赏分众的广告。原因很简单，在看电视时，比起电视节目，广告是无聊的。但是在等电梯时，比起无所事事，看广告是好玩的。在走下讲坛的时候，江南春问自己："既然这么看好这个方向，为什么自己不去做呢？"答案是肯定的：现在即开始探索新媒体赢利之道。两年后"电梯门"成了全国两万多栋写字楼电梯旁和电梯里的液晶电视，而分众传媒公司则成了月收入4000万元人民币的公司。2005年7月13日，分众传媒以每股17美元的发行价成功在纳斯达克完成IPO，共融资1.717亿美元。目前公司市值已超过40亿美元，是纳斯达克中国上市公司龙头股。

（2）翰纳森制衣有限公司的成功案例。上海翰纳森制衣有限公司是一家成立于1989年，集服装、面料、内衣于一体的综合性非公企业。服装行业是传统行业，市场化程度高，竞争十分激烈，早已是微利产业。2000年，公司董事长许如根在调研中发现，上海的白领在上班时都使用电脑，同时，居民家中生活电器也越来越多，工作环境和生活环境中的电磁辐射对人的影响也越来越大。随着人们对身体健康的关注，生产具有防电磁辐射功能的服装将

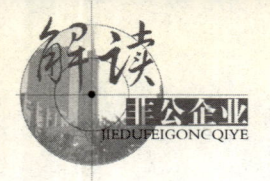

有很大的市场，尤其是孕妇服饰市场。公司组织技术力量，经过反复试验、论证，推出了目前世界上最先进的、国内独一无二的屏蔽电磁波辐射材料，经中国上海测试中心检测，其屏蔽效果达到了99.9%以上，洗涤之后防护功能不变。此项技术填补了国内在这一领域的空白，并申请了专利。公司开始大规模生产"添香防辐射服装"，仅这一品牌年销量就突破了100万件。公司在北京、无锡、杭州等地建立起了销售及信息网络，并且打入了国际市场，产品远销日本、美国、加拿大、澳大利亚等国家。

2、锐意创新，填补核心技术空白，赢得发展机遇

在国际贸易中以低技术产品交换高技术产品，其劳动价值比是惊人的：我国从美国进口一架波音747飞机，要支出向美国出口8亿件衬衫换得的外汇。发达国家对我国在战略领域的核心技术一向是严密封锁的，尤其是涉及国家安全和军工领域的关键技术。因此，非公企业在核心技术领域填补国家空白不仅能得到巨大的市场机遇，更能得到国家的鼓励和支持。

（1）展讯通讯有限公司的成功案例。在通信专用芯片领域，移动通信终端核心芯片无疑是技术含量最高，开发难度最大的产品之一。中国拥有世界上最大的手机和无线终端用户市场，是最主要的制造基地，但长期以来在市场上销售的几亿部手机核心芯片基本上被国外少数几个芯片研发巨头垄断。在核心技术上受制于人，这大大增加了整个产业发展的风险，更严重地制约着产业的可持续发展进程。同时，广泛使用外国开发制造的核心芯片和软件，将对我国的信息安全，乃至国家战略安全造成严重隐患。2001年，一群在国外有丰富创业经验的留美学人带着强国之梦、怀着报国之愿，从硅谷回到中国，在上海张江科技园成立了展讯通信有限公司，围绕国家急需的移动通信终端核心芯片、移动通信终端电路参考设计以及通信协议栈软件、应用软件及软件开发平台等开展研发工作，先后设计成功TD－SCDMA网络的3G手机核心芯片和GSM/GPRS芯，其"展芯GSM/GPRS手机核心芯片关键技术的研制和开发"项目获得2006年度国家科学技术进步一等奖，为国家通讯安全作出了重要贡献，打破了国外的垄断。2006年公司销售额达到1.06亿美元，市场拓展到了全球各个角落，公司也成为近几年中国最具成长性和最具赢利能力的高新非公企业。

（2）上海高晶金属探测设备有限公司的成功案例。成立于1998年的上海高晶金属探测设备有限公司是专门从事探测器研发的企业。为了检测出口织物玩具中可能存在的金属异物，当时国家商检部门急需金属探测器，国内不能生产，从国外进口价格昂贵。1998年，身为国有企业职工的吴家荣"下海"发展，从金属探测器研制入手，生产出了国家急需的检测器，不仅解决了国家急需，开创了一个产业，也取得原始积累。技术人员出身的吴家荣，重视技术创新对企业发展的影响，把公司初期取得的全部利润投进科研开发，先后开发出了金属探测、激光检测、安全检测及相关高新技术产品，公司研制的非金属X光异物检测机处世界领先水平。产品不仅主导了国内市场，还远销美国、加拿大、欧洲、日本和东南亚等地。

3、产学研联合，不断创新，保持领先

非公企业自身技术创新能力有待加强，产业技术能力整体上与发达国家还有相当大的差距，众多非公企业的产品技术档次低，竞争能力弱，缺乏拥有自主知识产权的产品技术。因此，发挥产学研联合的优势，以市场为导向，以企业为主体，联合开发具有自主知识产权的新技术、新产品，提高企业的核心竞争力，是非公企业在现有条件下取得市场竞争地位的重要发展模式。

复旦光华信息科技股份有限公司的成功案例。复旦光华信息科技股份有限公司是一家涉足网络、软件、硬件、系统集成、智能产品等诸多领域的高科技企业，公司坚持产学研联动发展的模式，每年都将10%以上的销售收入投入到产品研发和技术创新中，截至2005年12月底，他们累计完成国内专利申请25项，其中已获得专利授权12项，发明专利达到100%。复旦光华申请国内商标注册4件，3项已获通过，1项目前正在审批过程中。软件著作权登记7项，软件产品登记17项，高新技术成果转化4项。仅专利产品近两年就创造效益1亿余元人民币。

4、坚持专业化，做精做细，保持竞争优势

"如何发展自身核心竞争力和如何使利润最大化"是非公企业长期发展的核心命题，坚持专业化道路，把行业做精，是保持自身核心竞争力的一个成功模式，也是创造利润最大化的有效途径。当前，非公企业大多都还属于"中小企业"，正在朝做强做大方向努力，仅仅"做大"而不"做强"，不

仅竞争优势没有，还可能因管理效率的降低、管理成本的提高而对企业发展产生危害，盲目追求"大"更是不可取。在这种情况下，许多非公企业注意认真分析自己所在的产业环境和价值链体系，在进行市场细分的基础上，找准自己的目标定位，立足于把其中的某个环节做到最好、最精、最细，逐步发展，从"做强"入手，"做强、做实"，立于不败之地。

（1）凯泉泵业有限公司的成功案例。上海凯泉泵业（集团）有限公司是集设计、生产、销售水泵、给水设备及泵用控制设备为一体的综合型泵业集团公司，是全国泵行业的龙头企业。凯泉集团把"做精、做专、做强、做大"作为市场生存的法宝，集团投资组建了上海市级的"技术中心"，每年斥资8000万元，用于技术创新和新产品研发，引进了世界先进的CFD流体内流场分析、CAE有限元理论计算及CIMATRON三维CAD、CAM、CAE、FMS等研究设计、生产管理软件系统，并实施ERP管理。凯泉拥有600台/套先进的生产和检验设备，生产23大系列、2万多个品种，年生产能力达20万台/套。并与清华大学、江苏大学和流体力学研究院等近10所大专院校和研究所建立了长期的战略合作关系，初步形成了以自主知识产权为核心的技术体系。做精、做专、做强、做大的经营思路，使企业获得了巨大的市场优势，企业产值年增长率达到了70%。2006年集团销售额达18亿元，连续七年名列全国泵行业销售额第一，主导产品建筑用泵市场占有率位居全国榜首。

（2）杰事杰新材料股份有限公司的成功案例。上海杰事杰新材料股份有限公司是一家成立于1992年，专门从事工程塑料研制和生产的非公企业。工程塑料是现代工业的重要基础材料。但全球工程塑料大部分专利和产量都掌握在发达国家的跨国公司手中。这些跨国公司在世界范围内大肆"圈地"，我国内地市场也长期为这些工程塑料巨头所瓜分。20世纪90年代开始，这些跨国公司又纷纷到内地投资建厂，意欲继续垄断我国工程塑料市场。上海杰事杰新材料股份有限公司在董事长杨桂生博士的率领下，十几年如一日，专注于新型工程塑料的自主研发和产业化，先后完成了上百项新工程塑料材料的研制，多项产品荣获国家奖、省部级奖，包括3项列入国家"863"计划项目的重大成果：耐高温高性能聚合物基复合材料规模化制备技术、新型多功能纳米粒子在高分子材料中的应用研究、长纤维增强热塑性新材料。一批用途广阔、性能卓越的工程塑料新材料，已大量替代了进口产品，成为国内外制造商的大供应商之一。2000年至今，公司自身实施专利技术产生的经济效益有6000多万，而通过转让多种专利技术实现的效益更高达2亿元。10多年来，杰事杰公司的销售额以每年翻一番的几何级数增长。目前，"杰事杰"下属工厂年产百余种高性能新型工程塑料和复合材料，总量已达10万吨，年产值逾10亿元。专业化、精细化使上海杰事杰新材料股份有限公司牢固地占住了国内行业领头羊的位置，也取得了突出的经济效益和社会效益。

三、非公企业发展机遇展望

胡锦涛总书记对上海提出了"率先转变经济增长方式、率先提高自主创新能力、率先推进改革开放、率先构建社会主义和谐社会"的要求。上海市委、市政府坚决贯彻党中央的要求，把实现"四个率先"贯穿于上海"十一五"发展的全过程，贯穿于"四个中心"建设的全过程。市委、市政府为进一步发挥非公企业的积极作用，出台了鼓励非公经济发展的政策，允许非公有资本进入法律法规未禁入的一切行业和领域，包括资源垄断性行业。除国家明确限制的投资行业和领域外，都以与国有资本和外资同等的条件和政策，对国内非公有资本开放，并放宽股权比例限制。上海还打破地区、所有制、内外资界限和行业垄断，逐步完善了市场准入一律平等的规范性程序。同时，加快垄断行业改革，对一些自然垄断业务，积极推进投资主体多元化；对其他业务，非公有资本可以独资、合资、合作、项目融资等方式进入。在政府购买服务方面，实行对各种所有制统一的政策。可以肯定，在上海实现"四个率先"、建设"四个中心"的过程中，上海非公企业面临着前所未有的新的发展机遇。非公企业需要认清形势，认真把握机遇，在不断发展壮大自身的同时，为上海的经济社会发展作出新的贡献。结合实现"四个率先"的要求和上海建设发展的实际，非公企业面临的机遇将是多方面的。从宏观层面判断，主要包括：

1、公用事业领域市场化水平将不断提高，非公企业可以一展身手

公用事业是与人民生活密切相关的部门，如何使公用事业服务更好、价格更合理、人民更满意是公用事业改革的方向。上海为推进公用事业改革，已

确定了改革公用事业的基本方向：鼓励非公有资本通过独资、合资、合作、联营、项目融资等多种方式参与投资基础设施和市政公用事业；加快完善政府特许经营制度，已建成的基础设施和市政公用事业项目，具备条件的可依法向非公有资本转让特许经营权或产权。基础设施和市政公用事业领域，国有企业和经营性事业单位拥有的诸如行业规划、环保技术监督、市场监管等行政性职能，曾是非公经济无力与之竞争的，今后这样的职能都要被剥离，为推行市场化运作创造公平的市场环境。上海还将支持符合条件的非公企业参与总承包、分包、招投标代理、监理等建设市场业务竞争。鼓励非公企业参与市政公用企业、事业单位的产权制度和经营方式改革。进入公用事业领域将是非公企业发展的新机遇。

2、社会事业发展前景广阔，非公企业可以大有作为

加快改革发展步伐，促进教育、文化、卫生等社会事业的发展和繁荣，是促进上海社会与经济协调发展的一个突破口。根据国务院《关于鼓励支持和引导个体私营等非公有制经济发展的若干意见》，上海制定了鼓励非公有资本进入教育、文化、卫生三个领域的政策：在教育方面，上海继续鼓励非公有资本投资发展非义务教育，积极发展多元投资合作办学；积极探索建立非公有制教育基金会；探索公办学校通过竞标方式选择民办教育管理机构实行委托管理。在文化方面，同时允许非公有资本以独资、参股、合作等形式，兴办影视制作、发行、放映、演艺、娱乐、体育经营等文化体育企业。在卫生方面，允许非公有资本采用多种形式，参与基本医疗服务主体框架外的公立医疗机构的改制、兴办公益性或经营性医疗机构以及组建医疗投资公司、医院管理公司和医疗集团。非公企业参与社会事业建设，既是自身发展的新机遇，也是承担社会责任的新机会。

3、科技创新方兴未艾，非公企业在推动科技进步中将有更好的发展平台

促进非公企业科技创新是上海的长期政策，为进一步鼓励上海非公企业进行科技创新，上海提出了新的政策：鼓励非公有资本创办科技型企业，鼓励非公企业构建科技创新体系，加快促进各类科技成果转化和高新技术企业发展。加强企业孵化基地建设，鼓励非公企业建立各种形式的科技和研发合作联盟，支持具备条件的非公企业自主创办科研开发机构以及参与国有科研机构的改制。扶持非公企业创立高新技术品牌。改善非公企业科技创新的融资服务环境，为非公有制企业提供科技信息、咨询、技术推广等专业化服务。设立"上海市民营企业科教兴市产业升级导向资金"，重点支持上海市非公企业承担科教兴市产业升级重点项目，支持包括电子信息、生物与医药、新材料、装备工业等7个门类。在科技创新领域，非公企业将有机会获得更好的发展平台，从整体上提高自主创新能力。

4、现代服务业将加速发展，非公企业有着广阔的拓展空间

优先发展现代服务业是上海贯彻落实科学发展观，加快转变经济增长方式，着力推进经济结构的战略性调整、积极促进产业结构优化升级的重要举措。为加速现代服务业的发展，上海制定了《关于上海加速发展现代服务业的若干政策意见》，并出台了"优先发展先进制造业，优先发展现代服务业"的发展战略，鼓励非公有资本投资金融、商贸、物流、房地产、信息服务、航运服务、会展旅游、中介服务、租赁、文化、教育、科研、医疗、体育等现代服务业。支持非公有资本发展律师事务所、会计师事务所、资产评估事务所等鉴证类市场中介组织，和法律法规未禁止的其他各种类型的市场中介机构。同时，积极推进非公企业完成从粗放型经营向集约化经营的转变；实现从产业集中度低，能源消耗相对较大，资源利用率低，劳动生产率不高等，向产业集中度高，工艺技术装备先进，资源利用率高和产品附加值高等方向转变；逐步推进由劳动密集型产业向资金技术密集型产业转变；利用信息技术和高新技术，改造、提升传统产业，增强非公企业的活力和国际竞争能力。随着转变经济增长方式战略的实施，上海非公企业将全面提升竞争力，取得更多的市场优势。

总之，上海在加快推进"四个率先"，加快建设"四个中心"和社会主义现代化国际大都市的全过程中，必然会促进上海经济社会的全面发展，这不仅将给国有企业和外资企业带来巨大的发展机遇，也将给非公企业带来了千载难逢的发展机遇，非公企业要加快发展步伐，练好内功，以迎接上海新发展带来的新机会，在为上海发展作出应有贡献的同时，把自身建设提高到一个新的水平。

第六章
从辉煌到衰败——
部分非公企业教训剖析

在大量非公企业取得巨大成就的同时,一些非公企业在迅速壮大之后却无法实现良性发展,最终一蹶不振走向衰落,更有一些企业在顷刻之间遭到毁灭的命运,这些非公大型企业爆发危机,不仅影响了当地经济的健康发展,而且危及社会稳定。

一些大型非公企业迅速从辉煌走向衰落,以至土崩瓦解的现象发人深省,究竟是什么原因使大型非公企业如昙花一现?大型非公企业的衰落是否有规律可循?应如何防范大型非公企业迅速走向衰落?在此,以媒体公开披露且已经结案的部分大型非公企业走向衰败的典型案例和上海几家非公企业金融危机的案例作为蓝本,研究、剖析部分大型非公企业的衰落情况,观察、捕捉这些企业衰落前的征兆性信号,剖析与衰落相关的内外部因素,以求揭示非公企业衰落情况发生的普遍规律,并据此形成促进非公企业健康发展、持续成功的对策。

一、衰败非公企业的共性特点

从德隆集团、升汇集团、格林科尔集团、太平洋建设集团和明星电力公司以及上海的几家非公企业从兴旺走向衰落的过程看,其共性特点为:

1、多为实施多元化战略的系族企业

这些非公企业普遍实行多元化战略,产业领域宽泛,企业规模庞大,多为控制多家公司并组成关联的系族企业集团。德隆、格林科尔、太平洋等都属于"系族企业"。格林科尔系有100多个控股公司，德隆系控股、参股的企业有近200家，产业领域遍及重型汽车、汽配、机电、食品、水泥、种子、奶牛、零售、旅游、金融等10多个行业。上海某集团，董事长一手掌控的"XX系"，控制着上百家公司，这些公司之间关系错综复杂、盘根错节。其中，三大"巨头"公司就延伸出很多子公司。其中一家公司注册资金就达8亿元，投资16家子公司，曾经被媒体称为上海注册资金最大的非公企业。

2、通过资本运作实施规模扩张

与上世纪90年代的非公企业相比，现在的大型非公企业金融意识和资本运作能力显然大大提高。90年代的巨人集团金融意识薄弱，长期以来完全依靠自有资金，从未向银行贷过一分钱。待巨人大厦资金出现缺口时，才发现求告无门，结果1000万的流动资金缺口扼杀了十几亿资产的三人集团。而现在的大型非公企业发现了资本运作的生财之道，都有收购上市公司或直接、间接参股控股金融机构等行为。如福建升汇集团在短短六年间，通过收购多家国企，控股了2家上市公司，托管1家上市公司，拥有100余家下属企业，职工超过2万人，资产达到100亿元。格林科尔、太平洋和明星电力也都是通过收购上市公司等资本运作手段来实现企业的高速增长和规模扩张的。有些非公企业通过控制一定的金融渠道，将原先隐蔽的资金流动转为合法形式，将融资的外部风险转化为内部风险，为自身在产业领域购并整合提供资金保障，企业则变成了具有金融控股性质的企业集团。如德隆集团收购了金新信托、德恒证券等十余家大大小小的金融机构，通过形成控制性关系或者在重要岗位安排人员，实现了对这些金融机构的完全控制，为其规模扩张服务。

3、企业一旦衰落倒闭，影响面广，社会危害大

目前的大型非公企业都有成"系"并有控制金融机构的特点，加之我国股市盘根错节的关联关系，一个系的覆灭往往殃及一大片，使系族企业的倒台具有巨大杀伤力。德隆事件累及范围广，涉及行业多，社会危害大。德隆的相关企业提供就业岗位有27万个，相关产业链上有包括新疆农牧民在内100多万人，影响甚广，它留下了近200亿的负债，造成了企业和社会的巨大损失；格林科尔系的科龙电器公司有员工上万人，在顺德当地间接为科龙打工的人

员超过10万。德隆系和格林科尔系的倒台表明,单纯的个体上市公司的风险,由于"系"的存在,而使大型非公企业倒台,这种风险就像放射波一样扩大,形成整个金融领域的风险,甚至危及社会稳定。

二、导致非公企业衰败的直接动因

1、大股东占用或抽逃资金

在大型非公企业中,大股东或实际控制人占用或抽逃资金、非法转移收益,已成为困扰企业发展的一个严重问题。控股股东把公司当成"提款机",带来的直接后果是,公司持续经营能力下滑,甚至被"掏空",导致经营失败。如上海某集团因近几年资金陷入危机,以其控股的实体企业为平台,不断向银行贷款。截至2006年底,该企业2.31亿元的贷款中,集团基本全部占用,而企业则由于多年来没有新的投入,造成生产设备陈旧,技术力量薄弱,产品结构单一,赢利能力较差,在行业中的地位不断下滑,2006年的利润率仅为3%,远远低于行业平均水平。上海某公司也曾充当了大股东的借钱工具。公司的大股东调用了公司的正常营运资金,没有按时归还,直接影响资金达4900万元。资金链断裂导致公司无力给供货商还款,致使其他供货商半年多不给公司供货,销售品种急剧减少,直接导致公司关门停业。福建汇升集团通过多种手段,大肆抽逃资金:一是通过关联账户,将企业资金流入股东腰包;二是用于收购过程中的"行贿成本";三是设立离岸公司,进行所谓的"利润"分红,大笔资金"合法"流入个人口袋。2006年,经中国证监会查实,作为大股东的福建升汇集团占用一家下属公司的资金就达5亿元左右。

2、盲目发展,扩张速度过快

一些大型非公企业当家人心态浮躁,急功近利,在企业发展不"强"的时候就想做"大"。由于扩张速度过快,管理水平并没有同步提高,导致内部管理混乱,经营成本提高,资产质量下降,财务风险和经营风险随之增大,最终被市场淘汰。上海某集团从2001年到2003年短短三年时间,就在上海郊区、江苏、安徽等8省市展开营造"速生林"的战略布局,大举造林近百万亩。后因国家政策的变化和后续资金不足,林地面积大幅收缩,下降到9万盲，这使得企业资产规模锐减，陷于严重资不抵债的境地。上海另一家集团为了争当全国行业的老大，先后投资收购或成立了8家同类型的子公司，扩张速度过快，新投资的公司未能产生足够的收益，导致企业负担过重，最终陷入危机。盲目多元化的急速扩张也使一些非公企业迷失了总体发展目标。德隆在战略业务上的一个突出特点就是没有主业，通过频繁的收购行为聚集了大量公司，用不断的融资来维持并购的进行和企业的生存，资本运营成为企业的实际目标，忽视了产业链和金融链的合理链接。格林科尔的收购虽然基本限于家电产业链中，但其战略过于重视规模而未考虑整合效应，其收购的科龙电器、美菱电器等上市公司以及上菱电器、阿里斯顿等非上市公司，并未合成强大的竞争力。这种迷失总体发展目标的激进扩张，反而给企业的发展带来极大的风险，促使企业走向溃败的边缘。

3、用不正当手段，获取银行贷款

对于银行信贷活动来说，其对风险的主要判断依据是客户的财务、账户、授信等综合信息。一些非公企业为了获取银行贷款，往往采取提供虚假信息来误导银行的风险识别。这些企业往往采取刻意做大营业额，借助关联企业，互开增值税发票，通过没有真实交易基础的商业承兑汇票制造现金流，配合营业额的增加，使得银行用通常的信贷分析指标来看该企业，还是具有较强的信贷偿还能力。除此之外，一些非公企业还勾结中介机构，让他们配合做假账，甚至通过银企勾结，来达到获取银行贷款的目的。上海某集团的经营业绩一直维持在较低的水平，但为了获得银行支持，集团与一些不法中介机构串通，用不规范的财务处理虚增净资产和利润，通过虚报投资权益达到增加净利润的目的。集团下属企业在香港二板上市前，为使会计报表符合上市要求，虚列销售收入和虚增利润近千万元。

4、不顾自身实力，盲目互为担保

大型非公企业由担保引发的企业亏损、破产案例屡见不鲜，重的垮台，轻的也会内伤，这给企业和银行都造成了很大的风险。非公企业在自身需要融资时，往往会找关联或不相关联的企业提供担保，已经为别人提供了担保的企业，也会去找曾经担保过的企业来给自己提供保证，甚至一些企业不顾自身的还款能力，进行几家企业相互之间的连环担保，一家企业有事，其他几

家便难逃干系。上海某集团先后为10家企业进行担保，其中有几家与企业毫无关联，是为争取贷款在金融机构的授意下，进行的信用担保。后因部分被担保企业无力偿还银行贷款被追溯，形成数额巨大的担保负债，引发企业危机。截至2006年底，该集团因担保而引起的诉讼案件有十几个，案件标的本金已达数亿元。升汇集团利用旗下企业互保，形成"一损俱损"的复杂局面，下属丹化集团等多家企业都因担保关系成为共同被告，有的企业账户还被冻结。

三、部分大型非公企业衰落的规律

1、规模扩张与效益未同步增长

本报告分析的几家大型非公企业都有一个共性：企业增速远高于其他同类企业，但企业效益却未同步增长。如德隆入主3家上市公司后，新疆屯河的主营业务年均增加近3倍；沈阳合金年均增加4倍；湘火炬年均增加23倍。但是企业效益却同步下降：新疆屯河净利润率由28%下降到5%，沈阳合金则从23%下降到6%，湘火炬由19%下降到2%。格林科尔系的科龙电器在顾雏军2002年入主后，主营业务规模扩张也很迅速，涨幅分别达到了26%和37%，但与此对应的是公司公布的每股净收益降到了2004年末的–0.06元。这种没有业绩支持的高速扩张，是部分大型非公企业由盛而衰的一个重要规律。

2、产业经营与资本运营本末倒置

在企业发展过程中，产业经营是资本运营的前提和基础，资本运营是产业经营的加速器。但一些大型非公企业过分强调资本运营，热衷于大量并购企业。格林科尔入主广东科龙电器股份有限公司后，又先后收购了美菱电器、容声、华宝等等。产业规模扩张要求相应的资金供应，非公企业自有资金有限，就不得不集聚精力想方设法从银行和证券市场乃至地下金融市场融通资金，使企业资本运营与产业经营本末倒置。如德隆，扩张规模失控使它患上了严重的"资金饥渴症"，德隆后期的主要经营活动便演变成在资本市场的疯狂融资和在产业领域的单纯规模扩张。资本运营与产业经营本末倒置，产业整合效益的速度无法跟上资本运营速度的激进式扩张，是大型非公企业衰落的又一重要规律。

3、资本结构脆弱，现金流短缺严重

一些衰落的大型非公企业具有相同的发展脉络。一般都是以同一笔资金，根据某种需要，辗转注册成立了数家企业，形成一个集团的架构。然后，利用这些企业的不实资产和业绩，以抵押、担保，甚至重复抵押、提供虚假资料等方式进行融资，支撑企业的经营运作。在如此循环往复的过程中，发生的融资成本和管理成本不断吞噬着企业的现金流，企业又必须不断以新的更大的资金融入，维持还本付息和资金消耗。这样的恶性循环，除非经营业绩持续增长，或是遭遇某个偶然的成功机遇，获得巨额的经营回报，否则很难长期维持下去。如上海某集团为在短期内打造"行业王匡"，企业高峰时，负债达到27亿，大大超过企业的资产价值，2004年初企业开始无力偿还陆续到期的贷款和信用证，无力支付项目工程款，项目停建、各种纠纷大量出现，流动资金严重不足，生产销售急剧萎缩，财务危机爆发。另一家集团资产约7亿元，负债达到11亿多元，资产负债率高达157%。过高的财务负担加速了企业陷入财务危机。德隆集团以一年还本付息20%以上的高回报，向银行以及其他企业机构短期融资，用于自身的长期项目，负债率高达90%以上，现金流严重不足。考察"德隆系"、"格林科尔系"的发展历程，都近似地形成"初期发展—快速扩张—快速的短期资金融通—再扩张—资金链条紧张—危机—溃败"的路线，从中显示出的规律是：快速并购扩张赖以支撑的金融链维系着系族全部企业的命脉，当宏观环境，尤其金融环境有变，各地方金融机构一哄而起采取措施，不仅停止贷款而且紧逼收贷时，资金链断裂乃至企业溃败几乎不可避免。

4、管理缺乏有效的监控和制约

当前非公企业大多数是家族制企业。在创业初期，由于非公企业本身的特点和内在的发展需要，家族式管理发挥了一定的积极作用。但是，随着企业规模的不断扩大，家族式管理表现出明显的局限性。第一，家族式管理模式导致企业战略决策失误，凡事一个人说了算，缺乏来自内、外有效的监控和制约，使得决策的正确性大打折扣。企业董事会形同虚设，重大事项由董事长一人决定；第二，企业缺乏科学有效的管理机制，不是靠健全的机制来管理人，而是靠简单的信任和亲情去约束人，以人情代替制度。如有的公司财

务总监是董事长的亲属，有的董事长的亲属直接掌控下属企业或把持重要和关键岗位，并利用其作为集团暗箱操作的平台。第三，企业独裁和集权化倾向严重，管理效率降低，员工凝聚力下降，内部争权夺利。上海某集团就是一个家族式管理非常明显的公司，企业决策惟命是从，其他管理人员和员工的智慧、积极性得不到充分的展示和发挥，集团内部管理混乱，限制了企业的发展创新。

四、部分大型非公企业衰落的原因

1、企业家的贪大求快心态，促使企业盲目多元化超常发展

部分大型非公企业在短期内暴发的历史，使企业当家人特别自信，总是处在高度亢奋中，增长欲望过度膨胀，规模扩张的强烈欲望和急功近利、贪大求快的心理压力，带来的是盲目多元化。企业往往只看到多元化经营所带来的分散风险作用和将企业规模做大的虚荣成就感，而忽略了企业扩张与其资金实力、技术开发、市场开拓及内部管理等方面的矛盾，忽略了跨地区、跨行业乃至跨国的多元化经营所需要的条件，且多元化经营也不一定能实现企业家分散风险的初衷，反而可能使企业丧失了在原有领域的优势，破坏核心竞争力，酿成主业"空洞化"，使企业陷入困境，最后，"四面出击"的结果就是"四面楚歌"。在德隆的规划中，十几个行业不是在国际领先就是在国内领先，如杏酱产业做到世界第一，电动工具、园林工具也要做到世界第一，然而事实上相距甚远，并且这些产业之间跨度很大，缺少应有的相关度，无法形成资源互补格局，违背了多元化经营的基本原则——产业互补、分散风险、稳健经营，从而给企业的可持续发展带来压力和风险。盲目多元化急速扩张，必定使企业迷失总体发展目标。

2、公司治理结构的不完善，使企业的可持续发展难以维系

部分大型非公企业公司治理结构不完善、公司治理机制不健全，普遍存在家庭控制的特征，集权式管理问题比较突出。如德隆所有权或股权主要由家族成员相对控制，主要经营管理权也掌握在家族成员手中，由有血缘关系的家庭成员和有亲缘、姻缘关系的家族成员共同控制。德隆的治理结构形同虚设，德隆国际董事局中4人来自唐氏家族，董事局下设执委，负责对重大实业

相关事项进行决策，实际上，整个德隆只有唐万新一人完全清楚实业和金融家底的运营状况。德隆国际重大决策经常是执委代替董事局，董事局代替股东会，最终变成唐万新一个人说了算的独裁决策。高度集权式的经营管理，使公司其他股东和董事会的决策、监控和管理职能丧失，过于集中的决策机制，使得企业的兴衰完全维系在一个或几个人身上，致使企业时刻处于危险境地。与此同时，企业资产与关联公司间或法人个人资产间往来混杂，法律关系复杂，随着企业的做大，公司治理机制不健全、集权式和家族式经营管理的隐患，进一步引发投资决策的失误，关联企业间以及家族人员间的产权法律关系纠纷等，都较大程度地阻碍了企业的可持续性发展。

3、地方政府的政绩冲动，为企业急速扩张提供了条件

地方政府的政绩冲动，助长了大型非公企业的超常扩张。由于我国将GDP、税收增长率、就业率等作为评价和奖惩地方官员的主要依据，地方政府官员的提升与当地经济发展相关，因此地方政府官员往往相互攀比急于求成，要求和支持主管的企业上规模。企业则迎合政府的要求，贪图政府的所谓支持，盲目扩张规模。如格林科尔在某市项目中绘制的蓝图是，"在3至5年内，格林科尔将在商丘投资15亿元，形成200万台制冰机、160万台保鲜冷柜的生产规模，达到年产值37亿元，吸收就业人员2000人以上，并在此基础上最终形成格林科尔在华中的制冷工业园区布局。"格林科尔的这一战略投资目标，与地方政府引资构想不谋而合，两者利益捆绑。企业的扩张心态与地方政府政绩冲动，形成共振合流之势，共同引发了部分非公企业的投资狂热。

4、金融结构的缺陷，加大了非公企业的生存风险

我国金融结构的重要特点和缺陷是：以银行体系为主导的间接金融占据主导地位，融资渠道过于单一和集中。由于长期受计划经济和传统意识的影响，以及出于资金安全的考虑，绝大多数金融部门对非公企业还是避而远之，怕出问题受牵连。出于对贷款责任的担心，在具体操作中表现为限制对非公企业的贷款数额，贷款手续繁杂，抵押条件苛刻，对抵押品要求过严，抵押率过低，这在很大程度上影响了非公企业融资渠道的拓展。大型非公企业由于缺乏长期融资的渠道，因而不得不采取短期贷款多次周转的办法，对短期融资形成了相当高的依赖性，普遍采用高成本短期资金进行长期投资的

"短融长投"融资模式，从而增加了企业负担和融资成本。这种高风险的融资模式使大量的资金沉淀在长期没有回报的产业上，承受市场波动的能力很低，稍有不慎就极有可能陷入资金危机，危及企业的生存。

5、监管机制的不完善，助长了非公企业违法违规现象滋生

金融分业经营、分业监管带来的割裂。大型系族非公企业往往控制多种类型的金融机构，在不同类型金融机构之间进行利益输送，单个领域内的监管机构如果缺乏及时的信息沟通渠道，根本无法及时知晓信息。如德隆名下的金融机构涉及银行、证券、信托等各类机构，其繁杂的股权关系、控制链条和市场行为，在目前的监管框架下，都不是单个监管机构所能完成的，真正发生危机之后，显然也迫使各类金融监管机构参与，即使到已经出现问题时，此类系族企业往往还找不到一个牵头的主管机关，来进行整个风险状况的统计监测。同时，这些系族企业实际上有不少已经成为金融控股公司，但是目前我国对于金融控股公司监管法规的缺乏，也是导致系族企业问题难以及早发现更难及时监管的重要体制原因。

金融监管信息在地域之间的割裂。由于系族企业在收购各类企业时跨地域特征明显，往往在违规担保、质押、贷款过程中其资产不在同一地区，银行在进行信贷业务时未能有效控制风险或者未能及时与其他地区监管机构交流信息，因而无法准确判断企业状况和信贷风险。这一特征在德隆事件上尤为明显。直到德隆危机爆发，各地债权人才发现其远在异地的担保资产、抵押资产早已成空壳。

监管标准制定或者国际沟通协调缺乏，引起国内外监管体系割裂。例如"格林柯尔系"收购过程中充分利用了境外金融机构信息披露要求的差异，来规避自身收购资金不足的弱点，回避了融资环节的要求。类似格林柯尔系利用境外注册机构参与境内产业运营的案例还有很多，离岸金融中心的注册造成了内地监管难，以及境内外监管标准的不一致，使内地监管存在很大难度。

金融体系的分割，以及风险管理能力的欠缺，使得整个金融体系表现出显著的预警能力的欠缺，反映了我国在宏观、中观、微观金融体系上的风险管理薄弱和制度缺失，银行、证券、保险等在分业经营体制下，缺乏有效的沟通渠道；同时，在金融体系中缺乏对大型系族非公企业的风险行为的监控经验。另外，系族企业较多依赖民间融资，也使金融机构难以完整掌握整个系族企业的投融资状况，给监管留下盲点。

对政府官员缺乏有效监督机制，使非公企业的违法违规行为有恃无恐。分析部分大型非公企业违法违规行为，其中不法商人与腐败官员勾结的现象不在少数。从监察部查处的省部级官员的大案要案来看，存在着与不法私营企业主相互利用、相互勾结、权钱交易的问题。近两年公安部查处的79种经济犯罪中，排位前三的合同诈骗罪、职务侵占挪用罪和涉税案件，很多都涉及到政府官员，这折射出对政府官员的监督管理机制有待进一步完善。世界银行《2005年世界发展报告》对我国3948户企业投资环境进行了调查，将中国作为显著改善了投资环境，从而促进投资增长、减少贫困的范例。报告同时指出：中国投资环境尚待改进的地方也同样突出，其中，最主要的是政府的不当监管。报告显示，在中国，基础设施不完备、合同履行不力和犯罪、政府不当干预这些影响企业投资的主客观因素中，政府不当干预对企业造成的损失最大。高达55%的受访企业认为，办事需要贿赂官员，贿赂费用在销售额中占有一定比例，这也从一个侧面反映了我国对政府官员的监管机制存在缺陷。

对社会中介机构缺乏有效监督机制，为非公企业违法违规行为提供了便利。社会中介服务作为市场的一种自主协调机制，其本质是中立和诚信，社会中介机构应以"独立、客观、公正"的原则依法执业，但是，由于对中介机构的监督管理缺乏有效性，一些中介机构在实际运作过程中往往受利益的诱惑而依从了企业的要求，审验质量不高，鉴证可信程度较低，未能发挥客观公正的监督作用。中介机构"介"而不"中"，甚至出现了和企业一起向社会提供不真实的会计信息等情况。如深圳明伦集团支付深圳中喜会计师事务所11万元业务费后，一天工夫这家事务所就为净资产实际为负数的明伦集团做出了一份总资产27亿元、净资产12亿元的2002年度资产审计报告，为明伦集团顺利收购明星电力奠定了基础。据公安机关透露，中喜会计师事务所两年内出具的虚假审计报告竟然多达5000份。

对媒体缺乏有效监督机制，使媒体成为非公企业粉饰其违法违规行为的工

具。部分媒体从业人员或是由于利欲熏心置职业道德于不顾，或是由于经济学知识、企业管理知识贫乏而无法正确报道事实，自觉不自觉地充当了非公企业的吹鼓手，使媒体成为非公企业粉饰其违法违规行为的工具。如2001年德隆面临股市危机时，德隆通过与媒体亲善沟通，2001年下半年开始，大量赞誉德隆的文章、专著纷纷出笼。在这些文章、专著里，德隆被描绘成自《证券法》实施后绝迹二级市场炒作、专注于产业整合的企业，是以国际化、专业化路径探讨产业兴国之道的企业，使社会、股民难以认清德隆真面目。

6、部分大型非公企业存在致命弱点，宏观调控成为企业崩溃的导火线

金融链条脆弱。随着国家综合运用计划、财政、金融等手段推行一系列宏观调控措施之后，尤其货币紧缩政策成为宏观调控的主要手段后，部分大型非公企业"长融短投"、缺乏现金流的弱点暴露无疑，脆弱的金融链在银根紧缩面前不堪一击。

未能准确把握国家产业政策导向。企业的任何大规模的投资和产业整合都必须符合国家的产业政策，符合国家大的投资战略方向。不考虑政策环境，自以为是，往往会让企业深陷窘境。部分大型非公企业未准确把握国家产业政策导向，对自身所处的产业也缺乏全面清晰的认识，有时在利益的驱动下，明明知道一些行业已经出现投资过热，但看到产品价格在暴涨，就盲目判断市场存在着强烈的需求，仍然希望尽快进入或进一步扩张。在宏观调控下狂热被遏制，泡沫被挤干，企业危机显现。

7、对不法企业家打击不力，致使一些企业违法违纪现象不断

一些不法企业家深知企业外部生存环境的重要性，为谋取企业和个人利益，不择手段走上层路线，攀权附贵，甚至违法乱纪。如福禧投资的张荣坤利用权钱交易，非法获得32亿的社保基金用于企业自身发展，将一批高官拉下马，造成了极其严重的社会影响。部分大型非公企业在超常发展中大量发生关联交易、违规担保、虚假出资、挪用资金等违法违规现象。如德隆借助上市公司，进行了大量未披露的抵押、担保，从银行套取资金；借助金融机构，违规吸纳了巨额民间资金。格林科尔系的顾雏军等人在"科龙电器"采取虚增收入、少计费用等多种手段，虚增利润，导致该公司所披露的财务报告与事实严重不符,涉嫌构成未按有关规定披露信息、所披露信息有虚假记载及有重大遗漏等多项违反证券法的行为。上海某集团为了筹措经营房地产的资金,一直在玩"空手套白狼"的把戏,非法获得大量地产项目,然后以此抵押贷款,再用贷款收购上市公司,然后由上市公司购买这些项目资产,在沪港两地之间又涉嫌外汇非法流出,由此成立仅5年的集团,由5亿元的资产迅速膨胀到2003年初的200多亿元。

五、防范非公企业衰落的对策

针对大型非公企业衰落的规律和原因,应当从大型非公企业的内部因素与外部因素两方面入手,形成切实有效的防范对策、措施。

1、非公企业家和非公企业自身,应着力提高个人综合素质,提升企业可持续发展能力

(1) 要加强学习培训,提高非公企业家自身的综合素质。知识经济的一大特点就是有知识的人更能应对环境的变化。作为非公企业家个人,要有重视知识、重视科学的理念,要用科学发展观来武装自己,要有不断提高知识的动力、不断学习的要求。通过不断的学习提高自身的文化层次,提高道德意识和责任意识,提高管理能力、决策能力、应对市场变化的能力、抗风险能力,提高依法办事依法经营的意识,做个懂法守法的企业家。只有这样,才能适应市场运行的规律和变化,使企业避免陷入衰败的境地,使企业能够又好又快健康发展,使企业能够与社会和谐发展。

(2) 要加强内部建设,提高非公企业抗风险能力。要健全公司治理结构,奠定企业持续发展的制度保障。在坚持现代企业公司法人治理结构的前提下,结合非公企业的特点健全其治理结构。加强制度建设,通过法律制度来规范股东大会、董事会、监事会的工作;增强董事会的独立性,引进外部独立董事,充分发挥独立董事的专家咨询作用;切实加强监事会的作用,加强监事会与独立董事、监事会与董事会专门委员会之间的协作。

要加强企业内部风险管理,提高企业抗风险能力。企业应建立整体风险管理机制,即从企业所有的业务范围出发,积极、超前和系统地理解、管理风险,从企业的目标出发制定产业风险、产品风险、财务风险、信用风险等风

险管理策略，提高企业抗风险能力。

2、大型非公企业发展的外部因素是，应着力营造促进非公企业健康发展的社会环境

（1）要加强教育培训，增强非公企业家及高级管理人员的经营风险防范意识。政府综合协调部门可利用现有的教育资源，有针对性地组织大型非公企业的高层管理人员，通过公益性的讲座、报告、培训等方式，引导大型非公企业进一步按照新《公司法》要求完善公司治理结构，提高企业经营者的综合素质，提高经营管理水平，增强经营风险防范意识，提高企业危机处理能力，引导非公企业在科学有序的轨道上健康发展。要在企业内部建立起健全的风险防范机制和危机处理预案。金融部门可指导金融机构，建立金融机构和非公企业合作交流机制，开展信息交流、政策宣讲、案例剖析、专题讨论、风险提示、金融产品介绍等形式多样的活动，帮助非公企业积极应对市场开放、结构调整和产业升级的压力，引导非公企业加强管理，提高投资决策、防范风险和应对危机的能力。行业主管部门可及时公开相关信息，多渠道向非公企业传达产业导向、行业发展等宏观经济形势，帮助其有效规避经营风险。

（2）要加强金融改革，改善大型非公企业融资环境。第一，扩大直接融资渠道。充分用好主板市场，改革直接融资体系，在其内部引入竞争机制，使直接融资市场的各个组成机构本身也实行市场化和多元化；搞好债券融资，启动和发展债券市场；开辟香港二板市场融资和境外融资新渠道。第二，尽快完善金融体系。建立支持大型非公企业发展的政策性金融体系和资本市场体系。第三，加快融资品种创新。积极推进贷款品种创新，探索异地联合协作贷款、买方贷款、项目开发贷款、保理业务等新的贷款品种；大力发展票据贴现融资、金融租赁业务和典当融资业务；探索资产证券化业务；拓展中间业务的种类和范围。第四，加大金融政策扶持力度。尽快建立完善非公企业抵押担保体系和信用担保体系，打破银行与企业的"胶着"状态；加大对中小金融机构的政策扶持力度，提高金融有效供给的能力。

（3）要加强金融监管，完善金融风险防范机制。强化以中央银行依法监管为基础的金融监管机制，提高监管绩效。进一步完善金融监管的法律体系，这是强化金融监管的基础条件。包括《中国人民银行法》、《商业银行法》在内的原有金融法律法规的一些条款需进一步修订、完善；按照事前防范和事后惩治相结合的原则，强化对各类金融机构和金融市场的有效监管。各商业银行要加强信贷监管，严格信贷"三查"制度，把好贷前调查关、贷时审查关、贷后检查关。当前最薄弱的是贷后检查，要经常分析了解非公企业的变化情况，减少对非公企业报表的过分依赖，突击实地检查，重点是掌握非公企业的贷款使用、存货增减、货款回笼、利税完成情况；要及时发现问题，最大限度地规避和及时化解风险；要严格依法管贷，依法合规操作，规避法律风险；要建立风险预警机制，最大限度地控制和化解信贷风险。

（4）要加强制度建设，完善对政府官员、中介机构、媒体等的监管机制。通过建立科学的地方政府官员绩效评价体系，来引导、规范官员的价值取向和行为模式。对地方政府政绩的评价，应该把该地方社会经济发展与历史状况及长远发展相结合，尤其注重该地方可持续发展的能力和民生的改善，设计一套科学、规范、可量化的干部绩效考核指标体系，其中不仅要有经济数量、增长速度指标，更要关注经济增长的质量指标、社会效益指标和环保指标；加强人大、社会舆论等对官员的监督作用。

加快建立和完善对社会中介机构的监管制度。各级各类社会中介机构的行政主管部门应明确责任，加强监管，并将切实可行的监管措施落到实处，以提高社会中介机构的执业质量。应转变对中介机构的监管方式，从主要监管资格认定转到主要监管执业质量。通过严格的监督，真正使中介机构之间的竞争从争夺业务转为切实提高执业质量和做好服务；监管的重点应从直接监管企业到着重监管社会中介机构，要把政府有限的监管力量，放在经中介机构审计的会计信息的再审计上，并在此过程中树立中介机构的社会形象；充分发挥行业协会作用，建立有效的协会行业自律管理体系。

进一步完善对媒体的监督机制。上级主管部门加强监管，媒体从业人员提高自身业务素质，加强职业道德建设，建立社会公众监督媒体系统，促使媒体的报道能公正、正确，真正起到舆论的监督作用和导向作用。

（5）要加强资源整合，建立大型非公企业风险预警机制。建议成立一个由相关机构组成的大型非公企业风险防范工作小组，构建工商、税务、统

计、银行、信息等部门信息联网沟通渠道，定期对企业数据进行收集，对照风险预警指标进行整理，对范围内企业风险等级予以揭示，发出提示性的预警信号，及时告之相关部门和企业所在地的政府，由政府负责与这些重点企业沟通和联系。

（6）要加强多方合作，建立有效的大型非公企业危机处理机制。建议建立由企业所在地的政府、金融等相关部门牵头的大型非公企业危机处理联席会议工作小组，作为帮助企业处理危机的专门机构。一些主营业务跨国、省、市的大型非公企业和重点非公企业出现危机时，由省、市以上政府部门来协调处理的，地、县级政府应配合和协助省、市相关部门，从稳定大局的角度积极稳妥地帮助企业分析问题、协调各方利益、推动危机的化解。

（7）要加强监管服务，改善和创新对非公企业的管理机制。由于大型非公企业为当地的GDP、税收以及就业等都做了很大贡献，当地政府的政策和措施应给予鼓励和扶持。但当地政府在扶持大型非公企业发展壮大的同时，更要采取有力措施确保企业健康成长。有效的监管是对非公企业的爱护，应作为政府服务的一个重要方面，应体现监管与服务相统一的宗旨，既实施了有效监管，又让企业感受到了这种机制的必要性，尽可能争取企业的支持。在监管工作方面，除了日常的动态监管外，还应充分发挥社会有关职能部门的作用，建立一线协调监管机制，包括与公安、工商、银行、海关、税务等部门建立起联合监管的制度。

第七章
夯实基础——
非公企业群众思想行为特征及群众工作

非公企业群众是个大概念，既包括在企业中工作的管理者和职工，也包括企业的所有者，在本章中群众特指就业群体。非公企业集聚了大量群众。做好非公企业中的群众工作，团结、凝聚广大工人群众，既是巩固党的执政基础的需要，也是推动非公企业持续健康发展的客观要求。为此，必须认清当前群众工作的形势，明确群众工作的任务，研究适应非公企业群众工作特点的方式方法，完善手段、载体、机制建设，切实做好群众工作，夯实非公企业又好又快发展的群众基础。

一、非公企业就业群体的基本特征及群众工作团体

1、非公企业中群众的基本特征

（1）人员构成。随着非公企业本身的逐步发展和壮大，非公企业中的人员呈扩大趋势。2005年，上海非公企业有47万余户，从业人员占全市总从业人数近六成。涵盖了18岁至60岁的各年龄层次，学历覆盖初中、高中、大专、本科、研究生。2006年上海市对非公企业成员抽样调查数据显示，26岁至35岁成员是非公企业就业人员的主体。

（2）人员分类。按照从事具体工作的不同，可以把非公企业的群众分为

两类:一是企业中的白领。白领是非公企业中的重要成分,他们是非公企业中的骨干、精英。在规模较小的非公企业中(特别是第三产业),白领是单位员工的主体,部分非公企业,除业主外,均为白领;而在规模较大的非公企业中,白领则是单位发展的核心力量和主要的依靠对象。二是普通工人。相对于白领而言,普通工人接受文化教育较少,他们中既有城市中的老产业工人、新产业工人,也有来自农村的城市新移民——外来务工人员。

(3)人员来源。非公企业的群众来源主要有两类:一类是转制企业遗留下来的群众。转制企业群众主要来源于原有的国有企业,是伴随着公有制实现形式的多样化,国家对国企实行"抓大放小"政策而来的。另一类则是新建非公企业的群众。这类非公企业还可以再分为两类:一是新建的原生型企业,他们主要由非公企业业主经过自身多年艰苦创业发展壮大而来,具有一定的规模和影响——如上海均瑶集团、华东电器集团、上海建桥集团等;再是新建的投资型企业,其主要经济来源是资本和金融运作,如各种投资(集团)公司。

(4)鲜明特点。非公企业群众的组成、类别、来源与一般的政府机关、企事业单位有很大不同,这就造成了非公企业群众不同于其他组织群众的若干鲜明特点,主要表现在以下几个方面:

一是政治上的边缘化。从整体来看,非公企业的群众对政治反应比较冷漠,感到有一定距离。非公企业本身更着眼于经济利益和专门利益的提升,与政治生活相去较远,群众与党员参政议政的渠道比较缺乏。

二是经济上的从属性。非公企业在创办及发展过程中,业主的作用十分突出。非公企业运行是否顺利,经济运转是否平稳,直接取决于业主对市场的开拓和把握,相对来看,非公企业员工更多是执行者,对业主经济依附比较强。

三是就业压力比较大。这种压力主要来自于两个方面:首先是非公企业本身运转的好坏,直接影响非公企业中个体的就业水平。绝大多数非公企业,属于中小公司,本身的运转受到宏观经济形势、产业结构布局、同类企业竞争、企业业主个人关系网络运转等多方面的影响,一旦运行不畅,企业就会削减人员,甚至倒闭关门;其次是非公企业掌握更多聘用主动权。部分非公企业由于种种原因，未进行专职聘任，而实行临时聘任，这也对非公企业中个人就业造成影响。

四是岗位竞争性比较强。相对于国有企业，非公企业的岗位"大锅饭"少些，平均主义少些，上岗需要扎实的知识和能力，部分岗位（如IT程序员）甚至有年龄限制。由于非公企业对于效益的追求比较强烈，这就形成了新老员工间互相竞争的局面。同时，由于非公企业部分岗位薪水比较高，也吸引了一部分有才华、有知识、有水平的个人前来应聘，给岗位的竞争添加了砝码。据有关抽样统计，非公企业的员工认为所在行业工作单位间竞争"非常激烈"的占22.17%，"比较激烈"占38.21%，"激烈"与33.96%，而认为"不激烈"仅有5.66%。

五是社会保障水平比较低。一方面，由于相关政策、关系网络、企业领导、成员骨干可能变化，导致一些非公企业往往寿命不长，企业地点变更很是频繁，这给员工的社会保障带来了一定的操作困难。有些非公企业员工表示，虽然国家有《劳动法》保障我们的权益，但自己单位并没有完全按《劳动法》执行，为了保住自己的饭碗，又不敢申请劳动仲裁，更不敢前往法院寻求公平。部分非公企业为了节约成本，往往设置大量临时性岗位，这些岗位不签约，使得员工流动性更强，社会保障处于较低的水平。

（5）心理状态。正是由于上述特点，非公企业员工中形成了带有普遍性的心理状态，主要有：

边缘化的失落心态。由于缺少专门的参政议政渠道，群众即使有参政议政的热情，也无从表达，通常感到缺少主人翁地位，觉得处于社会的边缘，认为自己总是属于"被支配者"。

激烈竞争中的重负心态。非公企业本身稳定性不高，竞争激烈，迫使员工努力更新知识结构，提高岗位技能，员工总感到有一只无形的手推着自己前进，生怕掉队落伍被淘汰。

岗位变动中的恐惧心态。非公企业多数群众，特别是达到一定年龄的员工，希望工作稳定。而单位本身的寿命不长，非公企业对他们聘任与否，对员工的生存状态产生直接影响，失业与下岗的威胁，再找一份新工作的奔波，往往使他们对岗位变动产生恐惧。

2、非公企业中的群众工作团体

非公企业中的群众组织，主要是指带有较浓厚政治色彩的正式群众组织：工会、共青团、妇联等。

工会是工人阶级自愿结合的最广泛的群众组织，是工人阶级利益的代表。它要负责维护劳动者的利益，同时，也要维护国家和集体的利益。工会的基本职责是协调工人群众的利益与国家、集体利益之间的关系；进行职工的自身教育；监督企业事业单位和政府部门的工作。规模较大、职工较多的非公企业中应率先建立工会，让其成为非公企业群众利益的维护者，成为非公企业出资方与员工方利益的协调者。

共青团是中国先进青年的群众性组织，是中国共产党的助手和后备军，是青年学习共产主义的学校。它的基本职责是组织青年学习马克思主义和现代科学文化知识，引导广大青年投身社会主义建设事业，使青年成为有社会主义觉悟有文化的劳动者。在非公企业中，成立共青团组织，就是要引导青年跟党走，帮助青年成长、成才，支持青年维权。

妇联是全国妇女的群众组织，主要职责是维护妇女儿童权益，动员和教育妇女积极投身社会主义建设事业。受传统观念影响，女性受歧视现象仍未杜绝，非公企业中的性别不平等在某种程度上可能更甚，女性常常会受到来自单位、家庭、同事、竞争者方方面面的压力，在非公企业中帮助女性成长、成才，维护女性合法权益，是群众工作的重要内容。

其他群众组织主要是指非公企业中的非正式组织和非公企业成立的福利会。非正式组织主要是指不固定的，松散的，由非公企业群众自发形成的组织，如非公企业内部及非公企业之间自发形成的以地缘、趣缘甚至网缘为连接纽带的同乡会、车友会、朋友圈子、虚拟社团等等。非正式组织一般没有严格的书面的组织章程，组织边界比较模糊，成员与组织间关系比较松散。但是，相对于正式组织而言，目前非正式组织更具有活力，它们常常活跃在一个非公企业内部或者几个非公企业中间。从功能上讲，非正式组织内部不仅存在地缘、趣缘甚至网缘的关系纽带，还承担着交换信息，放松心情，甚至发泄不满等相关功能。从正向功能来看，它们是非公企业稳定的"安全阀"，从负向功能来看，它们也可能是非公企业群众不稳定的重要因素。此外，一些外资企业还效仿国外做法，在单位内部成立福利会。这些福利会承担了除维权以外的职工帮助功能，在企业中也发挥了一定的作用。

二、非公企业群众的思想状况

表1：从业人员中白领年龄、文化程度分布表

年　龄	百分比	文化程度	百分比
25岁以下	24.7%	高中或以下	25.6%
26～35岁	35.4%	大专	38.4%
36～50岁	25.2%	本科	30.8%
50岁以上	14.7%	研究生或以上	5.2%

1、非公企业青年白领的思想状况

青年白领是非公企业从业人员中白领的主体。抽样调查显示，35岁以下白领青年占60.1%左右，其中，25岁以下的占24.7%，25岁～35岁占35.4%。非公企业从业人员中白领学历较高，高中及以下的仅占25.6%，而大专、本科学历的分别为38.4%和30.8%，研究生以上学历的占5.2%（见表1）。具有本科及以上文化程度的占35岁以下青年白领从业人员的47%左右。非公企业青年白领是一个年龄轻、文化高，直接处于市场经济激烈竞争漩涡之中，职业地位高、收入水平高、思想状况复杂多变、困惑较多的社会群体，其主要特征是：

（1）主流意识积极健康，价值观念取向趋于多元。非公企业中的青年白领亲身感受到改革开放二十多年给国家带来的巨变，给自己带来的实惠，对当前的政治社会大局持肯定态度，赞成党和政府的现有政策，并将此作为安居乐业的基本前提。绝大多数调查对象认为，坚持中国共产党的领导是实现中国巨大变化和实现民族伟大复兴的根本前提。普遍对邓小平理论、"三个代表"重要思想和党的路线方针政策表示拥护。绝大多数青年对社会和自身发展充满信心，人生目的明确，工作态度端正，未来预期较高。爱国主义、民族主义对青年白领具有强烈和广泛的凝聚力和号召力。这个群体强烈地要求社会政治稳定和经济活动有序，以保证自己的经济利益和现有的社会地位

不受影响。但也有青年白领受所在工作环境和网络信息影响较大，更多青睐外来文化，特别是西方文化。有的在理想信念的追求上还折射出功利化、世俗化的色彩，在一定范围内存在拜金主义、享乐主义和个人主义，非马克思主义甚至是反马克思主义思想在个别人身上也会表现出来。

（2）自我发展愿望强烈，自我本位倾向趋于明显。青年白领是一个具有高文化学历、具有特殊工作技能、收入较为丰厚、与市场经济紧密联系的社会群体。该群体在市场经济中具有较强的适应及生存能力，他们与传统体制的关系较少，在职业获得渠道上主要依靠市场机制和个人能力。置身于行业、个人之间的激烈竞争环境中，具有强烈的危机意识。他们工作自主性较强，能够在较大程度上自主决定工作方式、工作进度和工作时间等。他们普遍注重事业成功和社会认可，自我意识强烈，自我实现和获得社会肯定被认为是个人存在的首要价值。多数青年白领积极肯干，勤奋向上，具有较强的竞争意识、奋斗意识、创业意识和强烈的自我发展愿望。但有些青年白领"利益至上"、"实用主义"意识较为强烈。"学习进修、物质奖励、职务升迁"是青年白领实现自我发展和自我价值的普遍选择。他们更多关注个人利益，对物质欲望的追求较强，追求生活方式多样化，生活质量的高品位，普遍把个人事业的成功、家庭的美满和物质生活的优越作为人生成功的最重要标志，把自我价值的实现和优越的物质生活作为人生理想和奋斗的终极目标。他们不大关心集体，对自己的利益比较关注，认为关心自己的利益很正常。

（3）独立思考意识增强，社会责任意识趋于淡漠。调查发现，青年白领独立思考、独立判断意识大大增强。高学历和高收入青年白领接受信息渠道多、速度快，但有自己的思考和认识，渴望自主抉择，易于接受新鲜事物，不盲从于主流价值，显示出较高的综合分析能力，较难受到他人的影响。他们对执政党的认同，主要不是依赖感情因素，更多地凭借理性思考。由于有良好的教育背景、较广的社会接触面，青年白领对一些社会问题具有比较深刻的感受和认识。他们具有较强的社会批判意识，敢于批判一些社会弊端和不公正现象，敢于对政府和社会发表自己的意见和建议。在对外政策、社会主义民主政治建设等方面也都有自己的观点；要求公平对待、公平竞争、维护企业合法权益的呼声十分强烈；他们了解世情和熟知世界惯例，但对于中国国情和中国历史与传统文化知之相对较少，关心时事政治和社会发展大局但轻意识形态。青年白领讲谦虚、讲谨慎的少了，更善于自我推销；社会责任意识相对比较薄弱，对于青年在社会发展中应当承担的责任认识较为模糊。由于缺少定期的正面引导，在认识和处理社会大局问题上显得比较幼稚、片面，仅凭一腔热情和个人冲动，缺乏从全局出发考虑问题的意识和能力。

（4）社会参与层面多样，政治关注程度趋于淡化。大部分青年白领对社会热点、焦点问题表现出极大的关注，他们渴望人际间的交流沟通，愿意参加各种类型和层面的社会活动，有向公众展示自身才华的强烈愿望，在工作生活竞争的压力下需要寻求更多心灵上的慰籍和寄托。他们积极参与街道社区主办的各类志愿者公益活动和文体活动，（见表2）74.5％的年轻人表示"愿意参加社区服务"或"不耽误工作就参加社区服务"，表示参加与否"无所谓"的占19.8％，"不愿意参加"的仅4.4％。同时，在表示"愿意参加"和"不耽误工作就参加"的年轻人群中，实际参与率较高，"经常参加"和"偶尔参与过"的占到绝大多数。乐于参加年龄、层次相近青年组成的各种文化知识类、兴趣爱好类、强身健体类的社会团体。由于青年白领个人本位和自我意识的不断提升，他们的社会群体归属感明显弱于传统领域的青年。有相当部分的青年表示，尽管拥护党的路线方针政策，但却不想加入任何政治组织。一部分在信息技术、金融等行业工作的青年，由于技术更新快，竞争较激烈，工作压力大，提高生存技能的热情往往高于政治进步的热情。许多人更看重自己专长的发挥，对参政议政表现出"想参政，但没有机会"的无奈和"无所谓"的淡漠。

表2：年青人群（35岁以下）参与社区服务、活动意愿抽样统计表

参与意愿	实际参加	25岁以下	26~35岁
愿意参加社区服务	经常参加	34.7%	28.4%
	偶尔参与过	46.1%	54.1%
	知道有活动但不参加	7.7%	5.4%
	不知道有活动	11.5%	12.2%
不耽误工作就参加社区服务	经常参加	10.0%	12.9%
	偶尔参与过	43.1%	38.7%
	知道有活动但不参加	34.4%	25.8%
	不知道有活动	12.5%	22.6%

（5）个人学习热情高涨，健康的价值取向选择能力趋于弱化。多数青年白领学习意识较强，注重根据工作岗位、业务要求和人际交往的需要，加强新信息、新知识和新技能的掌握和运用，具有较强的学习能力。在业余时间学习是青年白领的普遍选择，学习内容丰富多样，着重提升个人能力和工作水平。相当多的青年白领对境外媒体与境外文化产品表示极大的关注和兴趣，思想活跃，观念更新快，精神文化需求日益增长且复杂多样，对西方意识形态和价值观念的渗透缺乏鉴别力和批判力。资料显示，50%以上的青年白领经常通过广播、卫星电视、互联网等途径接触境外媒体。根据问卷统计，35岁以下的非公企业从业人员中，上网获取新闻已成为继电视（36.1%）之后的第二大主要渠道，占35.7%，并呈现出年龄越小，对网络依赖程度越高的趋势。另外值得注意的是，随着学历的提高，把网络作为获取新闻主要渠道的比例大幅度增加（见表3）。他们对国外的民主理念、法制观念和管理模式比较推崇，有时会不顾国情，将借鉴和照搬等同起来，表现出较大的"理想化"倾向。此外，青年白领参加网上虚拟社团的情况也日趋普遍，虚拟社团中讨论的议题涉及社会领域的方方面面。由于虚拟社团存在成员身份隐蔽，情况较难掌握；网络开放度高，话题较难约束；情绪传染迅速，势头较难控制；语言体系独特，外人较难进入；主观意识较强，思想较难引导等特点，又由于传统党群工作者对网络等高科技手段掌握不够，导致对青年白领在网

上虚拟社团的思想言行不能及时掌握，缺乏有力引导和规范。

表3：青年人群（35岁以下）不同文化程度人员获取新闻主要渠道统计表

文化程度	党报党刊	其他报刊	电台	电视	上网
高中或以下	6.8%	18.2%	9%	47.8%	18.2%
大专	11.8%	14.5%	2.7%	38.3%	32.7%
本科	6.3%	12.6%	5.5%	29.9%	45.7%
研究生及以上	9.5%	4.8%	0%	19%	66.7%
总体比例	8.6%	12.5%	4.3%	33.7%	40.8%

2、非公企业中转制企业群众的思想状况

非公企业中转制企业群众由于曾在国有企业工作过，带有较明显的由国有企业带来的思想定势和转制冲击带来的思想后遗症，思想状况较为特殊，而且这一群体比较庞大，有着一定的个性特征。目前转制企业群众年龄偏大、学历偏低，这一群体思想状态总体是：讲实际、盼安稳，心理承受能力较之过去有所提高，但思想基础还比较脆弱。转制企业的普通员工虽然来自社会的各个层面，但原下待岗或协保无业人员占了相当比重，他们大都属于就业竞争的弱势群体，因而都十分珍惜来之不易的就业岗位。与国有企业员工相比较，非公企业中的普通员工工作稳定性差、在单位中地位较低，所持心态也存在着较大的差异。他们认为：自己捧的是"泥饭碗"，不知道何时会被解雇，一旦工作上遇到挫折，思想上产生困惑，不可能像国有企业的员工那样，通过党组织、工会、群众代表大会甚至上级组织来解决。非公企业中的员工更多地关心自己在企业中的地位是否稳固，企业主是否赏识自己，怎样与企业主及身边的人搞好关系等方面的问题。

（1）更加关注切身经济利益，但也隐含着社会责任和社会意识的减退。通过对调研问卷统计数据的分析，36岁以上的转制企业从业人员新闻关注程度与其他人员有明显差异。非公企业的董事长、总经理、中层及一般管理人员组成的决策管理人群，对经济形势最关注的比例达到58.2%，最关注国内、国际新闻的约占27%，对文化、娱乐、社会生活三方面新闻最关注的人群仅占14.8%。决策管理人群关注经济形势和社会热点，与他们直接面对市场经济

风浪、需要做出企业发展决策的职业身份相关。相比之下,一般从业人员尤其是转制企业群众,对政治形势、经济形势的关注程度,不如决策管理人员高。总体看,转制企业中年龄较大的一般从业人员关心时事政治、关心社会发展、关心市场动态的意识还不强,其原因是:一般从业人员的利益观更趋于现实,更讲究实惠,更关注企业和个人的利益。

(2)更加珍惜现有工作岗位,但也表露出自信心的脆弱和心境的无奈。近年来,随着改革的深化,非公企业群众思想观念有了很大程度的转变,更加珍惜岗位,更加努力工作,这在转制企业员工中表现尤为突出。座谈中,89%以上的转制企业群众对自己的岗位表示满意,其中非常满意的也有12%左右,大家都表示要积极主动地做好本职工作。在对一些企业的调研中,群众爱岗敬业的精神明显增强,图安逸、混日子的现象明显减少。业务饱满的单位,群众不计较加班;而业务量不足的单位,群众急着找活做,特别害怕本职岗位"无事干"。主要原因是:一方面由于社会竞争的加剧、就业压力的增大及群众择业能力的下降,促使群众越来越珍惜自己的岗位;另一方面,在一定程度上隐含着群众缺乏直面市场的信心,以及对自身处境和发展前途的无奈。特别是一些中年以上的群众,对岗位、对企业、对业主的依附感过强,座谈中不少群众表示随着年龄的增大,自己一无资本、二无能力,到外面竞争不行了,只能寄希望于所在企业。

(3)更加渴望提高自身素质,但也反映出缺乏创业和创新的主观能动性。在更多的青年从业人员利用业余时间"充电"提高自己素质的同时,不少中年以上的群众认为,"组织员工培训和提升员工素质是企业应尽的义务",把培训看成是企业的责任,并没有意识到在市场经济的新体制下,培训学习也是个人发展的一种内在要求。所以,有的企业在举办培训和讲座时,中年以上群众缺乏学习热情和刻苦钻研的精神,效果并不好。

(4)更加期待解决实际困难,但也凸现出精神需求和精神鼓励的弱化趋势。在被问及什么形式最能体现群众工作效果时,转制企业中36岁以上的中年从业人员普遍选择"定期上门了解情况,帮助解决实际问题"和"对困难群众帮困扶贫"。说明中年以上从业人员更关注得到实际利益和解决实际问题。在对企业内部环境关注度日益提高的同时,一部分群众对精神激励的荣誉感不如以往强烈，正在逐步淡漠。不少群众已对评先进、授荣誉称号等精神激励不大感兴趣，认为"精神鼓励是空的，物质激励是实的"，"当一次先进还不如发一次奖金"。在经营较为困难的转制企业中，群众关注的重点是"谋生"。在发展较为健康的转制企业中，群众关注的重点是岗位的稳定性。

3、非公企业中外来务工青年的思想状况

为了更客观、更直接地了解目前非公企业外来务工青年的现状，对宝山区月浦镇、罗泾镇非公企业青年组织了抽样问卷调查，共有357人交回了有效调查问卷。据统计，在所调查的青年人群中，外来务工青年占了总数的80.49%（分别来自河南、安徽、江西、湖南、江苏、湖北等地），而上海本地仅占19.51%。由此可见，上海非公企业中，外来务工人员占了相当大的比例，非公企业青年的整体思想现状基本代表了外来务工青年的思想现状。在所调查的非公企业青年人群中，大学及以上学历占总数的15.67%，大专学历占19.86%，高中或中专学历占51.92%，初中学历占12.55%。这些数据说明，逐步发展壮大起来的非公企业，在大浪淘沙般的竞争中，从业人员知识结构也呈现向高端发展趋势。外来务工人员思想状况又有区别于一般非公企业从业者的特点，主要反映在以下几个方面：

（1）有目标理想，缺正确引导。非公企业外来务工青年对改革开放政策和社会主义市场经济体制普遍持支持态度，把企业的兴衰与个人的利益和发展联系起来，对现实社会政治问题比较关注并持有自己独到的观点。对于这一青年群体，如果能加以正确的引导，对他们在政治上的成长和成熟是非常有利的。但是，现在非公企业对外来务工青年管理的现状却并不乐观。非公企业成立团组织的比较少，这直接导致了共青团活动的减少和开展活动难度的加大。即使建立团组织的非公企业，也有近44%的青年认为企业团组织很少开展活动或活动没有吸引力。

（2）有学习追求，缺有力鞭策。统计显示，有31.71%的外来务工青年正利用业余时间参加各类学习培训，有63.07%的人愿意参加各类职业技能培训，这反映了他们对市场竞争规律的认同。体现在学习技能门类和层次上日益丰富，既有学外语、电脑、财务、管理、贸易的，也有学驾驶、烹饪、时

装设计、美容、理财的,这反映了占有较大比例的外来务工青年在追求一种较高层次的发展定位。但非公企业的性质决定了外来务工青年要学习必须依靠足够的自制力,因为没有人会鞭策、督促你学习。而青年人群又是一个自制力相对较差的群体,普遍存在的问题是学习心态比较浮躁,岗位意识比较淡薄。调查中发现有9.76%的外来务工青年经常以打牌消磨时间,业余时间做什么说不清的占34.84%。

(3)有参与诉求,缺交流空间。青年群体思想活跃,容易接受新鲜事物,他们期望能分享改革发展成果,有比较强烈的参与企业管理的欲望,以便施展自己的才华。但是调查中发现,非公企业外来务工青年人群中的大多数对社会的依存度很低,近70%的青年自己租房居住,还有近19%的青年居住在条件相对简单、封闭的单位的宿舍里。不少外来务工青年业余生活非常枯燥,业余时间一般去网吧或者玩麻将打牌打发时间。作为青年群体,交际范围比较狭窄,对其身心成长多有不利。

外来务工青年群体这种思想状况的成因有其多样性,归纳起来主要受三个方面的影响:①社会背景的影响。非公企业的不少外来务工青年由于受到竞争环境和自身因素的影响,一般从事的是比较简单的流水线操作工种。许多青年到上海工作后,在经受了入户、入住、入学等方面的种种不便,切身感受到现实生活的压力后,对自己的要求集中在能挣点钱。②企业环境的影响。外来务工青年岗位竞争非常激烈,人员流动很大,不少企业规模较小,开工时间不长,一些企业内部环境中还存在用人唯亲的现象,没有形成公开择优的环境和提供公平竞争的舞台。统计结果显示,外来务工青年的工作有58%是通过老乡或亲戚朋友介绍的。有60%的青年人从事技能要求不高的工种,他们参与分配的要素仅仅局限于体力。③自身因素的影响。由于这些青年多属于背井离乡,有近25%的人是第一次来上海工作,近半数的被调查青年认为这是他们的第一份工作,因此功利色彩、短期行为在他们身上表现得比较浓厚。另外,部分青年收入较低,有近60%的青年收入在一千元左右,有超过10%的青年感到收入低于生活支出,家庭生活比较困难,部分青年还要承担赡养父母,补贴家庭生活费用的责任。个别企业连正常发工资都有困难。过早地让这些青年承受生活的艰辛,无疑对他们的思想、行为和价值判断产生重要影响。

三、非公企业群众权益保护情况

　　市场经济条件下的劳动关系，其显著的一个特点是平等性。在健全的法律保障前提下，劳动关系双方地位平等似乎是不容置疑的，但是在实践中仍存在着许多不平等的状况。虽然党和政府在维护企业工人权益上做了大量工作，但由于一些非公企业追求利益的最大化，往往把工人群众的利益放在次要位置，很多群众权益并没有很好地得到维护。

1、劳动关系平等理念日益强化，但相关法律还不够完善

　　上海自1995年推行集体协商和集体合同制度以来，至2005年底已有7万多家企业签订了集体合同。但目前集体合同制度在法律上的缺失和不完善，使当今劳动关系中集体谈判无法实现真正意义上的平等。如我国的《劳动法》中只规定"企业职工一方与企业可以就劳动报酬、工作时间、休息休假、劳动安全卫生、保险福利等事项，签订集体合同"，其中"可以"一词使法律明示和隐含的劳动者的协商谈判的主动权"虚化"甚至"空洞化"，因此当职工提出签订集体合同的要求时，企业或者消极应对拖延时间，或者无正当理由拒绝协商，对此，劳动者往往无可奈何。再如我国劳动部制定的《集体合同规定》明确规定："在不违反有关保密法律、法规的规定和不涉及企业商业秘密的前提下，协商双方有义务向对方提供与集体协商有关的情况或资料。"然而，在实际生活中，这一规定对资方难以起到有力的约束作用，工人群众无法获得详尽的信息资料，平等协商谈判只能流于形式。再者，当谈判失败而法律又无法及时做出有效救助时，工人群众只能选择就此作罢。

2、劳动双方利益逐步得到主张，但企业依然掌握着劳动合同主动权

　　虽然我国已全面实行了劳动合同制度，合同文本成了有效约束双方有效履行责任的法律文字，但在劳动力市场供大于求的情况下，合同文本往往走样，再加上劳动合同文本是由企业方提供，劳动者为了找到工作只好委曲求全，只能认可内心并不同意的合同，致使"霸王合同"、"霸王条款"普遍存在。如许多企业在劳动合同中明确表示："企业因为生产经营需要，可以随时调动乙方（劳动者）的工作岗位，乙方必须绝对服从。同时劳动报酬应

随着岗位的变动而变化"。这样的"霸王条款",完全违背了《劳动法》规定的"订立和变更劳动合同应当遵循平等自愿、协商一致的原则"。而在司法实践中,只要劳动者在劳动合同上签字,此条款就会被认定为合同双方自愿约定的内容,劳动者的申诉很难得到支持。有的企业合同期限短期化倾向严重。尽管法律规定,用人单位和劳动者在签订劳动合同时,双方都有选择合同期限的自由,可现实情况并不乐观。据市总工会2006年对189家企业抽样调查,签订1年期劳动合同的职工占到60%。而在一些非公企业中,签订1年期劳动合同的职工竟占到85%左右。

3、劳动者个体日益受到尊重,但健康和安全权还没有得到充分保障

工作场所的健康和安全是劳动关系和谐、平等的重要内容。但在强资本、弱劳动的市场化劳动关系中,一些非公企业职工劳动保护状况令人堪忧。一些非公企业为了获取暴利进行掠夺式生产,安全措施没有资金投入,不开展职工安全教育培训,企业劳动安全卫生管理和建章立制几近空白。有些企业抢工期、赶任务,职工连续加班加点,疲劳作战,使工作中危险因素进一步增加。有的企业管理者利用劳动者求职心切,隐瞒职业危害的真相,有意不告知劳动者作业场所及生产过程中原材料产生的危害因素。据市总工会相关调查报告反映,2004年上海非公企业生产安全事故死亡率最高,占全市安全事故总起数的52.9%;部分生产企业存在着较为严重的职业危害;非公企业职业病危害申报率仅25.9%;职业危害因素检测面还不广,重大职业中毒事故时有发生。

4、平等就业理念逐步深入人心,但劳动者还处于弱势地位

《劳动法》、《就业促进条例》明文规定了企业裁员的一些必经程序,劳动群众的平等就业越来越受到重视,但在就业竞争激烈、就业形势十分严峻、全国缺乏统一的劳动就业制度和城乡统一的劳动力市场的情况下,劳动者平等择业尚难做到,歧视和不公现象时有发生。如招聘广告中大多含有歧视性条款,包括年龄歧视、性别歧视、学历歧视、户籍歧视、地域歧视乃至身体歧视(如身高、相貌、婚育、血型)等等。再如,一些非公企业利用劳务派遣的用工政策,单方面追求企业利润的最大化,在企业的一些核心岗位、主业岗位、常年性岗位,用劳务工逐渐替代劳动合同工。更有甚者,一些企业将原来应续签劳动合同的职工转为劳务工，降低其劳动报酬标准，减少社会保险费的缴纳基数。

5、法制体制日益健全，但劳动者在权益伸张中仍有诸多无奈

虽然政府力推劳动关系平等，但由于历史和现实利益原因，劳动者与资本所有者双方争取利益的能力和机会是高度不平衡的。劳动者参与决策、表达利益诉求的机会和渠道的相对缺失，是导致劳动者在劳动关系中处于弱势地位的原因之一。非公企业员工在受到不公正待遇时，想要维护自己的权益，常常心有余而力不足，多数采取了忍气吞声，只有极少数在忍无可忍之时，才通过申诉的方式维护自身利益，但又因查证认证难度大，诉讼成本过高，执行难到位，得不到真正意义上的权益维护。一些非公企业涉及到拖欠工资、不缴社会保险费的劳动争议，因为人数较多，许多经营者往往采取逃避债务，转移资金，隐匿藏身等手段；有的企业无财产可供执行，或者企业难以拍卖，再加上企业本身财务状况混乱，造成案件执行困难，即使劳动者的诉权得到保障，其实际利益仍不能兑现。

四、非公企业群众工作的不足及原因

1、非公企业群众工作的主要不足

近年来，上海市各级群众组织进一步得到加强，创造了非公企业群众工作组织与企业主民主对话、流动党员社区服务中心、非公企业民主听证会等富有特色的非公企业群众工作新方法。但也不可否认，非公企业的群众工作还存在诸多不足，主要有：

（1）非公企业群众组织发展工作不够平衡，作用发挥不突出。为加强企业的思想政治工作力度，凝聚人心，上海许多非公企业纷纷通过开发区管委会及所在地党委、政府帮助建立党、团、工会等组织。一项调查显示，在征询业主和员工有关"非公企业中加强群众工作组织建设是否必要"时，几乎所有的被调查者都认为很有必要，业主希望通过群众组织来加强员工的思想教育，员工希望通过群众组织来和业主进行对话。但目前群众组织覆盖率不高，约60%的被访者回答"有群众组织"，30%回答"无群众组织"，10%回答"不知道"。由于非公企业大多属"低、小、散"企业，总体上非公企

业群众工作仍然是薄弱点，一些家庭作坊式的私营小企业，群众工作还是空白点。

（2）非公企业群众工作内容方式不够灵活，实际效果不明显。非公企业群众，尤其是年轻人群，希望参与形式轻松、活泼，以娱乐性为主的活动，而传统的学习研讨不受群众欢迎。然而，当前一些非公企业群众工作，在内容、手段、方法上还存在许多问题，与形势发展以及非公企业自身发展不相适应。有的尽管开展了一些文化体育活动，但主题不够鲜明、突出，流于形式，有的还只停留于大家一起"乐一乐"的层面，有效性不强。调查显示，被调查者认为所在企业群众组织在群众中的地位和威信很高的占13.6%，比较高的占27.3%，一般的占59.1%；认为非公企业群众组织与群众关系密切的占18.2%，一般的占81.8%，总体评价不高，说明工作效果不佳。

（3）群众工作者时间精力难以保证，工作开展流于形式。随着现代企业制度的建立，非公企业群众工作的组织形态发生了重大变化，企业机构设置逐渐向"梯度扁平化"转移。群众工作者基本上都兼任企业行政管理职务，他们往往忙于企业事务而疏于群众工作。有的群众工作者说，在非公企业中，群众工作者其实就是一个打工者，一方面讲话做事得看业主脸色，就是提建议也不能直截了当，只能旁敲侧击。另一方面员工有问题找上门来时，因无钱无权难作为。绝大多数群众工作者有行政职务，指标、任务和责任压得没时间、没精力再去考虑安排群众工作，大家上班都各忙各的，下班又急着往家走，工作深不下去，双方也难凑得拢。

（4）群众工作资源无依托，开展活动难保证。问卷显示，29.9%的群众认为"定期上门了解情况，帮助解决实际问题"，23%的群众认为"扶贫帮困"最能体现群众组织与非公企业群众的紧密联系。这说明，做好非公企业群众工作，首先要切实解决他们工作生活中遇到的实际困难。问卷数据同时显示，仅16.3%的群众遇到困难时想到向群众组织寻求帮助。这说明，群众工作现状与群众实际要求存在明显差距，群众组织在解决实际困难时，手段不多，效果不佳。这主要因为，非公企业群众组织缺乏传统企、事业单位自上而下严密的群众组织管理体系的支撑和有力的行政依托，缺乏自主开展群众工作的资源基础。上级群众组织对非公企业群众组织提供的资源支撑不多，与新形势下非公企业群众工作的资源需求不能适应。此外，相对于传统企业来讲，非公企业群众组织及其负责人在非公企业中的地位相对弱化，影响了他们主动争取各方资源、开展群众工作的主动性和积极性。调查统计表明，约七成非公企业群众组织反映经费不足或者严重缺乏。非公企业群众对群众工作组织逐渐冷淡，对群众工作组织信任度和依赖度降低，继而使得群众工作组织在群众心目中的地位边缘化。

2、群众工作弱化的主要原因

造成非公企业群众工作弱化的原因主要有六个方面：一是领导因素。上级群众组织和有关职能部门，对非公企业群众工作的宏观指导和管理还不够。二是思想因素。一些群众组织负责人认为自己受雇于企业业主，说话不算数，开展群众工作心存顾虑。三是能力因素。目前非公企业群众工作者的能力总体上不能适应开展群众工作的需要。四是业主因素。一些企业主尽管同意在企业中建立群众组织，但其主要目的是为了提高企业知名度，至于对是否开展群众活动则不关心，不支持。五是环境因素。非公企业由于领域、环境和对象的特殊性，其群众工作有着特殊的规律，需要一个良好的环境氛围。但目前在环境因素上还存在着许多不足：管理上具有很大的变动性。非公企业变动频繁，开业、歇业、停业受市场波动影响很大，因此难以把它们纳入到稳定规范的管理之中，不少非公企业处于游离状态。分布上具有相当的分散性。非公企业行业跨度大、地域跨度大，不少企业跨行业、跨区域经营，注册地与经营地分离，给非公企业群众工作造成很大困难。设施上具有一定的制约性。由于非公企业规模大小不一，小到个体工商户，大到跨国集团公司，在文化背景、认识态度、意识形态等许多方面，与国有企业存在巨大差异，非公企业对群众工作的接纳程度偏低，基础设施较差，缺乏开展群众工作的必要条件，无法组织灵活多样的思想教育和文化娱乐活动。六是体制因素。随着现代企业制度的建立和产权关系的变革，政企、政社关系发生了重大调整，群众组织在非公企业中的管理职能相对比较虚化，导致群众工作弱化。

五、非公企业群众工作的基本对策

1、树立群众工作意识,形成全社会共同推进格局

在新的形势下,非公企业群众工作不仅要依靠组织条线来做,更需要整合各种资源,调动各方力量,形成整体合力。做好群众工作不仅是群众工作部门的责任,也是各行政部门和社会团体的共同责任。从政府角度来说,关键是各相关行政部门及其领导干部自觉增强执政意识和群众意识。立足于本部门的职能,在职权范围内尽可能地为非公企业群众工作的开展提供帮助和支持,促进工作有效开展。从社会角度来说,关键要形成党建、工建、团建相辅相成、互相促进的良性格局。把群众工作的标准渗透进企业内部,不断增强工作的有效性,逐步形成全社会广泛认同的非公企业群众工作的社会责任体系,最终把广大群众紧紧团结凝聚在党的周围。

2、整合各方资源,提供工作载体支持

要不断探索和培育形式多样、行之有效的非公企业的群众工作载体,为开展群众工作提供更多的平台。依托社区的资源平台,形成服务非公企业的合力。社区是人民群众安居乐业的场所,是党和政府开展群众工作的重要阵地。随着社会主义市场经济的发展,人们从"单位人"逐步转化为"社会人",充分发挥社区这一平台的作用,把非公企业群众团结凝聚起来,仍是当前必须高度重视的迫切任务。社区是区域性的共同体,具有综合性的资源优势,拥有各种服务类、文化类载体。在对社区中各类资源统一规划、分类整合的基础上,可编制一份服务指南,介绍社区中的有关服务资源、活动基地等,探索为非公企业提供菜单式服务,从而使社区成为资源共享、服务非公企业的平台,为非公企业群众工作提供更多的活动阵地。

3、改进工作方式方法,卓有成效开展工作

受计划经济体制的影响,群众工作方式、工作语言存在与现代生活不相匹配的现象。尤其是非公企业群众,他们与机关、国有企事业单位的职工群众存在很大不同。做好非公企业群众工作要凸现服务理念、发挥群众组织服务群众的作用,把群众工作与他们的实际需求相结合。一要寓群众工作于服务管理之中。帮助解决非公企业群众的职业发展、社会保障、个人诉求等实际

问题，在政治上实现引导，在事业上提供支持，在生活上予以关心，使他们创业有机会，干事有舞台，发展有空间。二要寓群众工作于教育培训之中。创造条件，让群众有更多机会接受技能培训，使他们不断提高自身综合素质，适应未来发展的需要。三要寓群众工作于企业文化建设之中。健全职工代表会议制度，推行厂务公开，设立群众意见箱，定期面对面听取群众的想法，认真研究解决群众反映的问题。协调解决企业主与群众、群众与群众之间的矛盾，增进相互之间的理解和信任。培育企业精神，组织开展丰富多彩的文娱活动，满足群众的精神文化需求。

4、加强群众组织建设，保持与群众的密切联系

工会、共青团、妇联是我党领导下的群众团体，工会、共青团、妇联是我国政治和社会稳定的重要基础，也是加强群众工作的重要组织资源。应结合形势和环境的变化，认真探索非公企业的工会、共青团、妇联组织建设新模式，组织更多的群众进工、青、妇组织，使群众有组织归属感。要进一步整合好工、青、妇、工商联、个体私营协会等群众团体的优势，通过社区内的结对共建单位、联合工会、经理联谊会、青年联合分会、工商联合分会、物业等载体，以各类学习、活动吸引群众，以贴心服务凝聚群众，促使更多的非公企业参与精神文明建设（如争创文明单位）等活动，让非公企业从业人员，不论是资本运作的经营者，还是从事个体经济的业主或者普通员工，都可以找到交流沟通的渠道。

5、推进民主管理，切实维护群众利益

要健全完善民主参与机制。不断拓宽职工群众参与非公企业民主管理的渠道，建立和完善工会职工代表参与管理经济、社会、文化事务的制度。加大劳动法律法规的宣传力度，提高职工群众劳动权益保障意识。推进厂务公开民主管理，对企业发展中与群众切身利益密切联系的重大决策、生产经营发展规划等，实行公开制度。支持工会积极探索在非公企业中发挥作用，有效维护群众利益，促进非公企业健康发展。要建立健全劳动关系协调机制。在政府、工会、业主三方中建立劳动关系协商机制，推行平等协商和集体合同制度。以民主推荐、民主选举等方式产生协商业主代表，以区域、行业为单位推荐协商工会代表。逐步探索建立与劳动关系相关的各类协调机制，如集

体合同履约、续签的定期协商制度；处理重大情况和突发事件的紧急约见制度；劳动行政、监察部门对劳动合同履约的监督巡视制度；方便员工咨询、求助劳动法律问题的热线电话服务制度；缓解重大劳动争议的三方沟通调解制度；研究解决普遍性劳动问题的联席会议议事制度；定期向业主员工通报事务协商、经济动态的信息发布等。

6、实施分类指导，结合企业发展促进工作

非公企业群众工作不能沿用国有企业和政府工作模式，必须根据非公企业实际情况区别对待，不同层次实行分类指导。要根据非公企业不同发展情况，通过调整组织设置、改进工作方法、创新工作内容，走符合非公企业实际的群众工作之路，把群众工作的开展和企业自身发展阶段的实际相结合，在活动方式和工作方法上求活、求变，在工作效果上求实，使群众工作成为企业需要、业主支持、群众拥护的企业基本工作制度。非公企业中约有三分之一为小型企业，规模小、技术含量低。对效益不佳的企业，群众工作需要根据企业实际，保障群众基本生活，防止群众矛盾激化造成不良影响。在企业破产歇业过程中，做好职工群众的下岗安置工作。对外来务工人员多、劳动密集型企业，着重做好保证温饱、维护合法权益等工作，做好法律法规、劳动规范、户口安置、妇女权益、文明道德等方面的宣传，确保做到企业不违法、群众不违法。对于一些微利保本的"小富即安"型企业，要积极做好群众的思想稳定工作，适当开展各项文体活动，把做好群众工作和企业图发展结合起来，把企业发展作为群众工作的核心和目标，团结职工群众共谋发展。对企业发展势头良好，有一定群众基础的非公企业，在群众工作上要本着高度的政治责任心和使命感，开展丰富多彩的群众活动，提高群众素质和思想政治意识，使群众牢牢凝聚在党的周围。

7、利用信息技术手段，建立信息收集网络

非公企业因其自身的特殊性，受到各种条件的限制，需要在全市范围内建立一套信息系统，及时掌握非公企业群众的各项基本信息数据，及时了解非公企业群众的所思所想，及时掌握全局性的动态信息，改变目前党建工作中存在的"耳不聪、目不明"的现状，并创新非公企业群众工作的方式方法，增强工作的有效性。通过对非公企业群众相关信息的采集、分析、运用，构

筑非公企业群众工作舆情监测、汇集、分析系统：一是健全监测反馈报知系统，建立以社区党群工作者为主的信息员队伍，经常实施抽样反馈。在市社会服务局门户网站及"两新互动网"站上开辟"群众呼声"栏目，及时掌握非公企业群众关心的热点问题，了解群体诉求。二是完善分析系统，对各种信息进行综合分析，掌握热点，尤其关注群体带有政治倾向性情绪的动向，及时分析后提出有针对性的建议。三是加强调控系统。针对不同时期的群体心里，利用各种传媒、网络平台、组织系统等，积极引导非公企业群众的群体行为，更有成效地做好非公企业群众工作。通过信息系统的构建和使用，达到为非公企业群众提供全方位的关心、帮助和服务的目的。

第八章
促进发展——
党组织在非公企业中的引导监督作用

党章明确规定："非公有制经济组织中党的基层组织，贯彻党的方针政策，引导和监督企业遵守国家的法律法规，领导工会、共青团等群众组织，团结凝聚职工群众，维护各方的合法权益，促进企业健康发展。"调研显示，非公企业党组织发挥引导和监督作用的工作尚处在探索起步阶段，虽然已经有了一些值得借鉴的经验和做法，但在具体实践中仍然存在着许多难点问题需要突破。非公企业党组织真正有效地发挥引导和监督作用，不仅直接促进非公企业自身的健康发展，也将极大地提高党的执政能力建设，意义深远。

一、背景情况：党的建设和政府工作

近年来，非公企业发展迅猛，数量日增，涉及行业门类众多，在经济社会发展中发挥了重要作用。为切实加强对非公企业的引导和监督，大力推进非公企业中的党建工作，政府各部门协力开展监管工作，取得了初步成效。

1、党建工作推进情况

中央组织部要求，用五年时间（2004—2008年）完成在非公企业中50人以上的要有党员、100人以上的要建立党组织的工作（简称"双达标"工作）。上海市委结合本市党建工作实际，提出用三年时间基本完成本市新经济组织、新社会组织党建"双达标"任务。这里所说的新经济组织是指在发展社会主义市场经济过程中，我国内地公民私人、港澳台商、外商全部所有或绝

对控制的新出现的经济组织形态。从所有制特征上看,现行法律、法规也把这类经济组织统称为"非公有制经济组织",非公企业是其主要构成部分。从目前党组织建设的实际情况看,非公企业党建工作已经取得了阶段性的成效。

(1)上海新经济组织"双达标"率稳步上升,(见表1)奠定了组织基础。截至2006年11月,全市50人以上新经济组织共10445家,有党员的新经济组织已达10275家,达标率为98.3%;100人以上新经济组织共4519家,已经建立党组织的4406家,达标率为97.5%。"双达标"任务的基本完成为党的工作在非公企业的开展奠定了组织基础。

表1:新经济组织党建"双达标"历年达标率

年 度	新经济组织	
	50人以上有党员(%)	100人以上建立党组织(%)
2004年底	64	48
2005年底	84	83
2006年底	98.3	97.5

(2)全市有规模有影响的非公企业组建党组织步伐加快。随着"双达标"工作的深入开展,一些有规模、有影响的非公企业纷纷建立党组织。从外资企业来看,在上海的跨国公司总部累计已达111家、投资性公司120家,世界500强在沪投资企业近400家。除国有控股和办事处等不在"双达标"范畴之列,凡是符合非公企业"双达标"条件的,基本上按照要求建立了党组织,如杜邦中国集团有限公司上海公司、索尼(中国)有限公司上海分公司、雀巢(中国)有限公司上海公司、欧莱雅(中国)有限公司等一些知名企业都先后组建了党组织。从私营企业来看,在2005年全国上规模民营企业500强中,上海共有26家,都已经建立党组织,包括复星集团、致达科技、人民企业集团等。还有在行业中有一定规模和影响力的企业,如落户在徐汇的用友软件、卢湾的普华永道及百盛集团、金山的华普汽车、虹口的锐力体育用品、松江的伊都锦时装和达丰电脑、杨浦的三湘集团和申龙客车等,也都

先后组建了党组织，发挥了示范引领作用。

（3）非公企业中党员队伍不断壮大。在先进性教育过程中，通过"党组织找党员，党员找党组织"，部分"隐性"党员回到了党组织怀抱；在国企改革中，相当数量的党员转移到非公企业工作；大量大中专毕业生就业以及外来人员涌入等原因，使得非公企业中的党员数量不断增加。2006年底"两新"组织党员共17.6万人，占"两新"组织从业人员的3.1％，而其中大部分集中在非公企业。与前几年相比，非公企业党员队伍占从业人员的比例、占全市党员的比例都有较大提高。

（4）党务干部队伍工作能力逐渐增强。从事非公企业党建工作的党务干部主要由非公企业基层党组织书记、社区专职党群工作者以及党的工作部门的机关干部三部分组成。截至2006年底，上海"两新"组织基层党支部书记共有7955名。在对全市非公企业党务干部的抽样调查中发现，绝大多数的党务干部曾受到党组织的长期教育培养，有62.83％的党务干部曾在国家机关、企事业单位从事过党的工作，政治素质好，党务经验丰富。随着党务干部人数的增多，各级加大对非公企业党务干部的培训力度，广大党务干部无论是业务知识，还是工作能力都有大幅度的提高。

当前，非公企业党建工作取得了阶段性成果，"双达标"任务基本完成，党组织基本实现全覆盖，党员及党务干部队伍不断发展壮大，这些都为非公企业党组织发挥引导和监督作用奠定了基础。

2、政府职能部门工作

在大力推进非公企业发展壮大过程中，加强对非公企业的监管工作，始终受到党和政府的高度重视。1987年党的十三大明确提出："必须尽快制订有关私营经济的政策和法规，保护他们的合法利益，加强对他们的引导、监督和管理。"党的十五大指出："对个体、私营等非公有制经济要继续鼓励、引导，使之健康发展"。党的十六大报告进一步明确："依法加强监督和管理，促进非公有制经济健康发展。"在中共中央关于构建社会主义和谐社会若干重大问题的决定中，明确要求"加强市场监管，整顿和规范市场经济秩序。"同时，政府综合运用经济手段、法律手段和行政手段，引导非公经济健康发展。

当前政府对非公企业监管工作主要由税务部门、工商部门、劳动部门、环保部门等职能部门分头负责实施，主要包括：通过税收制度，规范收入分配秩序，如加强企业工资分配调控和指导，发挥工资指导线、劳动力市场价位等引导作用，完善个人所得税制度，加强征管和调节；加强对环境污染的防范和惩处，强化企业和全社会节约资源、保护环境的责任；加强对产品质量的监测和危害人民群众身心健康安全的假冒伪劣产品、工程的惩处；加强对安全事故的惩处和监测等。目前对非公企业的监管模式，能有效发挥各条线的专业监管作用，互相不可取代。

在调研中发现，一方面，政府部门对非公企业的违法违规行为深恶痛绝，严厉查处，媒体也经常曝光黑心棉、红心蛋之类的假冒伪劣产品，协助监督。另一方面，由于一部分非公企业的违法违规行为，损害了非公企业的整体形象，在这样的情况面前，非公企业党组织发挥引导和监督作用十分必要，也大有可为。

二、近年来非公企业党组织发挥引导和监督作用的状况分析

从20世纪80年代开始，非公企业党建工作开始起步，尤其是2002年党的十六大之后，非公企业党建工作被摆上重要议事日程。2003年，上海市委考虑到新经济组织、新社会组织的不断发育壮大，加强"两新"组织党建工作已是迫在眉睫的重要任务，于是在市委派出机构改革中，专门成立了中共上海市社会工作委员会，具体指导和负责这一领域的党建工作。近年来，无论是非公企业的党组织，还是党的有关工作部门，都始终坚持在实践中不断探索前进，其中也包括了对非公企业党组织发挥引导和监督作用的探索。经过多年实践，非公企业党组织已逐步发挥引导和监督作用，在工作内容、工作途径、工作载体等方面都取得了初步经验。

1、各方对党组织发挥引导和监督作用初步形成共识

面对新生事物，只有转变观念，才能积极实践。非公企业党组织发挥引导和监督作用，虽然是一项无前例可循，也无经验可鉴的全新内容，但无论是党组织进行引导和监督的工作对象，包括企业业主、企业党员、企业员工，还是指导企业党组织开展引导和监督工作的上级党组织，都经历了一个思想

观念转变的过程。

（1）非公企业业主由最初的"抵触敷衍"开始转变为"支持理解"。对非公企业进行引导和监督，关键是要对业主进行引导和监督。通过有效的引导和监督工作，使业主充分认识遵纪守法、合法经营对企业健康发展至关重要，充分激发业主"我要做"的内在动力，当然这需要一个不断提高认识的过程。一些业主坦言，最初党组织要对企业进行引导和监督，自己十分抵触，认为企业自负盈亏，不需要党组织"多事"，但是随着党组织作用的日益显现，尤其是在凝聚职工群众，化解劳资矛盾等方面的突出表现，使得自己对党组织的工作充满信心，也开始对引导和监督作用的发挥逐渐认同。一位业主表示，企业能很好地避免在税收、经营许可、财务等问题上犯错误，与党委的严格把关息息相关，自己的企业曾经因为遇到资金问题，差点走上违规道路，但由于党组织的引导和监督，以及上级党组织的积极协调，最终还是坚持守法经营的原则，也解决了企业经营发展的难题。一份涉及全市590名非公企业业主的问卷调查表明，有62.96%的业主，对非公企业党组织发挥的作用表示肯定，只有3.1%的业主感到党组织不能发挥作用。

（2）非公企业党员由"消极观望"开始转变为"积极投入"。对非公企业的党员进行引导和监督，是党组织理所当然的职责。但是也有一部分党员由于党员意识淡薄，存在消极心态。先进性教育活动的开展，大大提高了基层党组织的活力和凝聚力，不仅转变了党员的思想观念，而且梳理出了一批隐性党员。一些党员感到，党组织能融入企业的经营管理之中，能在加强企业的内部管理方面发挥作用，也认同党组织对他们的教育管理。一份涉及990名非公企业党员的问卷调查显示，有62.02%的党员希望党组织、群众组织能在企业内部管理上发挥作用。有69.44%的党员把按时缴纳党费，积极参加党组织的各项活动，履行党员义务，接受党的教育和管理，作为自身的一项重要任务。党员思想观念的转变，为党组织发挥引导和监督作用创造了条件。

（3）非公企业职工由"与己无关"开始转变为"参与配合"。对非公企业的职工进行引导和监督，是维护各方利益的重要内容。由于收入分配不均、心理失衡等原因，一些企业员工存在着拜金主义、享乐主义和利己主义等不良思想，贪污、侵占挪用、索贿受贿和赌博嫖娼等丑恶现象也时有发生。一些非公企业职工对丑恶现象，往往事不关己、听之任之。在工作实践中，许多非公企业党组织坚持群众性监督原则，依靠和发动职工群众，参与对党组织、党员、企业的监督。党组织畅通职工群众反映诉求的渠道，取得了职工群众的认同，职工愿意向党组织倾诉心声，也愿意参与到党组织的工作中来。静安区对商务楼宇中的高知青年群体进行了思想状况调研，其中问到："无论您是否共产党员，如果党组织交给您一项没有报酬的工作任务，您的态度是"，有68.3%的人选择了愉快接受，有19.6%的人表示不情愿，但服从。这个数据表明，职工群众能积极响应党的号召，积极参与和配合党的工作。

（4）上级党组织开始由"注重建党"转变为"注重党建"。目前，非公企业党组织或者挂靠在社区（街道）、园区综合党委，或者挂靠在区县社会（综合）党委，有少量直接挂靠在市社会工作党委。在前一阶段，各级党组织都比较注重建党工作，注重党的组织覆盖。随着建党工作取得阶段性成效，党建工作的有效性建设日显重要。市社会纪工委在市纪委的领导下，在市社会工作党委的指导下，多次召开有关推进非公企业党风建设和反腐倡廉工作的会议，对党组织、纪检组织发挥引导和监督作用进行研究，并通过典型经验交流，以点带面，扎实推进。黄浦区纪委、区委组织部专门制定了《进一步加强新经济组织、新社会组织纪检工作的若干意见》，把加强基层党风建设，加强对企业的引导和监督作为纪检工作的重要内容。

2、目前非公企业党组织对企业实施引导和监督的四项重点内容

目前一些非公企业党组织，主要围绕四项重点内容，即企业贯彻执行党的路线方针政策的情况、企业遵守国家法律法规的情况、企业内部经营管理机制建设的情况以及企业对外经济交往情况等进行引导和监督，并取得了初步成效。

（1）对企业贯彻执行党的路线、方针、政策进行引导和监督。非公企业党组织既是党的路线方针政策的宣传贯彻者，又是对企业贯彻执行党的路线方针政策的有力监督者，既要引导和教育业主提高贯彻执行的自觉性，使其始终与党同心同德，又要引导和教育广大党员、职工群众自觉站在促进改革发展、维护稳定大局的高度，凝聚在党的周围。实践中，非公企业党组织面

对一些事关社会和谐稳定大局的情况，始终发挥政治核心作用，对企业和员工积极进行引导和监督，取得了较好的成效。比如，在针对涉日问题维护稳定工作中，非公企业党组织既做好正面宣传引导工作，统一广大白领青年的思想认识，不听、不信、不传小道消息，又加强监督检查，严密防范措施，对发现的不稳定苗头，及时做好化解工作，从而使广大非公企业党员、职工在思想上、行动上与党中央保持高度一致。

（2）对企业遵守国家的法律法规进行引导和监督。在社会主义法制体系日益完善的情况下，非公企业要想获得持续稳健发展，必须要遵守国家的法律法规。目前，对非公企业从登记到运行，从纳税到劳动保障，从公平竞争到保护消费者权益，从企业间的相互交往签订合同到保护知识产权，从安全生产到环境保护、食品卫生，都有一系列法律法规。党组织对企业遵守国家法律法规进行引导和监督，注重大力宣传各类法律规章，提高业主、员工的法律意识，同时积极协助政府有关职能部门，根据法律法规的有关要求，监督企业依法经营。如上海亚龙投资（集团）有限公司党委，在协同政府有关职能部门对企业依法经营、照章纳税、交纳社会保险费用等开展专项执法检查中，积极发挥作用，如实汇报并出示有关资料，使企业各项工作纳入法制化运行轨道，真正做到了公开、公正、透明。此举树立了企业守法经营、诚信经营的良好形象，受到了政府有关部门的肯定，也获得了业主的好评。

（3）对企业内部经营管理机制建设情况进行引导和监督。"内和"方能外强，只有在企业内部建立起一套比较完善的内部经营管理机制，企业才能更好地适应高强度的市场竞争。企业内部经营管理机制建设是否完善主要体现在两方面，一是企业是否具有科学的决策机制，二是企业是否有完善的内控机制。对这两方面内容，党组织都积极进行了引导和监督。一些企业党组织把积极参与企业民主科学决策、为企业查找经营管理中的薄弱环节，完善企业内控机制建设，推动职工民主管理工作，作为密切与企业的联系，取得业主的认同，获得职工支持的重要工作。上海浦江物业有限公司党委，紧紧贴近企业的生产经营，认真查找出了企业日常经营中的16个薄弱环节，被业主誉为企业的"啄木鸟"。

（4）对企业对外经济交往进行引导和监督。有的非公企业为了一己私利，会采用商业贿赂、低价竞争等不正当方式，在治理商业贿赂专项工作过程中发现，大量商业贿赂行为涉及面宽、情况复杂，往往发生在非公企业与国有、集体经济所有制企业的经济关系中。越来越多的非公企业意识到，走正规化发展道路，规范对外经济交往行为，树立企业守法经营、诚信经营的良好形象，是企业发展壮大的正确途径。党组织发挥引导和监督作用，就是帮助企业、帮助业主在容易走岔路的十字路口，指引正确方向。一些业主也感到，多听听党组织的意见，多学学有关文件、法律知识，对避免走上违纪违规道路极有帮助。另外，员工作为企业成员，其对外经济交往行为，同样关乎企业形象。因此党组织在规范业主、企业对外经济交往行为的同时，也十分注意规范员工的对外经济交往行为。

3、非公企业党组织在实践中初步形成了多条工作路径

非公企业党组织不同于国有企业党组织，国有企业党组织在企业中处于领导地位，对企业进行引导和监督有许多途径可以选择，而非公企业党组织并不掌握行政资源，也不掌握人事资源，不是企业的领导机构，能选择的途径十分有限。这些年来，非公企业党组织积极探索，在资源有限的情况下，开辟了多条工作途径，为发挥引导和监督作用创造了条件。

（1）党组织通过群众组织，发挥引导和监督作用。非公企业党组织通过加强对工会、共青团等群众组织的领导，积极发挥它们对企业的引导和监督作用。如通过定期分析职工群众的思想状况，了解职工群众的诉求，对企业生产经营的意见和建议等等。同时通过强化非公企业厂务公开工作，职工民主管理制度，职代会制度等，让职工群众对经营管理重大事项有知情建议权，对涉及切身利益的重大问题有协商共决权，对有关决议、决定履行和落实情况有监督检查权，从而形成有效的沟通、协调和监督的制度平台，促进"相互尊重、平等合作、共谋发展、共享成果"的和谐稳定劳动关系的建立。2005年，市总工会、市社会工作党委、市企业家联合会，联合下发了《关于推进本市非公有制企业职工民主管理工作的指导意见》，要求努力探索在非公企业中构建起党组织统筹、业主支持、工会运作、职工广泛参与的职工民主管理工作格局。上海宏泉集团有限公司在职工民主管理和厂务公开工作方面，取得了较好的成效，寻求到了一条职工群众参与对企业的引导和

监督的有效途径（详见第142页实例：《上海宏泉集团党委发挥引导和监督作用》）。

（2）党组织加强与非公有制企业内部监管部门的协调合作，发挥引导和监督作用。纪检部门是党组织内主要承担监督职能的机构。上海19个区县提供的"非公企业纪检组织建设情况调查表"显示，目前，全市党委建制的非公企业近200家，其中建立纪委的已接近三分之一，也有一些企业党组织虽然没有建立纪检部门，但设立纪检员参与企业的监督管理。这些企业把党的纪检工作与企业的内部监管工作紧密结合，一般都实行纪检与审计、监察等部门的合署办公。例如上海建桥集团党委积极建立预防腐败工作机制，强化对企业的引导和监督，取得了良好的效果[详见第140页实例：《上海建桥（集团）有限公司党委、纪委发挥引导和监督作用》]。再如华盛建设集团纪委每年都对党风廉洁建设工作进行统一部署，确保党的纪检部门从制度上介入集团各项经济活动中。集团建立了内部招投标制度，所有项目都采取公开评分招标，由党委牵头，纪委组织协调，党委书记担任招标主席，确保公平公开公正。

（3）党组织积极依靠上级党的工作部门以及有关政府监管部门，发挥引导和监督作用。非公企业党组织发挥引导和监督作用必须要积极依靠上级党的工作部门的支持与协调，积极依靠政府有关监管部门的共同参与。尤其是在加强对"两新"组织的业主、法人的引导和监督过程中，在对他们进行经常性的教育警示，切实提高他们的综合素质，引导他们走正规化发展道路过程中，必须要借助上级党的工作部门以及政府有关监管部门的力量。上级党的工作部门要积极创造各种平台、方式方法，协助配合引导和监督，尤其是要参与对业主、法人的教育引导，从而成为非公企业党组织的有力后盾和坚强依靠。

4、非公企业党组织紧密结合企业工作，找到了多种工作载体

一些非公企业党组织紧密结合企业生产经营实际，立足于促进企业健康发展，找到了一些发挥引导和监督作用的工作载体。

（1）紧密结合企业文化建设，开展引导和监督。调研中，几乎每一位非公企业党组织负责人都谈到了如何结合企业文化建设，加强对业主、党员、职工群众的引导和监督，注重结合企业特点，努力将精神文明建设、思想道德教育、廉洁文化建设等融入企业文化建设的大格局之中。企业文化建设也是业主关心，并给予大力支持的重要工作载体。通过企业文化建设，党组织能把党的理念、党纪国法等一系列内容融入企业的整体建设之中，引导业主、职工群众与党同心同德，树立共同的理想信念。

（2）紧密结合企业诚信体系建设，开展引导和监督。加强企业诚信体系建设，是树立非公企业良好形象的重要载体。一些企业党组织以"诚信"为要求，积极参与对企业的引导和监督，努力规范企业的商业行为，提高在市场竞争中的信誉度。上海色柯拉房产代理有限公司党支部，为加强员工的思想道德和行为美德教育，设立了独具特色的"道德银行"，把员工对社会每一次所做的奉献和好事记录在案，并评定分值。几年来，员工的诚信指数不断上升，尤其是党员的诚信指数更是大幅上升，由最初的平均10分，上升到目前的33分。

（3）紧密结合多种主题活动，开展引导和监督。党组织通过各类主题活动，积极发挥引导和监督作用。例如，结合当前形势，结合企业实际，开展一系列主题教育活动，包括警示教育、廉洁教育、职业道德教育、法律法规教育等等；发挥党员先锋模范作用，组织一系列主题实践活动，包括党组织与困难职工的结对帮扶活动、党员志愿者服务日活动等。上海豫园旅游商城股份有限公司党委积极开展重要案件"三不放过"主题活动，堵塞管理漏洞，强化职业道德建设，在实践中取得了较好的效果（详见第144页实例：《上海豫园旅游商城股份有限公司党委发挥引导和监督作用》）。

（4）紧密结合党务公开工作，开展引导和监督。一些党组织从改进党组织的工作方式，创新党组织的工作内容着手，积极探索非公企业党务公开这一新的工作载体，有力地推动了党内民主，增强了党组织的团结和活力。党务公开在实践中，获得了党员的好评，增强了党员的党性意识、廉洁自律意识，也保障了党员对党内事务的知情权、参与权、监督权，最大限度地调动了党员的积极性。许多党组织通过党员大会、组织生活、民主生活会、在企业各种宣传媒介上设立党务公开栏等形式，在推进党务公开的同时，有力地强化了党组织对党员的引导和监督。

三、非公企业党组织在发挥引导和监督作用中存在的问题及原因分析

当前,非公企业党组织发挥引导和监督作用的工作,尚处在探索阶段,虽然已经有了一些实践经验,但也存在着许多难点问题。这些难点问题如果不能突破和解决,必然影响党组织引导和监督作用的深化和拓展。

1、存在问题

(1)引导和监督工作始终以党委建制企业的探索实践为主,工作覆盖面有待进一步拓宽。工作覆盖面不够表现在,能有效发挥引导和监督作用的党组织主要是一些非公企业党委,这些企业一般是有一定规模,有一定知名度,同时基本上都挂靠市社会工作党委或区县社会(综合)工作党委。这些党组织之所以发挥作用较好,很重要的原因是上级党组织给予了比较多的指导。一些支部建制的党组织虽然也在积极探索,但效果比较有限。从非公企业党建的实际看,目前非公企业党组织以支部建制为主,如果无法将党组织发挥引导和监督作用的覆盖面拓展到支部建制的企业,那么等于放弃了大部分的阵地。工作覆盖面不够还表现在引导和监督的对象比较局限。一些非公企业党组织在业主的支持下,实施对党员、职工群众的监督,但对业主的监督,对企业健康发展的监督,往往失之偏软。所以,工作对象的覆盖面狭隘也是一个重要问题。

(2)党组织发挥引导和监督作用的方式方法较为局限,未能与企业经营管理工作有机结合。虽然一些党组织已经摸索了一些实践经验,但方式方法相对局限,未能有效结合非公企业的生产经营特点,创新工作方式方法。现在主要还是以引导为主,监督为辅。通常运用一些警示教育、制定一些规章制度、实行谈话制度等方式,加强对业主、党员、经营管理者的思想政治引导,而对于监督作用的具体发挥,则稍显薄弱。由于未能和企业经营管理工作有机结合,未能对实质性内容、对关系企业健康发展的重要环节进行引导和监督,党组织的引导和监督工作容易被边缘化,往往流于形式。

(3)党组织对引导和监督工作比较生疏,往往擅长开展学习宣传工作。目前党组织的作用发挥主要还是集中在开展学习宣传工作,尤其是擅长对党的路线方针政策进行宣传,对发挥引导和监督作用,虽然有一些探索,远没有宣传教育工作来得成熟。一些党组织非常擅长进行思想政治教育,擅长做人的工作,无论是传统的"三会一课"制度,还是一些学习宣传手段,都非常成熟,如通过先进性教育活动,大多数党组织已经有了宣传阵地,也基本上形成了党员学习教育的长效机制。但对企业进行引导和监督,工作经验相对缺乏,还未形成基本做法和长效机制,现有的一些工作模式,也只是个别经验。

(4)党组织发挥引导和监督作用的工作合力尚未形成,"单打独斗"难成气候。工作合力主要有两个方面:一是非公企业党组织之间的资源共享,二是企业党组织与上级党的工作部门、政府有关部门之间的资源共享。目前这两方面的工作合力都还没有形成,主要还是由企业党组织单打独斗式的进行探索实践。而这种"单打独斗"式的工作状态,一方面使党组织的思路、工作方式方法比较局限,另一方面也无法实现对业主、对企业整个经营状况的监督。如果能在不同党组织之间加强沟通交流,上级党的工作部门、政府有关部门给予指导和支持,必能拓宽发挥引导和监督作用的渠道,必能使引导和监督工作更为有力。

2、原因分析

(1)对非公企业党组织发挥引导和监督作用的思想认识还未统一。主要表现在:上级党组织及政府有关部门思想不够重视,存在得过且过心态。一些上级党组织认为与非公企业不存在行政隶属关系,担心对企业进行引导和监督,会挫伤业主对党建工作的积极性,所以对党组织发挥引导和监督作用,采取得过且过的态度;也有一些政府部门对非公企业经营过程中的问题,发现迟,即使发现了,也认为没有必要过于认真。认识的不一致,导致对企业引导监督指导不力,使非公企业党组织发挥引导和监督作用缺乏有力支持。另外,企业经营管理者不够理解、支持,存在厌烦心理。一些非公企业业主认为自己是"老板",党组织只是按要求建立,只需要管好党员,对党员、职工进行引导和监督非常必要,也非常支持,但要对自己、企业进行引导和监督,则无法接受。有些业主,在经营过程中或多或少存在一些违规行为,非常担心党组织进行引导和监督,会翻老账,找企业的碴,给企业带

来麻烦,所以对党组织发挥引导和监督作用非常厌烦。也有一些业主感到,企业的法人治理结构非常完善,内部有专门的监管部门,如监事会、审计部等,不需要党组织横插一杠。一些业主甚至认为,西方发达国家的企业没有党组织进行引导和监督,也发展得很好,所以自己的企业也不需要。还有些党组织负责人自身认识不到位,存在畏难情绪。一些党组织负责人认为党组织建起来已经非常不易,发挥党建工作的有效性,尤其是要发挥引导和监督作用,感到十分困难,无从谈起。更有一些党组织负责人感到,党组织发挥引导和监督作用没有经验可以借鉴和参考,上级党的工作部门也没有指导性意见,对引导和监督的内容、工作方式方法等都不了解,不清楚,感到非常迷茫。

(2)促进非公企业党组织发挥引导和监督作用的保障体系缺失。主要表现在:政策法律支撑不足,党组织发挥引导和监督作用没有方向。虽然党章中明确规定了非公企业基层党组织的六大职能,但这只是功能规定,并未赋予党组织以实际地位。《公司法》虽已经明确规定了有条件建立党组织的要建立党组织,对建党已经赋予法律保障,但对党组织履行各项职能,尤其是履行引导和监督这一比较敏感的职能,缺乏法律保障,也缺乏政策支持。目前对非公企业党组织如何履行引导和监督职能,内容、方法、途径等都没有细化措施,全凭基层探索,缺乏政策指导。

组织模式设置的缺陷,制约引导和监督作用的发挥。目前党组织的设置模式,尤其是联合党支部这一设置模式,不利于引导和监督作用的发挥。在商务楼宇、一些只有个别党员或建设独立支部有难度的企业,一般采取建立联合支部的形式。但是这种组建模式,只能使党员纳入组织体系,减少流动党员、口袋党员数量,党组织由于对企业运行情况不了解,所以对其进行引导和监督,几乎无从谈起。一些企业党组织负责人的选配方式,也存在不利影响。业主决定党组织负责人的选配方式,能使党组织进入决策层,但也使其自身难以被监督;而部分党组织从外部引入的负责人,往往难以融入企业核心,不易得到业主的信任和肯定,发挥作用难度大。

党务干部的能力素质无法保证,影响了引导和监督作用的发挥。目前,党务干部的能力素质差异性大。部分党务干部有党务工作经验,但缺乏经济工作经验。许多非公企业聘请一些从政府机关或国有企业退下来的老同志负责党建工作，虽然有丰富的党务工作经验，但对经济工作缺乏了解，也缺少创新精神，从而使党建工作局限于党建，没有融入企业中心工作。另外，也有部分党务干部熟悉经济业务，但缺乏党务工作经验。一些非公企业由业务骨干兼任党务干部，多数年纪很轻，虽然有很强的业务能力，但党务工作经验不足。某区对辖区内4个经济开发区党务干部情况进行统计发现，291名支部书记中，在党务工作岗位任职1年的有127名，35周岁以下的有187名，高中以上学历的有90名。这些数据表明，非公企业党务干部呈年轻化趋势，但也表明，接触党务工作时间非常短，经验缺乏。

对党务干部的保障措施不到位，少有人敢于引导和监督。大部分非公企业党务干部都是身兼数职，往往以业务工作为重，党务工作只凭着党性意识、责任感进行，对其而言党务工作不是谋生、自我发展的途径，所以缺乏积极性。同时，党务干部没有明确的地位保障，在岗的党组织负责人在企业中处于哪一层级，或享受哪一层级的待遇，目前还未有指导性意见；对由于客观原因离岗的党务干部，没有后续保障渠道，使党务干部受制于业主。

（3）监管资源未能有效整合。企业党组织发挥引导和监督作用，是内部监管的重要内容，但党组织的内部监管必须依靠外部监管资源，必须与外部监管资源有效整合，才能真正发挥作用。对非公企业的监管工作，迫切需要上级党的工作部门、以及有关行政监管部门给予支持。只有内部的引导和监督与外部的监管有机结合，才能真正促进企业健康发展。监管资源未能有效整合，主要表现在三个方面。内部监管资源未能有效整合。在企业内部没有形成有效的党组织、群团组织、企业经营管理部门一体化监管平台。目前只有少部分业主十分开明的企业，在探索实践党组织与群团组织、行政监管部门资源的有效整合。大部分党组织仍然局限于对党员的引导和监督，未能与企业经营管理相结合，未能有效地发挥群众组织的作用。外部监管资源未能有效整合。主要是上级党的工作部门与相关行政监管部门未能有效整合各类资源。党的工作部门不能确切掌握企业的经营管理状况，相关行政监管部门也忽视党的工作，往往会导致工作中的制肘甚至"顶牛"：一方在严肃查处，而另一方却在宣传表彰。另外，不同区域间的监管资源也未能有效整

合,尤其是一些注册地和经营地分离的企业,常常出现"三不管"情况。内外部监管未能形成有机整体。党组织与上级党的工作部门、相关行政监管部门之间没有形成信息互通、工作协调的平台。非公企业出现一些重要线索、情况时,党组织没有形成向有关部门及时报告的工作制度,政府有关部门也没有形成向党组织及时通报相关情况的习惯。一些企业党组织负责人反映,希望上级党组织、政府有关监管部门要多通信息,尤其是一些事关人、财查处的情况,要向基层党组织及时通报,这样有利于党组织开展工作,稳定人心。

四、对策建议

非公企业党组织发挥引导和监督作用,是加强党对新经济领域引导和监督的重要环节,是树立党组织在企业中的地位的重要抓手,是一项大有可为的新任务。为使非公企业党组织很好地发挥引导监督作用,必须加大探索创新力度,按照党章、《公司法》等规定和要求,进一步巩固和提升党组织的地位,不断完善工作机制,加大支持力度,以确保这项工作逐步得到加强。

1、统一各方认识,为党组织发挥引导和监督作用奠定思想基础

(1)深入进行思想动员,营造良好的工作氛围。各级党组织要针对当前思想认识还不够统一的问题,加大宣传引导的力度,既要在企业中加强宣传,也要在有关政府部门间加强宣传;既要宣传党组织发挥引导和监督作用的重要意义,也要宣传已有的一些好的经验和做法。上级党的工作部门要积极为企业党组织搭建沟通交流、学习宣传的平台。探索领导干部挂钩联系非公企业,向一些思想认识不到位的业主、党组织负责人进行个别说服。要充分运用大宣教格局,通过各种媒介、载体,进行思想发动,从而营造良好的工作氛围。

(2)结合评优表彰工作,提高工作自觉性。上级党的工作部门要结合各类评优表彰工作,如"五好"党组织评选,"党建之友"评选等,把党组织是否对企业进行引导和监督,业主是否支持党组织发挥引导和监督作用,列为重要的评审内容。政府有关管理部门也应结合评优表彰工作(如"诚信企业"、"十佳品牌"评选等),把党的工作,尤其是党组织发挥引导和监督

作用情况纳入考评指标。结合评优表彰工作，统一业主、党组织负责人的思想认识，提高工作自觉性。

2、完善保障体系建设，为党组织发挥引导和监督作用解除后顾之忧

（1）进一步保障党组织在企业中的地位与作用。对已有的政策、法律法规进行细化分解，如对"非公企业36条"，《公司法》中有关建立党组织的条款，进行细化分解，出台实施细则，从政策法律上给予党组织地位保障；在分析和归纳已有经验做法的基础上，探索明确党组织进入董事会、监事会等法人治理结构的政策依据、现实依据，并探索形成一定的模式和做法，从而为基层党组织提供切实有效的帮助和指导。

（2）完善党务干部保障体系，加强党务干部的工作积极性和有效性。建立健全党务干部激励保障机制。探索建立党建人才基金，以补助由于客观原因造成生活困难的党务干部，并奖励工作突出的党务干部。积极推进评优表彰工作，增强党务干部的工作积极性。完善党组织负责人地位保障机制。学习外省市先进经验，探索实践党组织负责人原则上与董事会、监事会、经理层中党员交叉兼职，或原则上享有企业中层正职以上待遇的地位保障机制。探索实践党务干部职业保障机制。研究设立专职党务干部事务所的可行性，探索实践专职党务干部职业化，形成党务干部职业培训机制。

（3）健全组织体系，提供组织保障。党的纪检组织是党组织中进行监督的重要部门。建立党的纪检组织，开展党风廉政建设和反腐败工作，是党的建设的重要组成部分。党委建制的非公企业有条件成立纪委的，要及时成立纪委，暂时还没有条件成立的，要积极发挥纪检委员的作用。上级党的工作部门要加强对纪检工作的指导力度，要指导基层党组织完善纪检组织建设，积极发挥纪检组织在引导和监督工作中的组织协调作用，从而理顺基层党组织与上级党的工作部门的监督条线关系。

3、加强对党组织内部建设的指导力度，强化内部引导和监督

（1）指导党组织积极搭建议事平台，强化民主监督意识。上级党的工作部门要指导并协助非公企业党组织，建立"党组织主要负责人参与企业议事决策会议"的平台。通过这一平台，及时掌握和了解企业发展情况，增进党组织与业主的沟通与联系，积极发挥引导和监督作用。要指导企业党组织密

切与工会、共青团组织的工作联系,通过定期走访职工群众、召开座谈会、设置意见箱等多种形式,及时了解掌握职工群众的呼声和愿望,引导和监督企业认真执行《工会法》、《劳动法》,正确处理企业与职工之间的关系,维护各方权益。

(2)加强对党务干部的教育培训,提高党务干部能力素质。上级党组织要为企业党务干部创造培训条件,提供师资力量,通过辅导报告会、培训班等,对党务干部进行党务知识、法律知识、经济知识等方面的培训,从而提高他们的能力素质。

4、优化外部监管环境,形成工作合力

(1)畅通信息沟通渠道,实现信息资源共享。探索建立起上级党的工作部门、政府管理部门、非公企业党组织三者之间的信息沟通渠道,实现信息资源共享。上级党的工作部门要及时向企业党组织传达有关政策法规精神,政府有关管理部门要向企业党组织通报有关工作情况,如企业的纳税情况等,而企业党组织要及时将企业中一些苗头性倾向性问题向上级党的工作部门、政府有关管理部门进行汇报。

(2)建立联合监管机制,实现监管资源共享。上级党的工作部门要与税务、工商、劳动等部门联合,探索建立联合监管机制,实现政府行政监管资源与党的引导和监督资源的有效整合。指导党组织结合企业注册、年检、税务征管、劳动稽查等工作,积极发挥引导和监督作用。

五、实例

上海建桥(集团)有限公司党委、纪委发挥引导和监督作用

非公企业党组织发挥引导和监督作用的主要目的,是预防在这一领域的腐败现象的发生,促进企业守法经营,健康发展。纪检组织是党组织的重要组成部分。党章中规定,党的各级纪律检查委员会主要承担着维护党的章程和其他党内法规,检查党的路线、方针、政策和决议的执行情况,协助党的委员会加强党风建设和组织协调反腐败工作的职能。非公企业党组织如果能结合企业实际进行拓展和创新,充分发挥纪检组织的组织协调作用,无异于找

到了一条发挥引导和监督作用的有力途径。上海建桥（集团）有限公司（简称建桥集团）党委的经验值得借鉴。

建桥集团是一家以高等教育、养老院等社会公益事业投资为主体，房地产、能源和矿产资源开发为主的综合性企业。2005年9月成立建桥集团党委并同步成立纪委，归口市社会工作党委管理。建桥集团党委、纪委成立后，积极进行创新实践，充分发挥纪委的组织协调作用，建立了符合企业实际的纪检监察工作体制与机制，取得了一定成效。

1、明确党委、纪委三项权力，在思想认识上达成共识

建桥集团业主重视党建工作，重视反腐败工作，也非常注意发挥纪委的组织协调作用，从而为企业党组织发挥引导监督作用创造了条件。集团业主在列席党委民主生活会时指出，党委、纪委至少要利用好三项权力：一是参与权。对企业的重大决策要请党委领导积极参与。业主感到，现在很多企业都在追求利润的最大化，有的甚至去违纪违法，如果在有些重点项目上请党委、纪委参加决策，多听听党委、纪委的意见，肯定会避免一些问题的发生，毕竟党委领导的觉悟要高一点，政策法规掌握要多一些，如果集团决策层能够得到及时提醒，就不会在弯路上走得太远。二是话语权。企业党委、纪委在企业作出重大决策时要有话语权。为了利用好这项权力，党委、纪委要提升自身的能力素质，对企业的情况要了解、掌握和分析，要善于沟通和协调，要有较好的人格魅力和较高的素质，要有良好的心理素养。同时也要敢于坚持原则，敢于提出不同意见甚至是反对意见。三是汇报权。党委、纪委发现企业的问题要及时跟董事会通气，有些问题应该直接向上级组织报告，这样可以防患于未然。新公司法规定，非公企业要建立相应的党组织，党组织决不是配角，它的政治核心作用是必不可少的，也是其他组织无法替代的，它对于落实股东大会的决议和董事会的决议，有非常重要的意义，所以党委要很自信，否则很难发挥作用。

2、制定完善各项制度，在规范化建设中发挥引导和监督作用

为了能保证党组织在企业中的地位，保证作用发挥的有效性，建桥集团对公司章程进行了专门修订，主要新增了两项内容：一是党委的主要领导参加董事会，二是一些重要的决策要征求党委的意见。公司章程作为企业的最高

准则,确保了党组织在企业中的地位和作用发挥的途径。同时集团党委、纪委又积极协助公司行政部门,制定下发了一系列的规定,如《关于进一步加强集团公司财经管理的规定》、《合同管理办法》及《员工手册》等,建立完善了对干部任职、离职谈话制度,离换岗审计制度,大大强化了集团制度化建设。另外,结合企业经营实际,集团监事会、纪委又完善了对工程建设项目审计监察制度。对重点项目,从工程招投标,到签订合同、材料采购、工程决算等,进行全过程审计监察,从源头上防止了腐败现象的发生。

3、建立预防腐败工作机制,充分发挥纪委组织协调作用

建桥集团的预防腐败工作机制,较好地将纪检监察工作与企业管理工作相结合,使纪检监察工作载体、工作方式方法得以拓宽,增强了纪检监察工作的有效性。在组织架构上,集团成立纪委,受上级纪委及集团党委的双重领导,设纪委书记一名、纪委委员两名。2006年集团又设立监督室,明确由集团纪委领导,并与集团联合审计中心合署办公,纪委书记兼任监督室主任。同时要求集团监事会、纪委、监督室、审计中心、稽核办等具有审计监察职能的部门相互支持,互通信息,整合监管资源,发挥监督合力,对集团各部门、各项目、各子公司执行国家法律、法规及集团公司相关制度、规定等的情况进行监督检查。建桥集团纪委在有条件的分、子公司党组织中都明确了一名纪检联络员,在行政监察方面,明确了一名监察工作联络员,从而充实了集团纪检监察工作力量,建立了比较完善的纪检监察工作网络。

建桥集团的经验和做法说明,非公企业纪委与企业行政监察工作是可以有效融合的,党组织发挥引导和监督作用与企业监察工作的多元化结合,符合公司法人治理结构,值得借鉴和参考。

上海宏泉集团党委发挥引导和监督作用

非公企业党组织通过怎样的途径才能有效地发挥引导和监督作用,是必须着力研究的重要内容。"走群众路线",是我们党的优良传统,非公企业党组织充分信任和依靠企业中的职工群众,在职工群众中发挥政治核心作用,引领职工群众成为引导和监督企业健康发展的重要力量,是党组织发挥引导和监督作用的有效途径。上海宏泉集团有限公司（简称宏泉集团）党委通过厂务公开，职工民主管理工作，探索出了一条引导和监督的新路。

1、宏泉集团情况简述

宏泉集团是一家以现代服务业为主营业务的非公科技企业，成立于1993年，现有在册职工431名，党员52名。1997年，企业成立党支部，2002年成立党总支，2005年成立党委。集团党组织始终坚持发挥职工群众的力量，坚持发挥工会组织的作用，积极探索非公企业厂务公开、民主管理工作。在集团党组织的直接协调组织下，由集团工会所推行的一系列厂务公开活动，职工参与民主管理的方式方法，不仅开创了全市非公企业职工民主管理的先河、丰富了职工民主管理的形式，也拓宽了党组织发挥引导和监督作用的途径，促进了企业的健康发展。

2、厂务公开，职工民主管理工作日趋深化

无论是集团党组织，还是集团业主、经营管理层，都充分认识到深化厂务公开民主管理工作，是企业健康发展的内在需求。职工是企业的主体，企业的发展离不开广大职工的支持和参与，发挥职工群众在企业中的监督作用，是集团党组织及企业主、经营管理层的共识。集团董事长认为，在企业发展过程中，职工的参与是重要保证。只有大家同心同德，齐心协力，才能实现企业的持续、健康发展。虽然自己是投资者，但员工是脑力和体力投资者，大家都是集团的投资者，所以企业与员工的关系好比"鱼水关系"，鱼因水而生存，水因鱼而生动。基于业主的开明认识，以及党组织的积极沟通、协商，集团在成立之初就坚持实行与职工共商共谋机制，为企业建立和谐稳定的劳动关系奠定了基础。1999年，在集团党组织的组织下，建立了工会代表、职工与企业经营管理层交流沟通的共商企业发展会。标志着职工知情权、建议权在企业的初步确立，职工民主管理工作进入实质性启动阶段。为了进一步扩大职工的参与面，2001年又建立了职代会制度，并实现了职工民主管理的制度化、规范化、程序化。《集体合同》、《工资集体协商机制》、《职代会运行办法》、《员工教育培训奖励条例》等一系列涉及职工切身利益的重大事项、制度均提交职代会审议通过。2004年，企业又建立了职工董事、职工监事制度，职工董事、职工监事代表员工参与董事会、监事

会工作，标志着职工民主管理工作的进一步深化，突出了企业与员工之间的双重维护、双重尊重，相互融合、相互发展的良好关系。

3、职工董事、职工监事制度是党组织发挥引导和监督作用的直接途径

厂务公开、职工民主管理工作的不断深化，体现了集团党组织对企业引导和监督工作的不断深化。尤其是探索建立的职工董事、职工监事制度，更使党组织对企业进行引导和监督有了直接的途径。《宏泉集团职工董事、职工监事制度运行办法》，是集团党组织、工会、业主经营管理层多方协商达成的一致意见，从制度上对发挥党组织、工会的引导和监督作用予以了保证。职工董事、职工监事在参加董事会之前，要召集职工代表大会联席会议，广泛征求职工群众的意见和建议。在征求意见的基础上，进行梳理，并提交董事会、监事会进行讨论。在董事会、监事会上，职工代表充分发言，建言献策。董事会、监事会过后，要及时将有关决议向职工通报。另外，集团工会还每年组织两次全体职工对中层以上干部进行测评，并实行"岗位淘汰"，取得了很好的成效。

宏泉集团党组织通过强化职工民主管理工作，大大加强了企业决策的民主化、科学化，也大大增强了党组织发挥引导和监督作用的有效性。在企业发展过程中，充分依靠、相信、发动广大职工，积极采纳职工意见，凝聚职工力量，发挥职工的积极性和创造性，避免出现决策上的重大失误，也使企业决策为广大职工所认同和支持。职工参与民主管理，又进一步增强了主人翁意识，有利于形成企业与员工之间和谐的劳动关系，有利于使企业产生良好的经济效益和社会效益。通过工会、通过广大职工群众对企业发挥监督作用，是宏泉集团党委在实践中摸索出的一条有效途径，具有重要的借鉴意义。

上海豫园旅游商城股份有限公司党委发挥引导和监督作用

非公企业党组织发挥引导和监督作用必须紧贴企业的实际，符合企业的需求，这是增强引导和监督有效性的重要环节。上海豫园旅游商城股份有限公司党委抓住企业发展中的某一特定内容，通过开展有很强针对性的主题实践活动，有效地发挥了引导和监督作用。

上海豫园旅游商城股份有限公司是一家有一定规模、一定影响的上市公司，并拥有一批在黄金饰品、餐饮美食、工艺古玩和药品食品等行业独树一帜的子公司。但是有一家子公司在业务不断拓展之际，却发生了某地区销售主管挪用公司资金，并造成重大损失的案件。案发后，总公司党委高度重视，积极配合司法机关做好案件审理工作，并以案说纪，举一反三，认真开展了重要案件"三不放过"主题教育活动，引导广大职工树立诚信守法的职业道德，查找企业经营管理中的漏洞，及时加以弥补。公司党委通过对重要案件的主题教育活动，有效地发挥了引导和监督作用。

1、案件简要回顾

该子公司在湖南地区的销售主管许某（党员），于2003年7月至2005年3月期间，利用职务之便挪用客户货款442.78万元，其中大部分用于赌博，给企业造成重大损失。许某本人因挪用资金罪被判处有期徒刑8年，公司党委及时按照《中国共产党纪律处分条例》的有关规定，对许某作出了开除党籍的处分。

2、公司党委认真开展"三不放过"主题教育活动

深挖根源，对案件发生的原因不查清、责任不查明的不放过。许某案发后，公司党委对诱发他犯罪的原因作了认真分析。许某1990年12月参加工作，1999年9月加入中国共产党。许某犯罪的原因有主客观两个方面：主观上，在公司工作期间，一度表现积极，进步较大，但是，面对大笔资金的频繁进出，经受不住金钱的诱惑，采用收取客户货款不入账等手段，将客户的货款挪归个人使用。客观方面，公司经营管理中存在的漏洞，为许某的犯罪行为提供了便利。公司党委在深挖许某犯罪根源的同时，加强对党员的引导和监督。一是把理想信念教育和遵纪守法教育作为保持党员先进性的重要任务。根据不同层次、不同年龄、不同经历的教育对象，提出不同的要求和希望，并用此案件，进行警示教育，引导广大党员增强党性意识、党员意识。二是抓住入党、转正、提拔等时机进行教育，增强教育效果，特别是对派驻在外、远离党组织的党员，畅通信息交流渠道，及时掌握思想状况，对一些问题苗头，及时指出，做到防微杜渐。

公司党委还见诸行动，对案件的责任不追究、整改措施不落实的不放过。

企业在经营管理环节中存在的漏洞,是发生许某案件的客观原因。如何加强企业的风险管理,如何实施对党员和各级经营管理层的引导与监管,是公司党委重点思考的问题之一。通过对许某案件的反思,发现了几方面的漏洞:一是按制度要求,业务员出差应该两人同行,但在实际操作中,往往是一人单行,单人交收货品和客户货款,这就增加了犯罪的几率。二是按照制度要求,一旦在外地收到客户现金,应立即打入公司指定账户,回沪后,在第一时间告知财务人员客户名称和存入金额。但由于监管不力,有些业务员未按规定执行。针对发现的薄弱环节,公司党委立即与公司行政部门一起,制定了四条整改措施,并加以落实:组织业务员再次学习公司的规章制度、作业流程;加强对业务人员的监管,对工作进行定期检查和不定期抽查,对超过两个月的货款加强跟踪监控;将每季度的征询函流转途径"财务—业务员—客户—业务员—财务"改为"财务—客户—财务",以防业务员从中作假;加强业务员法律意识培训,确保所有往来合同、凭证的有效性。在制定和落实整改措施的基础上,公司党委又积极配合行政部门开展了行业风险管理调研,包括价格风险、汇率风险、库存风险、管理风险和应收帐款风险等,进一步完善了工作制度。

警钟常鸣,对案件当事人及其他党员、干部未受到教育的不放过。公司党委在发现许某挪用客户货款的事实后,立即开导他把问题交代清楚,争取宽大处理。经过多次宣传引导,许某主动向检察机关交代了自己的犯罪事实。许某判刑后,公司党委又及时到监狱看望他,鼓励他好好改造,重新做人。为教育他人,公司党委以案说纪,及时编发了《关于许某违法犯罪开除党籍的情况通报》,发放至每一位党员,并要求每个基层党组织召开专题组织生活会进行讨论,吸取教训。此后又及时召开风险防范会议,由公司董事长提出全面推进风险管理的各项工作重点,并按照企业奖惩制度,对造成企业大额资金被挪用侵占的相关责任人作了处理。

3、"三不放过"主题教育活动后续效果

上海豫园旅游商城股份有限公司党委,通过对许某案件开展"三不放过"主题教育活动,较好地发挥了引导和监督作用。一方面,公司党委深刻分析了案件发生的原因,并能举一反三地研究对策和整改措施,堵塞了经营管理

过程中的漏洞，最终保证了企业全年利润指标的完成。公司党委用积极引导和监督的作为，再一次确立了在企业中地位，也用作为表明了非公企业党组织对企业的促进与推动作用。另一方面，通过许某案件的警示教育，增强了党员的党性意识。党员纷纷表示，身为共产党员，一定要坚持为党和人民的利益奋斗终身，不能为了个人私利，而违法乱纪。面对金钱诱惑，应常怀律己之心，常思贪欲之害。要充分发挥党员的先锋模范作用，在各自的工作岗位上为企业增光添彩。

第九章
共建和谐——
建立业主评价指标体系构想

党的十六届六中全会提出，构建和谐社会是执政党从中国特色社会主义事业的总体布局和全面建设小康社会的全局出发提出的重大战略任务，反映了建设富强民主文明和谐的社会主义现代化国家的内在要求，体现了全党和全国各族人民的共同愿望。胡锦涛总书记提出和谐社会建设应"在共建中共享、在共享中共建"，构建和谐社会不仅是执政党和政府面临的重大战略任务，也是全社会各个阶层和亿万人民群众共同为之努力的国家发展目标，这其中，非公经济必须发挥自己的作用，必须做出自己应有的贡献。

非公企业业主作为资产的所有者、经营的决策者、风险的承担者、先进生产力的推动者、中国特色社会主义事业的建设者，是推动非公经济发展的主体力量。非公企业能灵活多变地适应迅速变化的市场需求，不少企业还具有专、新、特、精等特点，所以非公企业在解决就业、技术创新、促进出口、活跃市场经济、促进经济社会稳定及体制转轨等方面起了很大作用，它的有些作用是国有企业所不可替代的。建立科学规范的"非公企业业主和谐贡献评价指标体系"，有利于引导非公企业业主成长为优秀企业家，有利于扩大非公企业业主群体的社会影响，有利于加强和改进对非公企业的管理和服务，有利于社会形成对非公企业业主的客观评价，也有利于形成共建共享和谐社会的良好氛围。非公企业业主作为中国特色社会主义事业的建设者，是完善社会主义市场经济体制和推动社会主义社会发展的一支新生力量，在促进共同富裕，构建社会主义和谐社会，全面建设小康社会中发挥着重要作用。广泛团结非公企业主等新的社会阶层人士，是巩固党的阶级基础，扩大党的群众基础的需要，是巩固和发展新世纪新阶段统一战线的需要，是推动中国特色社会主义伟大事业的需要，对中国的"和平崛起"具有十分重要意义。

一、相关概念界定和相关评价体系综述

1、企业主和企业家的关系

最早从法国的萨伊开始，然后是美国的经济学家沃克，到英国新古典经济学派代表人物马歇尔，再到美国经济学家熊彼特，都对什么是企业家做了充分的论述。以上这些学者对企业家的描述揭示了企业家的一个共同特点，他首先应该是企业的人和物的管理者。至于是否是出资者，或者是否具备革命性创新能力，或者承担风险的程度如何，是仁者见仁，智者见智，没有一个共识。结合中国非公企业经营管理者的情况，可以发现，现今绝大部分的非公企业，其出资人和管理者这两个角色是统一的，通常既是出资人，又是管理者。经济学家厉以宁教授认为，"企业家是素质而不是职务"。非公企业经营者或企业主不能同企业家划等号，非公企业经营者或企业主是大量的，企业家是企业经营者与企业主中的"精髓"、"精华"、"精粹"、"精品"。因此非公企业经营者与企业主要"升华"为企业家，必须提升和优化自身的综合素质。由于非公企业经营者、企业主与"企业家"之间的界限很难定量区别，此处的"非公企业业主"从对象上来说，将涵盖其全部，广义上泛指各种非公企业的所有者、经营者。此处从引导性原则出发，在指标体系的构建上，会强调非公企业业主应该具备相当素质或提高自身素质以达到企业家的标准。

2、企业家的贡献

对于企业家的贡献应体现在哪些方面这一问题，主要存在两种观点：第一种是以经济学为基础，以市场经济为导向的观点。该观点认为，企业家作为一种投入要素，属于生产的运筹性要素，其对生产的作用机制就在于，能够通过企业家才能的释放，将土地、资本、一般劳动者、技术人员和管理信息

以及企业家才能本身等诸生产要素，得以最完善的调度和最有效的结合，以减少企业组织内部诸生产要素之间的摩擦和相互抑制作用，增进它们之间的相互协调作用，实现企业绩效的最大化。从这种观点所引伸出来的评价指标，大多数以经济指标（税收、利润、企业绩效等）为主。第二种观点是企业家在创造财富的同时，有义务承担一定的社会责任。企业家是现代市场经济的主角，他们对社会物质文明的发展作出了巨大贡献，因而企业家在现代社会中具有较高的社会地位。这一地位同时也赋予了他们相应的发展经济、传播先进文化、促进社会道德水平提高的社会责任。从这一观点引伸出来的评价指标以非经济指标（企业家的社会价值）为主。

但是，在企业是否应该承担社会责任这一问题上，以前和现在都存在着一定争论。上个世纪二三十年代，美国哈佛大学有两个教授，就企业究竟应不应该承担社会责任展开激烈的争论。上世纪六七十年代，著名经济学家弗里德曼一直坚持企业不需要承担社会责任，如果说企业有社会责任，唯一的就是经济责任。但七十年代之后，他逐渐修改了自己的观点：即使是在主流的经济学框架内，也开始认识到企业不仅仅是承担经济责任，还有其他的一些责任要承担。经过几十年的争论，综合学者和企业实践者的观点，大部分还是认为企业应当承担社会责任，单纯地承担经济责任是不够的。

我国非公企业往往是非公企业家一手创办起来的，企业的社会责任，往往体现了企业家的社会责任，企业的很多行为和企业家的行为密不可分，企业家有什么样的价值取向，往往会引导一个企业有什么样的价值取向。综上所述，非公企业业主的贡献应包含以上两种论点：即经济贡献和社会责任。同时，对于非公企业业主贡献的评价，包含非公企业业主个体及其企业所做出的贡献。

3、有关评价指标体系的理论分析

有关对企业家的评价体系有许多，但是大部分是有关对企业家素质、能力的评价指标体系。有关企业家贡献的评价指标体系，主要是从企业家应承担的社会责任来展开讨论的。对于现有的文献进行归纳和分析，我们总结出非公企业业主逐渐成长为企业家，其贡献主要体现在以下方面：（1）企业以其生产经营管理活动为社会提供着税收、提供着劳动力岗位、提供着产品或服务。（2）企业家完善企业治理结构，提高企业运营透明度和社会信任度，建立健全的企业诚信体系。（3）企业家积极参与社会公益事业。（4）企业家正确处理个人财富与企业财富、社会财富的关系。（5）企业家妥善处理企业中的劳资关系，让员工和企业一起成功。（6）企业家主动控制或消除企业活动给企业外部环境带来的消极影响，这些外部性后果，往往是在企业这个营利组织的既定精神与活动规则之外的意外后果，最典型的就是企业活动对环境生态、资源结构的影响。（7）企业家努力促进市场的规范和完善，转变增长方式，推动产业升级。（8）企业家努力塑造优秀的企业文化，努力实现"企业文化"向"社会文化"的转化。（9）企业和企业家的生产经营管理活动，不但恪守法律，而且回避那些"灰色地带"，承担起维护社会运行的公正和公平的责任。（10）企业家努力塑造并带头实践优秀的企业道德，努力实现由企业道德向社会道德的转化。（11）企业家努力构建起社会经济组织与政府组织之间的健康关系。

4、已有的有关非公企业业主贡献评选活动综述

在市场经济发达国家，经常开展对企业家贡献的评选活动，典型的是美国的《财富》月刊评选出了奠基美国的四位超级企业家，并把他们圈定为"世纪商人"，他们是：亨利·福特、阿尔弗雷德·小斯隆、托马斯·小沃特森和比尔·盖茨，正是由于他们才使美国成其为真正的美国。值得注意的是，如果将20世纪一分为四，他们都是各自所处1/4世纪的领头人物，他们创造或发展了至今仍影响深远的两大产业——汽车与电脑，这两大产业的蓬勃发展正是20世纪的经济有别于过去时代的特征所在。

从1994年开始，我国各级党委和政府、媒体、社会团体，开展了许多包括优秀非公企业业主的评选活动。在国家层面上，有诸如由国务院授予的全国劳动模范；由全国总工会设立的全国"五一"劳动奖章等；由中共中央统战部牵头表彰的优秀中国特色社会主义事业建设者；由国务院发展研究中心授予的中国经营大师；由国家统计局、中国技术进步评价中心设立的中国经营管理大师等等。在媒体、社会团体方面，有诸如CCTV中国经济年度人物评选；由中国商业企业管理协会表彰的"做出杰出贡献的商业企业家"；由蒋一苇企业改革与发展学术基金设立的企业家创新奖；由中国企业联合会、中

国企业家协会、中国企业管理科学基金会评选的全国优秀企业家；由"中国民营企业家大会"评出的"中国民营企业家社会贡献奖"等。各地方政府的相关评选活动更是不计其数。

从这些评选活动中，可以总结归纳出体现非公企业业主贡献的评价指标有以下几方面：

（1）政治素质：自觉接受和拥护党的领导，认真贯彻执行党的基本路线和方针政策，遵纪守法，依法经营，具有强烈的事业心和高度的社会责任感。

（2）企业经营：企业经济效益显著，产品（服务）质量好，技术先进，信息化程度高，主要经济技术指标（物耗、能耗、盈利、全员劳动生产率、资金利税率、顾客满意度及安全生产等）和环境保护工作居同类型企业领先水平。建立了现代企业制度，树立以顾客和市场为中心的经营理念，诚实守信。以人为本，建立了有特色的企业文化和激励机制，尊重员工权益。

（3）创新：在技术创新方面，实现重大突破，为打造企业核心竞争力带来崭新的契机。在管理创新、制度创新、市场创新等方面具有独特之处。

（4）社会责任：用行动维护诚信，秉持市场经营公开公平公正的原则，倾力创造"阳光财富"，兼顾资源的节约，打造环境友好型企业，努力创造可持续发展的"绿色财富"。以回馈社会为己任，热心社会公益事业。

（5）社会影响力：企业家廉洁自律，乐于奉献，在企业和社会上具有良好的形象和人格魅力。企业家的成就和故事成为产业发展的典范，成为其他企业借鉴的样板。企业家的行为引起了全社会的关注和认同，引发社会共同思考。企业家的经验在全国同行业中产生了积极影响。

（6）推动力：企业家的言行维护公众利益，促进了社会公平。企业家的行动推动了制度变革，在完善市场经济秩序和法治方面作出显著的贡献。企业家的行为推动国家产业升级，优化产业价值链。

二、非公企业业主贡献的历史评价和现状

1、我党对非公企业业主的历史评价

我党在不同时期，对于非公有制经济的政策是不同的。主要可以划分为两

个时间段：建国到改革开放以前和改革开放以后。在这两个时间段里，党和政府以及社会公众对于非公企业以及非公企业业主的评价是不同的。

从建国到改革开放以前（1949–1978年），党和政府以及社会公众对于非公经济、非公企业业主的评价主要是从政治层面去考虑的，即认为非公经济、非公企业业主作为资本主义剥削者，应该给予彻底否定。

从改革开放至今（1978年至今），党和政府以及社会公众对于非公经济和非公企业业主的态度从承认、鼓励，逐步到强调非公经济和非公企业业主的地位和贡献，政策引导的力度越来越大。从历史的角度来说，随着非公经济的进一步发展，国家、社会对其贡献的评价，必然从为国家作出的经济贡献转变到为国家、社会作出的全方位贡献。

2、非公企业业主贡献社会的现状

我国非公企业的发展取得了很大进步，比如，在政治素质方面表现为我国非公企业家中的中共党员比例正在上升。由中央统战部、全国工商联、中国非公经济研究会最新公布的"中国第五次非公企业抽样调查数据及分析"显示，被调查企业中，29.9%的非公企业业主是中共党员；而在1993年第一次对全国非公企业家进行抽样调查时，这个比例是13.1%。在就业和纳税方面，从1993年到2002年，中国登记的非公企业户数由23.8万户增加到243.5万户，吸收从业人员由372.6万人增加到3409.3万人；缴纳的工商税收由10.5亿元增加到945.6亿元。非公企业业主的社会影响力不断增强。近年来，非公有制经济人士的身影越来越频繁地出现在各种媒体，他们的言行已经触及社会生活的各个领域，而且具有了一定的影响力。非公企业业主对社会也密切关注和关心。非公企业业主注意通过各种途径，向政府和社会表达自己的心愿和呼声。近年来非公有制经济人士中的各级人大代表和政协委员参政议政热情高涨，每年都提交一批有份量的提案和议案，不少代表和委员一改过去由工商联工作人员动笔写，代表、委员签名的做法，变为自己动手撰写参政议政材料，使提案更贴近社会热点。

在肯定非公企业业主以及非公企业为国家社会做出巨大贡献和取得长足进步的同时，我们也不能忽视其存在的不足。由于企业家素质、职业道德和企业文化的缺陷，一些非公企业业主在能力素质、社会责任方面还是存在一定

的不足。比如，小农经济思想严重，缺乏社会责任感；思维方式单一，缺乏对企业发展战略的思考；具有盲目冲动、好大喜功的倾向，缺乏做"百年老店"的耐心和决心；缺乏系统的现代经济和管理知识的训练，持续发展的能力不足；劳资关系不规范，员工利益得不到有关法律的保护；忽视人才作用、掠夺式使用人才、不爱惜不尊重人才；违背基本的商业原则，广告宣传过度，在经营活动中表现出大量或频繁的短期行为；经营理念滞后，诚信意识、质量品牌意识淡薄；对社会公益事业不关心等等。

对相关人员进行的问卷调查结果显示：非公企业业主在创新和经营理念方面做得不错，而在环保、规范竞争、税收、政治素质和员工福利方面做得还不够。被调查者普遍认为，非公企业业主在企业内部对员工的支持、保障方面做得不够，而对非公企业业主在就业、环保、规范竞争、税收方面的贡献，争议比较大。（见表1）问卷中各指标的得分5表示在该指标上的表现最好，得分1表示在该指标上表现最差。方差值越大，表示被调查者对该指标的意见分歧大；方差越小，表明被调查者对该指标的意见越一致。

表1：各指标的均值和方差

指标	均值	方差
社会公益事业	2.5357	0.70238
就业	2.8571	1.23810
环保	2.1786	0.96693
个人行为	2.6786	0.89286
创新	3.5357	0.85053
规范竞争	2.3571	0.90476
税收问题	2.2857	0.95238
政治素质	2.2500	0.63889
经营理念	3.5000	0.62963
为员工提供发展平台	2.7500	0.56481
员工福利	2.3929	0.46958
人才梯队建设	2.6786	0.52249

三、非公企业业主贡献评价体系的构建

1、体系构建的原则

非公企业业主贡献评价指标体系应遵从引导性、阶段性、动态性、客观性、整体性、突出性、可操作性七大原则。

（1）引导性原则。是指该体系的建立是在肯定非公企业业主所作贡献的基础上，引导更广泛的非公企业业主贡献社会，为建设和谐社会作出贡献。

（2）阶段性原则。是指该体系应根据不同时期对非公企业业主的不同要求来构建，即该体系在不同的阶段应有不同的侧重点。

（3）动态性原则。是指该体系对非公企业业主的评价应是动态的，因为非公企业业主对社会的贡献也是动态的。不能只根据非公企业业主某时间点的某一贡献来对其进行评价。

（4）客观性原则。是指该评价体系中的指标应尽可能客观地进行评价，避免出现主观性很强的评价指标。

（5）整体性原则。是指该体系应包含可以体现非公企业业主贡献的各方面指标，不能以偏概全。

（6）突出性原则。是指在所有的贡献指标中应有不同的偏重或权重，以体现时代的要求或社会价值观的要求。

（7）可操作性原则。是指该体系可以在实际评价活动中运用，对每个指标的定义、权重、评分标准都有明确的规定。

前三个原则体现了该体系的整体要求，后四个原则主要是对体系内容的要求。后四个原则在一定程度上有冲突，在构建非公企业业主贡献评价指标体系过程中，应做到后四个原则的协调统一。

2、体系构建的指导思想

全面地评价一个非公企业业主的贡献应包括经济指标和社会责任指标。在政府相关部门与部分非公企业业主座谈中，大多数与会者认为，非公企业业主的贡献应主要体现在经济贡献和社会责任两方面，因为对于非公企业业主来说，企业的良好、持续的经营，是对其最基本的要求。结合我国构建和谐社会的时代要求，非公企业业主及其企业必须承担相应的社会责任。非公企业业主

只有在这两个方面打好基础，才能为社会作出更大的贡献。构建非公企业业主贡献评价指标体系的指导思想是：以经济贡献指标和社会责任指标为评价体系的重点，辅以一定比重的社会贡献指标和社会影响指标。旨在树立这样一个榜样，使得全社会的非公企业业主在追求经济效益最大化的同时，更加关注其行为、人格魅力、企业家精神等在社会上的良好影响和作用。

3、非公企业业主贡献指标体系的构成

根据上述原则和指导思想，应构建如下非公企业业主贡献评价指标体系（见表2）。该体系分为四个一级指标，每个一级指标下又有若干个二级指标。

4、指标体系的选择说明

在问卷和座谈中，被访者在经济指标上达成的共识是，非公企业业主的贡献应主要体现在经济贡献和社会责任两方面。经济贡献是非公企业业主贡献的硬指标，是不能缺少的。但经济贡献的绝对额不能进行横向比较，因为各行业的情况不同。所以，在构建以上体系时，建议把一些经济指标在同行业之间进行比较。

之所以选择经济贡献、社会责任、社会贡献和社会影响这四个一级指标，是因为在现阶段，我国非公企业的主要任务就是发展得更强更大，这就需要体现在非公企业的经济贡献指标中。非公企业在从事生产经营、追求经济效益最大化的同时，必须承担一定的社会责任。社会影响和社会贡献两个一级指标主要体现了该体系的引导性原则，即在强调经济贡献和社会责任的同时，引导非公企业业主作出更大的社会贡献、产生更大的社会影响。

细化到一级指标下的各个二级指标，选择的原因如下：

经济贡献：优秀的企业必须是在健康发展的状况下，在收入和盈利上达到最大化。这里不应该只考虑绝对量的大小，更应该考虑到投入产出比率的大小，企业运用的资金主要是社会的还是自有的。所以在经济贡献一级指标下，包含了净利润、销售收入、净资产利润率、资产负债率四个二级指标。

社会责任：企业在进行生产的同时必须注意对外部环境的影响，负担起一定的责任。这些责任也可以说是企业追求健康、持续的经济效益的前提。如：企业的生产必须以保护环境为前提，企业必须保证员工的权益，企业必须诚信经营。

表2：非公企业业主贡献评价指标体系

一级指标	二级指标	指标描述	信息来源或核实方
经济贡献（35%）	净利润	企业净利润总额及位居同行业非公企业的水平	企业、行业协会、税务部门
	销售收入	企业销售收入总额及位居同行业非公企业的水平	
	净资产利润率	企业净资产利润率及位居同行业非公企业的水平	
	资产负债率	企业资产负债率及位居同行业非公企业的水平	
社会责任（35%）	环境保护	企业在生产过程中环境保护投入总量 企业各项环保指标达标率 企业有无环保事故或被处罚	企业、环境保护部门
	员工权益	企业员工工资位居同行业非公企业的水平 企业员工福利位居同行业非公企业的水平 企业员工参加社会保险率 企业五年内劳动争议仲裁或诉讼败诉率	企业、劳动和社会保障部门、行业协会工会组织
		企业五年内安全事故率及位居同行业非公企业水平	企业、行业协会、安全生产监督管理部门
	诚信经营	企业纳税信用等级	企业、税务部门
		企业工商年检等级	企业、工商行政管理部门

（续表）

社会责任（35%）		企业银行信用等级	企业、企业开户银行
		企业有无违法经营活动	企业、工商行政管理部门
社会贡献（20%）	税收	企业有无偷税漏税行为 企业税收总额及资产税收率	企业、税务部门
	社会捐赠	企业参与公共事业的次数及捐赠总额	企业、相关机构
	就业	企业每年净增员工数	企业、劳动和社会保障部门
社会影响（10%）	政治表现	企业主是否拥护党的领导，听党的话，跟党走，与党同心同德 企业是否按照相关法律建立党组织、工会	企业党组织、相关部门
		企业主是否积极参加政府相关部门和社会相关团体的活动	企业、上级党组织、工商联
	产业影响	企业在商业模式、管理模式、技术及其他方面的创新是否对其他企业产生积极影响	企业、社会舆论、社会媒体、工商联
		企业是否推动整个行业的发展：规范行业标准、提升行业整体竞争力；推动国家产业升级，优化产业价值链；推动"绿色产业"的发展	

（续表）

社会影响 （10%）	产业影响	企业的经营行为是否引起了全社会的关注和认同，引发社会共同思考	企业、社会舆论、社会媒体、工商联
		企业拥有的专利数及位居同行业非公企业的水平	企业、行业协会、知识产权部门
	个人素质	企业主本人有无治安处罚、刑事处罚	公安部门
		非公企业业主的人格魅力、思想、经营理念、故事（创业史）、成就等是否对社会其他的人有积极的影响（包括学术界和企业界）	社会舆论、社会媒体、行业协会、工商联
		员工、合作商、政府相关部门和社会相关团体对非公企业业主个人的综合评价	相关部门和团体

社会贡献：非公企业业主是在经济体制改革背景下受益最大的一个群体，作为先富起来的一个群体，在其取得一定经济财富和社会地位的同时，有义务为社会上其他群体的人提供帮助、做出奉献，从而为构建和谐社会创造基础和条件。对社会的贡献首先表现在企业提供的税收上，因为从国家层面来说，国家通过财政拨款来帮助落后地区的发展。其次，企业有义务通过捐款、捐物或其他形式帮助社会上的弱势群体，并为社会创造、提供更多的就业机会。

社会影响力：影响力表现在思想和行为上，非公企业业主的政治素质直接决定非公企业业主贡献社会的动力，决定了非公企业业主的行为是否符合构建和谐社会的要求。优秀的非公企业业主还应具有行业影响力和资本市场影响力，通过自己的言行成就，引领一个产业、一个行业，甚至集聚整个社会的目光。优秀的非公企业业主应该具备独特的个人魅力，具备优秀的个人素质。

对相关人员进行的问卷调查结果显示：被调查者认为，最能体现非公企业业主贡献的是税收。而员工的工资、福利水平以及以赠送物资形式参与社会公益事业，比较能体现非公企业业主的贡献。被调查者还认为，企业其他的一些经济指标（如市场占有率、总资产报酬率等）对于体现非公企业业主的贡献并不很重要。（见表3）问卷中均值越大表明被调查者认为该指标越不重要，均值越小表明被调查者认为该指标越重要。方差值越大，表示被调查者对该指标的意见分歧大；方差越小，表明被调查者对该经济指标的意见越一致。对于经济指标，被调查者并不认为不重要，他们觉得经济指标是考量一个非公企业业主的硬性指标，但经济指标之外的其他一些指标也能体现出非公企业业主对社会的贡献。

问卷调查显示：被调查者认为，非公企业业主在推动整个行业的发展、规范行业标准、提升行业整体竞争力方面，在诚信和社会信誉方面，在商业模式、经营理念、管理模式、技术创新对其他企业的积极影响方面，为社会成员、再就业人员、特殊人群（比如残疾人员等）提供就业机会方面，最能体现非公企业业主对社会的贡献。（见表4）问卷中均值越大表明被调查者认为该指标越不重要，均值越小表明被调查者认为该指标越重要。方差值越大，表示被调查者对该指标的意见分歧大；方差越小，表明被调查者对该指标的意见越一致。

表3：企业内部贡献指标的均值和方差

指 标	均 值	方 差
企业人均销售收入	4.1071	3.13624
交纳的税收	2.2500	2.26852
对社会捐款和捐物	4.0000	2.88889
企业员工的工资、福利水平	3.0714	3.03175
利润率	4.1071	2.39550
市场占有率	5.7500	2.49074
总资产报酬率	4.5000	5.29630

表4：社会贡献、社会影响指标的均值和方差

序号	行为描述	均值	方差
Q1	为社会成员、再就业人员、特殊人群（比如残疾人员等）提供的就业机会	4.2143 3.3929	8.24868 5.50661
Q2	推动整个行业的发展、规范行业标准、提升行业整体竞争力	5.8571 5.1071	5.08995 6.76587
Q3	企业主的人格魅力对社会其他的人有积极的影响（包括学术界和企业界）	6.6071 4.1071	7.35847 4.17328
Q4	企业主的思想、经营理念对社会其他的人有积极的影响（包括学术界和企业界）	5.1071	6.76587
Q5	非公企业业主在其经营过程中的具有社会影响力的大事件（比如中海油收购美国石油公司的事件）	6.6071	7.35847
Q6	非公企业业主在商业模式、经营理念、管理模式、技术方面的创新对其他企业的积极影响	4.1071	4.17328
Q7	非公企业建立党支部和工会	7.7857	5.73016
Q8	积极参与政府和社会活动，坚持党的路线	6.6357	5.88757
Q9	非公企业业主的创业史对社会其他的人有积极的影响（包括学术界和企业界）	6.6786	8.37434
Q10	非公企业业主的诚信、社会信誉	4.0015	5.79456

5、体系权重的说明

该体系中一级指标经济贡献和社会责任各占35%，这是体现突出性原则的要求。我们认为，现阶段我国非公企业还处于发展时期，生产效率有待提高，企业有待进一步做强做大，所以非公企业业主的关键任务是大力发展生产力，提高企业的竞争力，同时承担一定的社会责任。

该体系中一级指标社会贡献占20%，社会影响占10%。这主要是体现引导性原则和阶段性原则，我们希望在非公企业业主进一步发展企业竞争力的基

础上,为社会作出更大的贡献。该两个一级指标所占的比重较小,是因为现阶段该两个一级指标并不是在评价非公企业业主贡献时最重要的方面。从动态性原则考虑,在未来一段时间内,非公企业业主贡献评价指标体系中应该逐步强调社会贡献和社会影响。

四、政策建议和措施

非公企业业主对于与政府之间沟通有强烈的愿望。问卷调查显示:被调查者认为,政府可以采取如下措施帮助、引导非公企业业主更好地贡献社会:对非公企业业主的非法活动进行严厉的惩罚;加强对企业合法经营的监督;出台相关政策鼓励非公企业业主为社会作出贡献;为积极贡献社会的非公企业业主提供政策帮助;营造良好社会舆论氛围来鼓励非公企业业主贡献社会;建立有效的贡献评价体系;奖励贡献大的非公企业业主。(见表5)

表5:政策建议的均值和方差

序号	政府措施	均值	方差
Q1	组织相关培训,提高非公企业业主的思想层次	2.9286	1.40212
Q2	开展非公企业业主交流沙龙	2.8214	0.96693
Q3	出台相关政策鼓励非公企业业主为社会作出贡献	3.9286	0.58730
Q4	奖励贡献大的非公企业业主	3.1071	1.35847
Q5	营造良好社会舆论氛围,鼓励贡献社会	3.7500	1.15741
Q6	建立有效的贡献评价体系	3.7857	0.98942
Q7	建立相关沟通渠道,积极和非公企业业主进行交流	3.0000	1.25926
Q8	加强对企业合法经营的监督	4.2857	0.95238
Q9	对非公企业业主的非法活动进行严厉惩罚	4.3214	0.74471
Q10	为积极贡献社会的非公企业业主提供政策帮助	3.8929	0.69180

（注：均值越小表明被调查者认为该政策措施越无效；均值越大表明被调查者认为该政策措施越有效。方差值越大，表示被调查者对该政策措施的意见分歧大；方差越小，表明被调查者对该政策措施的意见越一致。）

根据以上的调研和分析，提出以下四个方面的政策建议或措施：

1. 要解放非公企业业主

只有最大限度地减少非公企业业主的无谓劳动，非公企业业主才有时间去思考企业竞争力的提升，思考自身素质的提高。解放非公企业业主同时还要避免权力对企业经营的介入。权力的介入不仅是滋生腐败的温床，而且造成非公企业竞争的不公平，扭曲非公企业业主的经营观。解放非公企业业主既包括政府与社会解放非公企业业主，也包括非公企业业主对自身的解放，在企业内部建立合理的治理结构并进行科学授权，将自身从繁杂的事务中解放出来。

2. 树立正确的导向

没有一个客观科学的评价标准，素质提高的方向就不明确，非公企业业主的素质差距也就不明显。一个不正确的评价标准还可能带来错误的导向，经济生活中一些通过不诚信行为获得暂时利润而受到政府表彰的企业家并不少见，这对于提高非公企业业主素质是非常不利的。因此，应尽快建立专业的测评机构，建立和完善正确的非公企业业主绩效、贡献评价机制，合理评价非公企业业主的素质、经营业绩和贡献，统一对非公企业业主素质的认识，树立正确的导向。

3. 加强对非公企业业主的专门培训

在国外，企业家队伍大都是专业队伍，只有5%的企业家没有接受过专业系统的训练。而国内的企业家只有5%接受过专业培训。企业家的素质有些是先天的，如性格特征或悟性高低等；有些是在工作与生活中养成的，如待人接物或团队精神等；有些则是后来通过学习获得的，如知识或修养。这些通过学习获得的知识和经验是企业家人力资本的一部分。人力资本的多少决定了企业家素质的高低。对非公企业业主的专门培训既包括经济学、管理学知识的培训，也包括理念的更新、专业技术以及国际国内政

治经济形势等内容。

4. 强化对优秀非公企业业主的激励机制

建立对优秀非公企业业主的激励机制是提高非公企业业主素质，引导非公企业业主对社会做出贡献的根本。激励至少应该包括三个方面的内容：

首先，提高非公企业业主的社会地位，保护非公企业业主的合法权益。由于我国特殊的文化背景、市场传导机制不够畅通等原因，市场发育初期存在一种短时域的"非宽容机制"。这就要求非公企业业主必须寻找出一种低成本的替代市场"非宽容机制"的有效途径，也就是说，成功的非公企业业主必须拥有足够的关系资本，这既是非公企业业主人力资本的一种体现，也是非公企业业主藉此获得企业家能力"垄断租金"的一个重要保证。按照新制度经济学的分析，这实际上是企业家通过非正式的合约安排替代正式的合约安排，实现交易费用降低的一种途径，这也正是形成非公企业"原罪说"的重要原因。因此，必须对这一特定历史现象予以正确认识，认识到非公企业业主是邓小平所倡导的"让一部分人先富起来"这项伟大改革的实践者和受益者，是社会主义市场经济的积极参与者和中国改革开放的推动者，非公企业业主的社会地位必须得到承认，非公企业业主的合法权益必须得到保障。

其次，加快非公企业家队伍职业化建设的进程。目前有一些发展起来的非公企业开始摆脱家族管理，聘请优秀的职业管理者走上企业的重要管理岗位。这既是非公企业业主素质提高的一个反映，又有助于非公企业业主素质的进一步提高。应该大力倡导非公企业家的职业化建设，抛弃非公企业所有者必然是企业管理者的狭隘观念，发展社会支持体系，明确职业身份，拓展职业化空间。加快人才评价和人才流动市场的建设，让非公企业业主的素质适应非公经济发展的形势，也让快速发展的非公经济催生更多高素质的非公企业业主。

最后，营造一个公平竞争的市场环境，鼓励资源向优秀非公企业流动。营造公平竞争的市场环境既要削弱政府的"行政租金"，转变政府职能，规范政府行为，又要取消任何企业的"所有制租金"，平等对待国有企业、外资企业和非公企业，进一步拓展非公企业发展的领域，畅通要素流动机制，减少甚至取消市场壁垒，鼓励资源向优秀非公企业集中。

第十章
未来之路——
非公企业发展带来的启示

经过多年的改革发展，非公有制经济从补充地位变为社会主义市场经济的重要组成部分，是中国共产党的伟大创举。近年来，上海市非公有制经济特别是民营经济发展突飞猛进，但发展还不够充分，一些制约经济发展的深层次体制机制障碍尚未突破，需要进一步加大发展改革力度。促进上海非公有制经济又好又快发展，对国民经济科学发展、和谐发展、率先发展，对加快推进"四个率先"、建设"四个中心"和现代化国际大都市，都有着十分重要的战略意义。上海非公企业发展的现状、地位作用、取得的初步经验以及发展中的不足告诉我们，非公企业的发展必须依靠政策法规的保障、科学理论的支撑、舆论环境的引导，同时，非公企业发展的历程也给党政机关提供了有益的启示。党政机关要抓住经济全球化带来的挑战和机遇，沿着"平等待遇，开放领域，引导产业，调整结构，创新服务"的非公有制经济发展基本思路，重点突出"两个基本政策取向、五个鼓励、两个加强"，继续深化改革，毫不动摇地鼓励、支持和引导非公有制经济发展，推动上海经济社会健康发展。

一、要进一步完善制度保障，推动非公企业健康发展

根据中央"非公经济36条"，上海制定了"非公经济38条"和相关配套措施，非公企业迎来了新一轮的发展春天。然而，非公企业发展仍有不少问题需要加以解决。要继续坚持中央促进非公有制经济发展的方针政策，全面贯彻"非公经济36条"，进一步制定和切实执行相关配套政策措施，充分发挥政府各部门间及政府与社会组织间的合力作用，逐步实行五个同等：同等的税收政策，包括高新技术优惠政策；同等的贷款政策；同等的用地用房政策；同等的准入国内外市场的政策，包括参与基础设施、市政工程项目的投资经营；同等的法律保护政策，包括合法经营所得财产的保护，等等，真正为非公企业创造公平竞争的法治环境、政策环境和市场环境。要加快行政管理体制改革，减少行政审批，规范行政执法和司法行为，改进司法监督，促进司法公正，为非公企业营造真正公正、有序的法治环境；要加快制定和完善行业准入配套政策，切实贯彻"平等准入、公平待遇"原则，进一步打破行政垄断及基于行政的经济垄断，打破地方封锁，推进行业准入政策与管理的公开化、公平化、程序化、规范化，为非公企业创造真正公平竞争的市场环境；要加快金融、财税体制改革步伐，建立适合和满足大、中、小各类企业需要的信贷政策体系，积极发展多种所有制的中小金融企业，建立和完善多层次的资本市场，统一各类企业税收制度，规范各类行政事业收费，切实制止摊派，为非公企业创造更加良好的发展环境；要加强和改进对非公企业的监管，积极引导企业转变增长方式，推进产品技术和制度创新，完善企业治理结构，规范企业经营行为，强化员工技能水平培训，构建和谐劳动关系，承担更大社会责任，努力提高非公企业整体素质，树立企业良好形象。

二、要进一步强化科学发展理念，推动非公企业和谐、永续发展

非公企业是市场经济中最自觉的实践主体。它充分尊重市场规律，通过发挥优势千方百计地提高自身的竞争力，具有符合科学发展观要求的内生机

理。非公有制经济是社会主义初级阶段所有制经济的重要组成部分。以公有制为主，多种所有制协调发展，共同推动社会经济发展，体现了科学发展观所蕴涵的全面协调思想。党政机关要关注和推动非公经济的发展，引导非公企业切实贯彻科学发展理念，调整优化产业结构，退出高消耗、高污染的行业，更多地进入高技术产业和装备制造业，进入新能源和可再生能源领域，进入服务业特别是现代服务业，进入就业容量大的劳动密集型产业和农产品深加工业，进入有利于技术创新和人才培养、有利于资源节约和环境保护的领域；要引导非公企业着力提高自主创新能力和增强品牌意识，不断提高创新能力，培育和壮大一批名牌产品和驰名商标，并要和国际研发机构联合协作，不断增强自身的研发能力；要引导非公企业加强节约资源，保护环境，正确处理追求企业内部收益和合理负担外部成本的关系，不能以损害公共利益为代价，不能以浪费资源和污染环境为代价，不能削弱可持续发展能力；要引导非公企业在构建和谐社会中切实履行应尽职责，依法维护劳动者合法权益，积极发展和谐的劳资关系，完善工资随着企业效益提高不断增长的机制，足额缴纳社会保障资金，改善安全生产条件，加强职工培训，为构建和谐社会作出应有的贡献。

三、要进一步加快政府管理体制转变，更好地为非公企业发展提供服务保障

要着力推进政府职能转变，加快政府与市场中介组织分开步伐，改革行业协会管理体制和运行方式，真正使其市场化和民间化，赋予民间行业商会在市场中正常生存和发展的平等权利，逐步形成行业商会、协会公平竞争、相互促进、共同发展的格局，充分发挥行业商会、协会组织在社会主义市场经济中的重要作用。政府应当成为制度性公共产品供给的主体。加快投资体制改革，为非公企业打破投资准入制度的限制；加快税收制度改革，统一内外所得税；加快金融体制改革，发展民营中小型金融机构。政府应当成为经济性公共服务的主体。通过宏观调控，提供良好的经济环境和金融环境；通过严格的市场监管提供良好的市场秩序；公开经济信息；为全社会、特别是非

公有制经济的企业提供良好、科学的经济发展预测；要加大投入，为非公企业提供良好的基础设施。

四、要加大对非公企业的培育和引导力度，切实增强企业自身发展活力

要继续加强企业家队伍建设，大力培养企业发展的带头人。企业家的素质对企业发展起着至关重要的作用，党政机关要以科学发展观为指引，确立科学的人才观。各非公企业的相关管理和服务部门，要通力合作，大力培育和发展中国企业家队伍。要继续加大非公企业管理力度，进一步改变企业经济增长方式。"十一五"乃至更长时期我国的基本经济指导方针，是建设资源节约、环境友好型经济。上海作为工业基础资源缺乏的城市，更要把这一发展理念贯彻好。党政机关要引导好非公企业转变经济增长方式，走新型的工业化发展道路。要继续加快发展现代服务业，进一步优化经济快速发展的市场环境。上海的"二个优先"之一就是要优先发展现代服务业。政府要加大消除服务业中大量存在的政策性和体制性障碍的力度，把握服务业国际转移的新机遇，宽领域地开放服务业市场，引导非公资本积极向现代服务业投资；要引导非公企业加快原有服务业的升级，引导非公资本广泛发展电信传输、信息处理、大众传媒、金融保险、医疗、旅游、商业咨询、人才培训等现代服务业；要引导非公资本参与改变上海现代服务业发展不足的状况，把基本服务体系建立起来，加快发展现代服务业速度，大力提高现代服务业在本市产业结构中的比重。

附录
15家非公企业
创业发展事迹

　　在调查研究中，相关人员接触了许多非公企业，在本书的有关章节中，概略地提到了一些非公企业的情况。为了比较详尽地介绍一些具有代表性的非公企业的奋斗历程和成长轨迹，展示他们发展经济、奉献社会的生动形象，编者组织人员撰写了部分非公企业创业发展的简要情况。入选企业中，有的是该企业相关人员曾入围中国特色社会主义优秀建设者名单，有的企业为本产业领域中较为突出的代表。限于篇幅，仅遴选15家企业进行介绍，诚请广大未能入选但同样优秀甚至更为优秀的企业见谅，并期待广大读者从这些企业的简要情况中，能对上海非公企业的风采有一个窥斑而知豹的收获。

为了人类共同的蓝天

——记上海奥威科技开发有限公司

  成立于1998年的上海奥威科技开发有限公司，主要从事双电层电容器及超级电容器的开发、生产和销售，是一家由专家、学者和技术人员组成的产、学、研一体化企业。成功研制的超级电容公交电车已在上海载客运行，标志着世界首条超级电容公交商业示范线正式投入运营。随着它未来的发展，相信人类的天空会更蓝，空气会更清新。

  我国政府大力推动高效、清洁能源车辆的发展，并将其列为"十五"、"十一五"规划科技攻关重大专项。上海奥威科技开发有限公司（以下简称"奥威科技"）经过多年的不懈努力，现已经取得了技术突破，掌握了核心技术，形成了自主知识产权，不仅研制成功了超级电容电车，而且还完成了公交道路试验和整套系统的示范推广应用。

  在大中城市，公交汽车的尾气排放是主要的污染源。在我国具有100多年营运历史的电车，以其尾气零排放、无污染、低噪音及使用清洁、廉价能源的优势，被誉为"绿色交通"，为城市广大居民和大气环境做出过重要贡献。然而，令人遗憾的是，在世界环保呼声日益强烈的今天，无轨电车在我国却遭遇冷落：一些城市相继实施"电改汽工程"，缩减电车规模；有的则干脆将线网拆除，无轨电车在天津、沈阳、南京、成都、福州等城市相继退出公交舞台。究其原因，主要是由于其线网会造成"视觉污染"，影响城市景观；旧式无轨电车机动性差，容易造成交通堵塞。因此，发挥产学研各方的优势，对其存在的技术难题进行重点攻关，力求有新的突破，不仅责无旁贷，且势在必行。

奥威科技主要从事高效节能环保型产品超级电容器的研制、生产和销售。公司历时8年，耗巨资自主研发成功的专利产品——超级电容器，不但填补了国内空白，而且处于世界先进水平。产品用于各种车辆、内燃机的启动，以及轻型车、电动公交车的牵引和其他领域。奥威科技是国内最早从事超级电容器研发和生产的企业之一。"十五"国家863电动汽车重大专项课题承担单位，国家《车用超级电容器行业标准》制定的承担单位，首批"上海知识产权培育试点企业"。2004年公司获得"上海市高新技术企业"称号，产品开始批量生产和出口。其开发出的电容电车核心技术"车用超级电容器"，主要有充电速度快、循环寿命长、转换效率高、功率密度大、可能量回收、安全系数高、适用温度宽、清洁又环保等八项优点。

作为超级电容电车的核心产品和技术，奥威科技超级电容器的研发成功为我国超级电容电车的研制和发展奠定了坚实的基础。

上海超级电容电车项目于2003年1月15日通过了专家的评审。2006年8月，10辆超级电容电车在上海11路正式运营，拉开了上海新型电容电动公交车推广应用的序幕，同时也开始了世界上第一次商业化运行的旅程。

由于零排放的超级电容公交车适合短距离、大客流的要求，故将改变我国公共交通过分依赖燃油的局面，优化公交车的能源结构，使城市的天更蓝，空气更清新。这也是2008年北京奥运会和2010年上海世博会场馆推荐用车。

上海超级电容电车项目吸引了众多同行前来考察。其中山东烟台方面购买了奥威科技生产的车用超级电容器及其他厂商的零部件组装了两台电容电车。实践证明，超级电容电车发展前景广阔。

上海奥威科技开发有限公司成立于1998年，总部设在国家级高科技园——上海市张江高科技园区，主要从事双电层电容器及超级电容器的开发、生产和销售，是一家由专家、学者和技术人员组成的产、学、研一体化企业。公司拥有多项自主知识产权，目前已申请专利30项，其中发明专利18项，6项获得授权。双电层电容器作为备用电源广泛应用于各种车辆、内燃机的启动，轻型车、电动公交车的牵引和各类智能仪器仪表、计算机、家用电器、电动玩具等领域。公司主打产品"超级电容器"、"双电层电容器"系列产品通过欧盟ROHS标准，拿到了产品准入通行证的单位。

无轨电车是"绿色"交通工具，但机动性能差、空中网线带来视觉污染，电车脱线后便无法行驶。奥威公司在承担上海市无轨电车脱线运行改造项目中，集中本地优越技术资源，主动与上海交大联手，对超级电容器和控制系统两大关键技术进行攻关，研制成功了新型无线无轨电车，采用车用超级电容器蓄能，全数字智能控制，交流变频驱动，充一次电就能跑几站路。公交车的电容器要求充电速度快、蓄电容量大。研究人员不断优化工艺技术，经数万次充放电试验、震动试验，终于找到了最合理的分子结构，将公交车的中途充电时间缩短到30秒左右，且一次充电可运行3-8公里。2004年7月，奥威公司在上海市张江高科技园区建成了世界上第一座电容公交车快速充电站系统，达到了国际先进水平。

奥威公司在科技大道上迅跑，电容器的比能量和比功率指标提高25%，实际示范运行也领先一步。2005年11月的上海工博会上，奥威公司在上海新国际博览中心建成的电容公交车快速充电站智能系统，由三辆电容公交车、两座快速充电候车站和智能化交通信息显示站牌等组成，三辆"酷车"作为定点班车，接送参观者往返于龙阳路地铁站和新国际博览中心，被广大参观者评为本届工博会"最有魅力奖"。而从磁浮列车交通站（龙阳路地铁站）到新国际博览中心的电动公交线路也成为2005年第七届上海国际工业博览会"最经济最环保最吸引人的参观线路"。公司研发生产的车用超级电容器获本届工博会银奖。

产学研结合　竞争力提升
——记上海复旦光华信息科技股份有限公司

  成立于上个世纪末的复旦光华信息科技股份有限公司,是一家涉足网络、软件、硬件、系统集成、智能产品等诸多领域的高科技企业。产品和服务覆盖全国各地,并长期与许多知名跨国公司开展各项交流合作,奠定了复旦光华走出国门的基础。复旦光华立足长远,培养了大批懂技术、会经营的人才团队,为实现百年光华的宏伟目标奠定了稳固的基石。

  成立于上个世纪末的复旦光华信息科技股份有限公司,是一家涉足网络、软件、硬件、系统集成、智能产品等诸多领域的高科技企业。公司先后获得"计算机信息系统集成一级资质"、"国家863计划成果产业化基地"、"国家规划布局内重点软件企业"、建筑智能化系统集成"专项工程设计甲级资质"、"涉及国家秘密的计算机信息系统集成甲级资质"、"全国守合同重信用企业"及"上海市高新技术企业"等称号,已被认定为"中国软件欧美出口工程"试点企业,并通过了ISO9001:2000质量体系认证和CMMIL3软件成熟度认证。

  公司业务范围包括信息安全、电信软件、数据媒体、集成与服务、医疗电子等,产品和服务覆盖全国各地,客户遍布电信、政府、教育、烟草多个行业和部门。营销渠道四通八达,服务体系十分完备。在北京、广州、香港设有分公司,在荷兰设立了子公司。

  近年来,公司锐意进取,飞速发展,注册资本已从成立时的500万元,扩大到现在的1亿多元,增长了22.8倍。产值平均每年增长89.4%。利润总额平均每年增长43.9%。净利润平均每年增长41.8%。2005年实现销售额2.3亿元。

  推陈出新的技术优势是复旦光华的核心竞争力之一,也是复旦光华赖以生存和壮大的重要基础。公司坚持产学研联动发展的模式，每年都将10%以上的销售收入投入到产品研发和技术创新中，为企业的科技进步提供了保障。以信息安全为例，该项目研究创新所转化的技术与产品，已经成为复旦光华重要的业务内容之一。相关科技创新与科研成果先后获得"国家科技进步二等奖"、"公安部科技进步一等奖"、教育部科技进步二等奖、三等奖等19个奖项；公司参与的"国家信息安全应用示范关键技术研究与应用"，获得上海市科学技术进步一等奖；"网络安全审计监管技术"获上海市科学技术进步二等奖；"远程用户操作过程记录和还原的方法"获得国家科技进步二等奖和上海市发明创造专利三等奖。

积极申请专利，加强知识产权保护，是复旦光华提高核心竞争力的重要手段。截至2005年12月底，他们累计完成国内专利申请25项，其中已获得专利授权12项，发明专利达到100%。复旦光华申请国内商标注册4件，3个已获通过，1项目前正在审批过程中。软件著作权登记7项，软件产品登记17项，高新技术成果转化4项。仅专利产品，近两年就创造效益1亿余元人民币。

复旦光华通过与学校、政府等机构的合作提升创新资源能级，并继续发展、壮大。复旦光华积极参与复旦大学的活动，每年捐款提供相关课题的研究经费，保持与大学网络信息工程中心的密切合作，从而能够以较大的优先权获得最新最前沿的科研成就。通过将这些成果直接市场化，或者针对市场需求二次开发后投产，大大推进了创新的进程和成效，这种双赢的模式正在不断深化。目前受到市场欢迎的网络综合管理系统T-manager，就是在原有的信息安全产品S-Audit网络入侵与安全审计系统基础上，通过投向市场后的追踪跟进，从客户反馈中发现市场机会而研制的。如今这一产品依据新的市场变化，扩展为IT-VIEW系统运行管理平台，功能更加强大，更加切合不同网络状况，更加适应不断更新的客户需求，继续保持着市场领先地位。

对各类创新资源的积累和整合，使复旦光华在技术与产品研发方面收到了事半功倍的效果，信息安全、宽带多媒体等主要业务领域在同行始终保持优势地位。到目前为止，复旦光华已先后承担了国家863计划、电子信息产业发展基金、西部开发科技合作课题、国家"十五"科技攻关课题、上海市骨干型企业创新基金等十几项科研课题和技术研究项目。

复旦光华长期与许多知名跨国公司如日立、EMC、微软、CA等开展各项交流合作。内容包括培训、项目合作、软件出口等众多领域，这些跨国合作奠定了复旦光华走出国门的基础。

公司通过各种投资方式参与和建立了数十家关联公司，比如上海光华冠群软件有限公司、诺高信息技术有限公司等。这些公司为复旦光华主营业务的拓展和延伸提供了有力支持，成为现有技术和产品研发的有益补充，大大增强了复旦光华创新成果的转化力度，带来了巨大的经济效益。

创建世界一流企业　进入全球主流市场
——记上海复星医药（集团）股份有限公司

　　成立于1994年的上海复星医药（集团）股份有限公司，作为一个历史不长的新兴公司，公司提倡修身、齐家、立业、助天下的价值观，加快实施"创新、品牌、成本、全球化"战略，以每年上百项专利申请、上市新产品超过20个的惊人速度发展，使复星现代生物医药产业立足上海、面向全国、走向世界，形成具有雄厚的资金实力、强大的科技优势和遍布全球的市场网络的跨国生物医药集团，成为全球医药主流市场的一流企业。

　　上海复星医药（集团）股份有限公司（以下简称"公司"）成立于1994年，目前是中国领先和率先国际化的医药企业，公司以药品研发制造为核心，同时在医药流通、诊断产品和医疗器械等领域拥有领先的市场地位。

　　全球市场上，复星医药在抗疟药物、原料药等领域发展迅速；在中国，复星医药已经取得肝病药物、妇科药物、糖尿病药物、临床诊断产品等细分市场的领先地位，在药品分销领域稳居第一，在药品零售市场国内领先。

　　1998年8月，公司在上海证券交易所挂牌上市（600196），成为上海市第一家上市的民营高科技企业，10年中净资产增值了近30亿，注册资金达9.52亿元，2005年销售额达到29.89亿元，名列行业前茅，目前企业有20余种药品进入《医保目录》。

　　企业在制药研发上是中国最具创新力量的代表性公司，公司拥有国家发改委等五部委批准的"国家认定企业技术中心"、人事部批准的"企业博士后科研工作站"，是国家知识产权局批准的"第二批全国企事业专利先进单位"、科技部火炬办认定的"国家重点高新技术企业"、科技部认定的"863计划成果产业化基地"。在设施与资源一流的复星医药研发中心，500多名资

深与敬业的科研人员夜以继日地进行新药开发,每年专利申请已达到百项,每年上市新产品超过20个,目前公司研发投入约占公司销售收入的8%。

复星医药具有卓越的制药技术能力与严格的生产管理标准,从生产供应美国市场的原料药到制造欧洲标准的制剂,复星医药的46个制药生产线通过了中国SFDA、美国FDA、WHO与欧盟GMP等认证。特别值得一提的是,在抗疟领域,复星医药掌握着全球青蒿联合用药最核心的技术,以拥有自主知识产权、民族品牌的原研产品,通过了WHO预供应商资格认证,成为我国目前唯一取得该资质的企业。在青蒿产品的生产标准上,复星医药—桂林南药企业内控标准被WHO规定为国际药典参照标准。企业以青蒿联合用药"安涅桂"等民族品牌为主打产品,已经得到了包括WHO、联合国儿童基金会、国际红十字会、联合国救济总署以及莫桑比克、苏丹等非洲国家的大量采购,在中国的化学药制剂出口榜上,已跻身中国本土制药企业三甲之列。

在医药商业方面,公司拥有10家医药商业流通企业,1500多家药店,12个连锁品牌,销售网络基本覆盖全国。目前公司正致力于发展成为中国最具竞争力、规模最大的医药商业连锁企业,力争在未来的三五年内,达到至少5000家连锁门店的规模。

作为按照现代企业制度运行的高科技上市公司,复星医药提倡修身、齐家、立业、助天下的价值观,建立了产权明晰的法人治理机制、独立自主的决策机制、面向市场的经营机制、优胜劣汰的人才机制、绩效挂钩的分配机制。公司是一个员工年轻化、技术专业化、人才密集型的创业群体,公司及公司控股子公司在职职工近万人,大专以上学历占职工总数的37%以上,具有高级技术职称的员工占职工总数的2%。

当前,公司正以中国医药市场的快速成长和欧美主流市场仿制药的快速增长为契机,加快实施"创新、品牌、成本、全球化"战略,不断完善高科技产业体系,使复星现代生物医药产业立足上海、面向全国、走向世界,形成具有雄厚的资金实力、强大的科技优势和遍布全球的市场网络的跨国生物医药集团,五年左右成为领先的和率先国际化的制药企业,十年左右成为有很强国际竞争能力的制药企业,并最终成为全球医药主流市场的一流企业。

用户至上　品质为本
——记上海华普汽车有限公司

上海华普汽车不断弘扬"务实、诚信、科学、进取"的企业精神，致力于打造具有上海特色的民族汽车品牌。把上海城市精神熔铸成产品和品牌的核心价值，使产品体现上海的国际性、先进性、包容性、时尚性、精致性、超值性。平均每年有三款以上新车推向市场，产品远销世界二十多个国家和地区。

上海华普汽车有限公司（以下简称上海华普汽车）地处上海市金山区枫泾工业园区，毗邻沪杭高速公路，距上海港与长江入海口仅80公里，地理位置优越、交通便利，是继上海通用汽车、上海大众汽车之后，上海第三家拥有国家整车生产目录的中型轿车生产企业。公司始建于2000年，一期工程占地630亩，2002年建成投产，年生产能力为5万辆；正在建设中的二期工程计划发展用地1500多亩，第一阶段于2006年9月28日竣工投产，产能达15万辆；全部建成投产后，年总产能将达35万辆，成为上海西南大门一颗闪亮的工业明珠。

作为中国自主研发轿车制造企业，上海华普汽车不仅拥有现代化的冲压、焊装、涂装、总装整车生产流水线，并且和上海交通大学共同成立了上海交大、上海华普联合汽车工程研究院。2004年末上海华普发动机公司建成投产，能够自主生产1.3L、1.5L、1.6L、1.8L汽油发动机，2007年已达到年产15万台的目标，上海华普汽车实现动力完全自给。现已全面掌握了汽车整车的核心研发技术，具备生产、质量控制、检测能力，具备发动机自制检测和整机生产检测能力。公司还成立了新能源汽车研究院，加快了混合动力轿车、甲醇动力轿车和柴油动力轿车项目的研发步伐，平均每年有三款以上新车推向市场。

上海华普汽车依靠自主研发,创新进取,致力于打造具有上海特色的民族汽车品牌。产品以中小型家用轿车高性价比车型为特色,赢得了广大消费者的信赖,取得了不俗的市场表现,2005年,全年产销汽车24518辆,比2004年增长143.6%,居全国汽车行业增幅之首,完成产值14.66亿元,上缴税收1.25亿元,同比增长157%。2006年生产汽车累计达28518辆,同比增长18.73%,销售27858辆,亦达到两位数的增长。逐渐形成各具鲜明特色的产品谱系,主要包括:超值的海域系列轿车、动感的海迅系列轿车、大气的海尚系列轿车。产品远销世界二十多个国家和地区,出口贸易方面释放出巨大潜力。

华普诞生于上海,从"在上海区域内按上海标准生产的汽车"角度,逐渐形成品牌塑造中的创新元素:超值、动感、时尚。把上海美好的城市精神熔铸成产品和品牌的核心价值,让用户在使用华普产品时,感知和联想到上海的国际性、先进性、包容性、时尚性、精致性、超值性,这是华普文化造车的愿景。公司坚持"用户至上、品质为本、服务为先、人本务实、诚信共赢"的核心价值观,不断弘扬"务实、诚信、科学、进取"的企业精神,在全体"务实、学习、快乐"的华普人共同努力下,严格遵守国家的产业政策及法规,坚持以市场为导向,明确市场定位,把大公司不愿做、小公司做不了的细分市场作为主攻方向,根据目标消费群需求,把自己打造成为消费者信赖的具有鲜明特色的中级汽车制造公司。

办实业　搞慈善　回报社会
——记上海建桥集团

创办于1999年的上海建桥集团，以"感恩、回报、爱心、责任"为核心价值观，兴办实业，回馈社会。集团各项事业发展迅速，经济效益与社会效益显著。集团以自己的实际行动，建造着共享和谐的希望之桥。

上海建桥集团创办于1999年，是一家以发展高等教育、养老和医疗等公共事业为主，以能源、矿产和房地产等多元投资为依托的跨地区、跨行业企业集团。也是上海市较早成立党委的大型民营企业。集团下属公司、单位28家，员工总数3000多人，总资产30多亿元，业务辐射全国10多个省市。

集团下属的上海建桥学院，是经上海市人民政府批准成立、国家教育部正式备案的全日制本科民办普通高校，也是目前全国26所民办本科院校之一。现有校园占地面积近500亩，面向全国19个省市招生，全日制在校学生逾8000人，是目前上海规模最大的民办大学。学院重视培养学生的爱心、责任心，教育孩子先学会做人，要求学生踊跃参加社会公益活动。开设的专业和课程适应社会需要，强调提高学生的实际运用能力。因此，历届毕业生平均就业率达到96%，超过上海同类院校同期平均就业水平。学生家长反映："孩子在建桥不仅学到有用的知识和技能，更重要的是懂事多了。"建桥学院是上海市文明单位、上海市花园单位、国家依法自主招生改革试点单位。集团公司还通过并购别的学校成立了建桥学院附属中学，向教育集团化迈进。

民办大学有营利和非营利两种，建桥董事会将学院申报为非营利单位，不要求从学院获得经济回报，他们更看重办学的社会效益。然而，办教育、搞不赚钱的公益项目，却又离不开钱。集团从2000年开始，向房地产领域进军。近年来，集团公司在上海浦东、浙江温州、四川攀枝花、海南海口、山

东淄博和江西上饶等地置地3000亩,成功开发了10多个房地产项目,其中,"美林小城"获得上海市建筑类最高奖项——"白玉兰"奖、上海市"优秀房型奖";温州"上海花园"获中国"最佳人居奖"等荣誉。这些项目的成功运作获得了良好的经济效益,为集团快速发展奠定了坚实的基础。2006年4月,上海首家全老年社区——建桥"亲和源"动工兴建,"亲和源"将机构养老与居家养老相结合,集园林式疗养和医学康复于一体,是一个面向老年人,提供全方位养老服务的高品质、专业型、现代化、多功能的老年生活社区。集团还将在大连、黄山、海南等地建设养老基地,把养老与旅游有机结合起来,为现代人提供"养游"结合的新养老模式。为了实现效益最大化,集团充分整合下属的教育服务、园林绿化、文化传播、旅游酒店、财务咨询等公司资源。近两年来,集团积极开拓新的经济增长点,投资重点转向能源、矿产资源开发以及城市基础设施建设等领域,已在山西寿阳、河北平泉、浙江舟山与温州等地投资兴建清洁型焦化、铁矿、油库、建筑等项目,使企业顺利进行产业战略转型并获得可持续发展。

建桥集团以"感恩、回报、爱心、责任"为核心价值观,兴办实业,回馈社会。集团创办以来,各项事业发展迅速,企业经济效益与社会效益显著,已在山东、云南、江西、四川、安徽、浙江等省捐建14所希望学校,资助300多名贫困学生。由建桥集团冠名赞助的"建桥杯"中国女子围棋公开赛,是目前中国最高规格的女子围棋知名赛事。集团先后被评为上海市市级开发区——康桥开发区"十佳企业"、"上海市外来在沪投资大型企业"、"浙江省在沪优秀企业"和"全国'守合同、重信用'企业"。

集团董事长周星增先生荣任上海市第十二届人大代表、民盟上海市委常委、上海市工商联执委和南汇区政协常委,并兼任上海市工商联民办教育商会会长、上海温州青年联合会主席、外地在沪投资大型企业协会副会长和中国围棋协会副主席等社会职务,荣获"上海市十大青年经济人物"、"上海市慈善之星"、"上海市非公经济党建之友"、"上海市关爱员工优秀企业家"、"上海市房地产界优秀青年企业家"等称号,被评为全国"为全面建设小康社会作贡献先进个人"。

发明专利建奇功　　百强榜上居首位
——记上海杰事杰新材料股份有限公司

　　成立于1992年的杰事杰新材料股份有限公司，是一家"产、学、研"一体的高新科技企业，以"杰出事业杰出人干"为经营理念。它不仅自主研发工程塑料新产品，及时将这些新科技成果转化成生产力、实现商品化，迅速走向市场，还注重多向引进人才、导入"外脑"机制，使产品技术取得革命性突破，进一步奠定了"杰事杰"在中国乃至世界材料科技界的地位。

　　在2004年《上海市民营科技企业百强榜》上，赫然列于"上海自主创新领先企业"第一名的，是上海杰事杰新材料股份有限公司。

　　"杰事杰"凭什么"击败"众多实力强劲的"对手"，争得这个令人尊敬的桂冠？凭的是它手中34项实打实的授权发明专利和120项发明专利，凭的是它为中国工程塑料事业所作的卓越贡献。

　　工程塑料是现代工业的重要基础材料。但全球工程塑料大部分专利和产量都掌握在发达国家的跨国公司手中。这些跨国公司在世界范围内大肆"圈地"，我国内地市场也长期为这些工程塑料巨头所瓜分。20世纪90年代开始，这些跨国公司又纷纷到我国投资建厂，意欲继续垄断我国工程塑料市场。

　　工程塑料领域的"瓶颈"，不仅消耗了国家大量宝贵外汇，还严重制约着我国许多相关产业的发展。能否打破国外垄断，实现工程塑料材料的"进口替代"，成为国家有关科技和产业部门多年来密切关注的重点。

　　杰事杰公司立志要"啃"这块"突破瓶颈"的"硬骨头"。这家成立于1992年的民营科技企业，在中国十大杰出青年、董事长杨桂生博士的率领下，十几年如一日，专注于新型工程塑料的自主研发和产业化，为我国材料

工业的迅速发展并赶超世界先进水平,立下了汗马功劳。这些年来,"杰事杰"先后完成了上百项新工程塑料材料的研制,其中包括3项列入国家"863"计划项目的重大成果:耐高温高性能聚合物基复合材料规模化制备技术、新型多功能纳米粒子在高分子材料中的应用研究、长纤维增强热塑性新材料。此外,还有纳米无机物填充高分子聚乙烯微孔制造技术及其产业化列入国家高技术产业化示范工程,抗静电ABS(ESDABS)、PS(ESDPS)材料、耐侯抗冲聚丙烯(PP4-SM)等列入国家级重点新产品,玻纤增强ABS(GFRABS)、耐热ABS/PC合金材料、PC/ABS工程塑料、分体式空调贯流风叶专用玻纤增强AS合金材料等列入国家级新产品,汽车用聚烯烃工程塑料及其合金材料、复合型热塑性工程塑料及制品等获得了中科院科技进步奖、上海市优秀新产品奖等重要奖项。

"杰事杰"是一家"产、学、研"一体的高新科技企业。它不仅自主研发工程塑料新产品,还十分注重及时将这些新科技成果转化成生产力、实现商品化,迅速走向市场,从而为祖国工程塑料新材料事业作出巨大贡献。在利国利民的同时,企业自身也获得了迅速发展。2000年至今,公司自身实施专利技术产生的经济效益有6000多万元,而通过转让多种专利技术实现的效益更高达2亿元。10多年来,杰事杰公司的销售额以每年翻一番的几何级数增长。目前,"杰事杰"下属几家工厂年产百余种高性能新型工程塑料和复合材料,总量已达10万吨,年产值逾10亿元。一批用途广阔、性能卓越的工程塑料新材料,已大量替代了进口产品,成为大众、通用、TCL国际电工、三菱电机、日立、松下、夏普、海尔、韩国三星、LG等著名国内外制造商的大供应商之一。

与公司产品技术超群、品质卓越相得益彰的,是他们"杰出事业杰出人干"的经营理念。杰事杰公司形成了一套多向引进人才、导入"外脑"的机制。公司先后与中科院化学所、浙江大学、复旦大学等建立了定向培养、输送人才的合作关系,既让科研院所了解企业科研产业化的发展方向,又让公司的基础研究和应用有了长远的强大支撑。2001年,诺贝尔化学奖得主艾伦·黑格(Alan·Heeger),欣然受聘担任"杰事杰"董事会的特别顾问,接着,黑格教授以诺贝尔奖项专利入股,与杰事杰成立了合资公司,共同致力于研发当今最具市场潜力的新一代薄膜显示材料技术及器件。这项研究的成功，不仅意味着世界显示技术取得革命性突破，给我国工程塑料材料事业带来巨大影响，还将进一步奠定"杰事杰"在中国乃至世界材料科技界的地位。

上海杰事杰新材料股份有限公司当仁不让地站在了中国工程塑料的制高点，成为整个行业的领头羊。

以产业发展延续社会责任

——记上海均瑶集团

　　成立于1991年7月的均瑶集团，把企业社会责任当作企业可持续发展的重要基础，坚持"以产业发展延续社会责任"的理念，持续创造就业机会，并为更多企业主动肩负起企业与社会的和谐积极作为，为社会和谐稳定发展贡献自身的力量。

　　成立于1991年7月的均瑶集团，以航空运输、营销服务为主营业务，并涉足置业和投资等领域，致力于成为具有国际视野的国内领先的现代服务业百年老店。

　　均瑶集团是中国第一家进入航空领域的民营企业，从1991年至今已经累计运送数千万人次航空乘客。现有员工4000多人，2005年度营业收入65亿元，列中国民营企业百强第65名，中国成长企业100强中列第10位。2003年均瑶品牌被评为中国十大最具文化价值的品牌，被认定为"驰名商标"；列上海市现代服务业百强企业第30名。

　　航空运输是均瑶集团的主营业务。2006年3月，成功控股国内首家开航的民营航空公司——奥凯航空；9月，全资的吉祥航空首航成功，至今，两家航空公司分别以上海和天津为基地，已拥有12架飞机，成功开通了超过30条的往返航线，架设起了一座座促进城市交流、经济发展的空中桥梁，为中国的消费者提供舒心的旅行体验。

　　文化营销服务是均瑶集团的新兴业务，主要从事体育文化和中国精品文化的设计、生产和营销，目前的业务领域主要聚焦在体育文化领域：以代理和运营世界顶级文化体育品牌为目标，不断加强与国内外顶级赛事及文化品牌在特许经营、零售权项目上的合作，成为他们特许产品和品牌延伸产品服务上的设计师、生产商和经销商。目前，均瑶文化已经成为2008年北京奥运会、国际足球联合会（FIFA）、国际田联黄金大奖赛、第三届全国体育大会等国内国际知名赛事的特许零售商、特许经营商。与此同时，均瑶文化正在积极探索一种向全球传播中国传统精品文化的商业模式，全面整合中国优秀的传统工艺品资源，致力于创建中国文化精品传播平台，通过打造具有独特服务价值的文化产品供应链，弘扬中华民族博大精深、光辉灿烂的传统文化。

均瑶集团的零售营销服务由无锡商业大厦股份有限公司和宜昌均瑶国际广场购物中心组成。大厦股份是无锡市首家上市的商贸流通企业，也是无锡市最著名的大型百货零售企业，公司同时控股"百业超市"和经营"东方百业网"。2006年9月正式运营的宜昌均瑶国际广场购物中心位于宜昌均瑶国际广场内，拥有绝佳的地理位置和品牌优势，是宜昌市首家大型国际品牌购物中心。

均瑶集团在置业、投资等领域也业绩不菲：投资近亿元的温州均瑶宾馆被国家旅游局评定为三星级涉外酒店；投资5.5亿元的上海均瑶国际广场，由加拿大、美国的知名企业设计、管理，称为标志性甲级5A智能写字楼；投资5亿元的宜昌均瑶国际广场，集五星级酒店、现代化购物中心、豪华大剧院于一体，将成为宜昌第一高楼和地标建筑；还整体收购了武汉汉阳区房地产公司，为当地的旧城改造和修建经济适用房贡献力量。

今日的均瑶集团，正如阳光少年，蓬勃向上，自强不息。重视企业社会责任是企业可持续发展的重要基础。集团坚持"以产业发展延续社会责任"的理念，肩负着持续成长和率先融入全球一体化经济框架的重要责任。持续创造就业机会，保持社会和谐稳定的发展。2001年，集团遵循联合国《全球契约》关于人权、劳动标准、环境和反腐败等10项原则，在中国企业中第一批递交了承诺书。光彩事业秉承"义利兼顾"思想，均瑶集团为三峡库区移民积极改善生存状态，通过投资乳品加工生产基地、示范牧场和商业设施，前后投入超过10亿元，为库区移民提供了大量的就业机会；2003年，响应国家支援西部的战略，设立《大学生志愿服务西部计划均瑶基金》，迄今累计资助3万余名大学生志愿到西部基层服务，促进了人力资源的东西互动、城乡互动，促进了奉献、友爱、互助、进步的社会新风的形成。2006年，与另外9家

优秀企业共同发起成立了"中国企业社会责任同盟",为更多企业主动肩负起企业与社会的和谐发展振臂高呼。

打造泵业"巨子" 振兴民族泵业
——记上海凯泉泵业（集团）有限公司

发轫于古越瓯江之畔，鼎立于上海浦江之滨的凯泉泵业，以"泵业报国，永续经营"为企业宗旨，开辟了民营泵业领域的先河。十多年来，不仅写就了它的飞速发展历程，而且塑造了民族品牌的丰碑。

上海凯泉泵业（集团）有限公司是集设计、生产、销售水泵、给水设备及泵用控制设备为一体的大型集团公司，是全国泵行业的龙头企业。总资产达10.5亿元，在上海、浙江、江苏、河北、辽宁等省市拥有9家企业，两个工业园区，2002年顺利通过了ISO9001:2000新版换证，2003年又获得了RAB多边国际认证。凯泉集团先后获得了"上海市私企百强制造业第六名"、"上海市先进私营企业"、"上海市科技百强自主创新第三名"、"上海市名牌产品"、"上海市著名商标"、"中国驰名商标"、"国家免检产品"、"全国守合同重信用企业"、"全国企业文化建设先进单位"等光荣称号。

凯泉集团坚持自主创新，以技术优势争夺市场优势。集团投资组建了上海市级的"技术中心"，每年斥资8000万元，用于技术创新和新产品研发。引进了世界先进的CFD流体力学专业内流场分析、CAF有限元理论计算及CIMATRON三维CAD、CAM、CAE、FMS等研究设计、生产管理软件系统，并实施ERP管理。拥有600台/套先进的生产和检验设备，生产23大系列，2万多个品种，年生产能力达20万台/套。与清华大学、江苏大学、流体力学研究院等近10所大专院校和研究院所建立了长期的战略合作关系，初步形成了以自主知识产权为核心的技术体系。经过全体工程技术人员的奋力拼搏，凯泉集团的自主创新能力得到了长足的进步，现已拥有核心技术15项，获得专利产品和技术123项，国家级新产品一项，市级新产品两项，市、区科技进步奖三项，公司被认定为上海市高新技术企业、专利试点企业。通过大力采用新技

术、新材料、新工艺，缩短了新产品的开发周期，2006年成功开发了烟气脱硫泵、纸浆泵、输油管线泵、高压往复泵、隔膜泵、计量泵等新产品。目前，正致力于核电用泵、三大化工核心泵等新产品的研发和水力模型的研究，并已取得重大进展。强大的技术优势，依托覆盖全国的销售服务网络，迅速转化为市场优势，2006年凯泉集团销售额达18亿元，连续七年名列全国泵行业第一，主导产品建筑用泵市场占有率位居全国榜首。

高素质的员工队伍是凯泉集团持续高速发展的原动力。凯泉倡导以情聚人、以文育人、以才用人，每年斥资数百万元，用于高素质员工队伍的培训，吸纳、造就了一大批致力于泵业的凯泉人才。现有员工5000多人，70%以上具有大专以上的学历，其中工程技术人员770多名，全国知名水泵专家13人，大学教授2人，享受政府专家津贴5人，教授级高工22人，工学及商学硕士121人，每年引进30名水力机械专业的本科生，作为科技力量的生力军。

凯泉集团以"泵业报国"为企业宗旨，取得了快速稳健发展。1995年初凯泉从温州移师上海，创造了被同侪争相效仿的"泵业直销"模式，在全国各地建立了30个分公司、300个办事处。创办了上海凯泉工业园，建立了凯泉通用泵、市政用泵、工矿用泵和给水设备等主要生产基地。建造了两个高精度水泵性能测试中心和一套智能化的给水设备自动测试系统，配置了先进的计算机网络系统，基本构筑了凯泉科研开发和技术创新的基础平台。科技发展规划的顺利实施，使上海凯泉在建筑用泵及楼宇自动化领域，设计基础理论和设计技术，软件开发应用，科技情报信息方面均处于同行业前茅。对用户特殊需求产品的研制、设计、开发，在水力设计、综合设计、产品性能、结构功能、控制技术、材料、配套件等多方位拥有核心技术。产品的科技含量、技术性能、质量档次、可靠性、实用性、供货速度均属国内领先，基本达到国外著名品牌公司GRUNDFOS、ITT（FLYGT）、EBARA等同类产品的水准。

面向新世纪，凯泉集团制订了中国"泵业巨子"的发展战略，确立了以泵业为核心业务，以相关流体机械产品为辅业的业务体系，通过兼并扩张、同心多元化发展，全力振兴民族泵业，塑造民族品牌，力争到2010年进入世界泵业前10强。

燃料电池车　节能又环保

——记上海神力科技有限公司

汽车工业将成为国家的支柱产业，燃料电池汽车技术在中国未来的发展很有优势，是我们实现跨越式发展的一个突破口。上海神力科技公司用短短七八年时间，研发了质子交换膜燃料电池产品并初步实现了产业化，拥有了自主知识产权体系，成为中国燃料电池行业的领头羊，为中国汽车工业的未来写下了神来的一笔。

发展节能又环保的清洁能源汽车是不可逆转的世界潮流。在中外企业研发燃料电池的较量中，上海一家名不见经传的民营企业脱颖而出，它就是上海神力科技有限公司——专门从事质子交换膜燃料电池产品研发与产业化的高新技术企业。上海神力科技有限公司已连续4年完成"十五"863计划重大专项课题，拥有自主知识产权体系，已申请质子交换膜燃料电池技术中国、美国专利301项，其中100多项已获得授权。

1998年，神力科技有限公司开始"质子交换膜燃料电池"的研发；1999年开始承担国家"九五"重点科技攻关计划，同年，开始研发30KW燃料电池系统。2000年，开发出中国第一台燃料电池游览车——"氢动一号"，并参加了当年的上海国际工业博览会，一时引起国内外同行的轰动。

2002年10月，清华大学第二代燃料电池大巴"驶"出了实验室；2003年7月同济大学的燃料电池轿车"超越一号"也研制成功。两车分别配备了上海神力科技有限公司研制的60KW燃料电池大巴发动机和33KW燃料电池轿车发动机，两车时速分别超过60km/h和100km/h，这表明燃料电池大巴和燃料电池轿车初步具备了实用价值。

2004年5月，清华大学燃料电池城市客车B型实用样车研制成功。120KW的功率、80km/h的时速，使其拥有了挑战"洋车"戴姆勒——克莱斯勒的底

气。同月,"超越二号"氢能车呱呱坠地。这辆由上海神力科技有限公司提供发动机、同济大学总成的燃料电池轿车,性能比上一代有了跨越性的进步。燃料电池发动机重量由"超越一号"的426公斤降低到360公斤,功率却提升了7kW。零到百公里加速时间,也由原来的40多秒迅速缩短到26.7秒。此后,几乎所有的超越系列燃料电池轿车和氢能系列燃料电池大巴,都采用了上海神力科技有限公司提供的发动机。

2005年4月,"超越三号"闪亮登场。相比"超越二号",发动机功率进一步提高,重量进一步下降,零到百公里加速只需19秒。关键参数之一的燃料电池发动机功率密度,达到了160KW/kg的世界先进水平。

由神力科技提供燃料电池发动机的两辆"超越二号"和"超越三号"燃料电池轿车,分别参加了2004年10月和2006年6月的第六届和第八届全球清洁能源汽车'必比登'挑战赛。"超越二号"在第六届必比登挑战赛上取得了良好的成绩,在障碍赛、噪声、功率、散热、二氧化碳排放等项目上成绩均为A。第八届必比登挑战赛上新一代的"超越三号"燃料电池轿车,性能上有了进一步的提升,在二氧化碳排放、尾气排放、噪音、燃料经济性以及蛇形绕桩五个项目上分别取得了4A和1B的成绩。尤其是燃料经济性和噪音指标,在所有参赛的燃料电池车中位居第一,燃料经济性达到了百公里耗氢1.03公斤和1.04公斤的水平,远低于奔驰的百公里耗氢2.4公斤的纪录,表明我国氢能源燃料电池技术已达到国际先进水平,部分性能达到了国际领先水平。

随后的几个月,多辆"超越三号"燃料电池轿车,不断从同济大学的校园里驶出。由上海神力科技有限公司提供的第三代燃料电池动力系统,已经实现了多平台兼容。尤其是安装在奇瑞"东方之子"上的"超越三号"燃料电池轿车发动机,功率重量比密度达到了200KW/kg,其百公里耗氢0.956公斤的燃料经济性,甚至达到了世界领先水平。"超越三号"系列轿车目前行驶里程已突破35000公里,运行示范也即将开始。通过小批量的试生产,上海神力科技有限公司踏上了产业化之路。

2005年,清华大学的"清能"系列燃料电池大巴也踏上了清洁能源之路,采用上海神力燃料电池发动机的"清能一号"、"清能三号"燃料电池客车行驶里程截至2006年底也分别突破44000公里和8000公里,燃料电池发动机性能依然稳定。事实证明，中国燃料电池大巴具备较高的实用性。

　　镁光灯下，氢动力汽车光彩照人，不到4年时间，中国氢动力汽车一路飞驰，逐渐逼近业界领先者。

实施品牌战略 增强竞争能力
——记上海亚龙投资（集团）有限公司

创办于1995年的上海亚龙投资（集团）有限公司，瞄准国家重点高科技项目和欧美市场，在巩固国内市场份额的同时，实现企业的技术创新与进步，并通过有效扩大名牌产品的国内市场份额和出口创汇，切实增强企业经济实力与可持续发展后劲，使"亚龙"牌尽快跻身国内国际知名企业行列。

上海亚龙投资（集团）有限公司创办于1995年，以从事经营电线电缆业务起家，现已发展成为一家以工业投资、教育投资、房地产开发投资为主，在多领域具有较大竞争优势的大型投资集团公司。

工业是亚龙集团的基石和主业。集团于1997年用股权收购濒临倒闭的国营上海浦东电缆厂以来，积极开拓国内外市场，在保持原有线缆生产稳步持续发展的基础上，产值利润逐年增长，产品品种增加，科技含量不断提高。几年来，公司先后获得3C、长城等认证，并通过了ISO9000质量管理体系、ISO14000环境管理体系和OHSAS18000职业安全和健康管理体系认证。作为上海市高新技术企业，公司每年都有数项产品获得专利认证。现已在全国建立起了覆盖面极广的产品销售网络，"亚龙"牌电线电缆产品畅销全国各省市，并出口到东南亚等地。亚龙集团董事长张文荣获得了"上海电缆大王"的美誉，同时也成为首位执掌上海电线电缆行业协会会长职务的民营企业家。

2003年9月，亚龙集团在上海金山工业园区投资数十亿元，打造占地面积2300亩的亚龙现代工业园，从事以电线、电缆产品为切入点的电气化产品及高科技产品的研发和制造。以"大公司——小工厂"为模式的一期工程已全面建成，单个厂房面积分别达两万多平方米的电力、导线、橡套三个现代化生产车间现已全面投产，目前产销两旺。亚龙现代工业园二期工程中的九个主要生产车间厂房建设，正紧锣密鼓地进行，计划2007年下半年正式运转生产。

　　随着目前部分产品出口关税取消，凭藉上海地区的先进技术优势、广泛的合作空间、低廉的生产成本，亚龙现代工业园将成为全国规模最大的现代化电线电缆生产基地。亚龙瞄准国家重点高科技项目和欧美市场，在巩固国内市场份额的同时，争取国际市场份额，力争将"亚龙"牌电缆打造成国际知名品牌。

　　亚龙集团实施科技兴企战略，正在开展三个科研合作项目：与上海电缆研究所共同开发生产科技含量极高的耐高温新型铝合金绞线。这种新型铝合金绞线产品，耗用原材料少，传输电能负荷翻番，达到国际先进水平，2006年底投产。与中国磁悬浮研究中心合作开发尖端磁悬浮电缆。此类产品以前都靠进口，亚龙集团有望在2007年生产出我国第一代科技含量极高的磁悬浮电缆，这将为促进和发展我国高速、安全的磁悬浮列车交通运输业创造有利条件。与上海市核工业办公室合作开发建造核电站所需的核工业K1、K3电缆产品。目前，这三个科研合作项目进展顺利，一旦系列高附加值产品由科研开发步入批量生产，将真正实现国内高科技、尖端电线电缆产品的"人无我有"。随着我国加入WTO，有关关税的逐步取消，我国电线电缆产品的生产成本较之国外大幅度降低，打品牌、打出口创汇这张"王牌"，亚龙具有得天独厚的优势，在电线电缆制造业的核心竞争力将大大提升。

国外技术垄断在这里打破

——记展讯通信有限公司

由海外留学生归国创业团队创建的展讯通信有限公司成立于2001年,主要从事新一代无线通信专用集成电路产品和系统的开发与销售。展讯人不把填补国内某项空白作为目标,而是去占领被国际大公司瓜分的中国乃至国际市场。不断开发创新,亮出了展讯的中国"芯",参与了中国通讯史上第一个国际标准制定。

2003年4月,展讯通信有限公司研发成功世界首块具有自主知识产权的2.5GSM/GPRS多媒体基带一体化架构基带单芯片,打破了手机芯片核心技术长期以来一直被国外通信公司垄断的局面,中国无线通信终端技术水平实现了质的飞跃。

时隔几个月,人们又一次看到了展讯的重大成果:他们成功开发出全球首块具有自主知识产权的第三代移动通信TD-SCDMA核心芯片。

展讯通信只用了短短两年多的时间,就创造了通常国外大公司要5年到6年才能完成的奇迹。这一奇迹不但载入了展讯的创业史,同时也载入了上海乃至中国的集成电路产业发展史。

展讯通信有限公司成立于2001年,由海外留学生归国创业团队创建,其团队的主要成员武平、陈大同都是20世纪80年代中国自己培养的第一批半导体博士。展讯主要从事新一代无线通信专用集成电路产品和系统的开发与销售。公司成立仅5年多,就已发展成拥有600多名员工、年产值数亿元、产品出口海外的集成电路设计公司,在美国硅谷、北京、深圳都有分支机构。

展讯技术力量雄厚,产品调试和软件稳定化十分迅速,展讯人力克重重难关,GSM/GPRS核心芯片及整体解决方案仅用了半年多时间,就通过了国际权威测试机构的FTA测试认证,产品以其高度集成度、高性价比和低功耗的竞争优势，于2003年底即实现了产业化。

"我们从不把填补国内某项空白作为展讯的目标，而是促使展讯去占领被国际大公司瓜分的中国乃至国际市场。"展讯人研制的芯片采用了世界最先进的设计技术和工艺，并运用独特的设计理念，将一般由数字基带芯片、模拟基带芯片、电源管理芯片、多媒体芯片等多枚芯片实现的功能，高度集成在一个单芯片中，芯片整体技术水平达到世界先进水平，这就成就了展讯芯片能在竞争极其激烈的手机市场上迅速占得一席之地。目前，展讯的GSM/GPRS芯片已经形成系列，产品覆盖了低、中、高端手机市场。值得一提的是，展讯的该款芯片荣获了2006年度国家科学技术进步一等奖。

2003年，展讯还参加了世界百年电信史上第一个中国标准——TD-SCDMA的研发工作，并于2004年4月自主研发成功世界首块TD-SCDMA/GSM/GPRS双模多频手机核心芯片。TD-SCDMA是1999年被国际电联批准的第一个3G中国标准，也是中国通讯史上第一个国际标准。2003年初，尽管国内TD-SCDMA标准已日趋成熟，但其产业发展却遭遇了瓶颈。国内3G的发展面临着"标准存在，芯片空缺"的尴尬境地。展讯对TD-SCDMA芯片的成功研发，为中国3G标准的产业化作出了重要贡献，实现了我国集成电路产业在第三代移动通信关键核心技术及产品研发和产业化方面的重大突破，为中国第三代移动通信的发展做出了重要贡献。为此，信息产业部为展讯专门在人民大会堂召开了新产品发布会。

展讯又一次获得了成功，创造了中华民族的又一个辉煌。

变松江"制造"为松江"创造"
——记正泰电气股份有限公司

成立于2004年1月的正泰电气股份有限公司,在早年的"五大开"称雄国内输变电市场时,还是一个名不见经传的企业,但不到两年时间,正泰电气完成了从温州到上海的转移,迅速铺开的15家分公司生产的产品纷纷打入国内市场,2005年产值达30亿元。工欲善其事,必先利其器。正泰电气坚信,要实现打造百年老店的梦想,唯有专注高低压电器,勇攀行业高峰。

正泰电气股份有限公司成立于2004年1月,是正泰集团投资控股的子公司,属于非上市的股份有限公司,现辖11个专业公司,一个区域工厂,主要生产销售高、低压成套开关设备、自动化设备、高中压变压器、开关元件、电线电缆等输配电设备产品及电力工程设计、安装。公司注册资金7亿元,总投资35亿元,在上海松江区文合路1255号建设占地1500亩的输变电设备产业基地,二期工业园建成后公司厂房建筑面积达30万平方米,现有员工3800人。2006年实现销售收入28亿元,预计到2010年,销售收入将达100亿元。正泰输变电设备产业基地建设,为党和国家领导人所密切关注,胡锦涛、江泽民、吴邦国、曾庆红、吴官正、王兆国、吴仪、曾培炎、徐匡迪等莅临正泰视察、参观,给予了高度赞扬和热情勉励。

南存辉董事长荣获第十一届"中国十大杰出青年"、"世界青年企业家杰出成就奖"等,并当选为全国工商联常委和九届、十届全国人大代表。南存飞董事长荣获浙江省首届创业企业家奖、中国经营大师、全国优秀企业厂长(经理)等荣誉称号,当选为上海市企业联合会、上海市企业家协会副会长、上海市松江区政协副主席、上海浙江商会执行会长、上海市电力行业协会副理事长、上海市松江区工商业联合会会长。

自2003年入驻上海后，正泰电气遵循"产业化、科技化、国际化"的战略思路，着力全面增强自主创新能力，提高输配电核心技术和关键技术，成为具有自主创新能力的先进制造业企业。三年来，正泰电气共完成开发80多个产品系列，共获专利29项，省市重点新产品13项。其中，该公司自主研发的高分断252千伏高压六氟化硫断路器填补了国内空白，小型化XGN77固定柜获国家发明专利，低压开关设备被认定为中国名牌产品。正泰电气技术中心被认定为"上海市企业技术中心"，公司被评为"上海市高新技术企业"和"国家火炬计划重点高新技术企业"。产品先后进入西气东输、青藏铁路等80多个重点工程项目。公司生产的220千伏变压器和开关已在内蒙古等地挂网运行，并且走出国门，远销俄罗斯、乌克兰、哈萨克斯坦、日本、波兰、缅甸、朝鲜、巴西、坦桑尼亚、肯尼亚等二十多个国家和地区。

2006年10月，由正泰电气自主研发设计生产的LW43-252高压六氟化硫断路器、126千伏气体绝缘金属封闭开关设备等7个系列的高压开关产品在上海通过了行业权威鉴定，部分产品填补了国内空白，这标志着正泰电气自主创新逐步走向成熟，输配电产业发展迅猛，并且成功进入了高压输配电领域。

公司先后投资上亿元，引进了世界上最先进的索能剪切线、波纹油箱自动生产线、高压静电喷粉生产线等生产线，并配有齐全的辅助生产设备和加工设施，以不断提高工艺及装备水平。全面推行计算机集成辅助制造系统（CIMS）及产品数据管理系统（PDM）等信息技术，为生产高质量产品提供可靠保障。

公司现在拥有国内外一流水平的工艺装备和试验检测设备、200名训练有素的质量管理和检验队伍。严格的过程控制和质量审核，确保产品符合顾客的要求。建立快速响应的顾客服务体系，确保实践承诺为顾客提供优质的服务。按ISO9001：2000标准建立的质量管理体系有效运行和持续改进，确保实物质量处于受控状态。

正泰电气着力全面增强自主创新能力，提高输配电核心技术和关键技术，成为具有自主创新能力的先进制造业企业。公司拥有一支老中青相结合的科技梯队人才。每年投入销售额的5%作为科研经费，支持技术创新，向系统化、集成化、自动化发展，全面进入高压输配电领域。

正泰电气荟萃国内外一流工程技术专家和一线专业技术人员，900多人的技术精英团队，不断超越自我，挑战极限，专心致力于大型输配电系统技术的现代化进程，正在勇攀行业高峰。

万里通途送爱心　文明窗口播新风
——记上海芷新（集团）有限公司

成立于1989年6月的上海芷新（集团）有限公司是一个主要从事跨省市公路旅客运输和客运站服务的大型陆上交通运输企业。上海长途汽车客运总站是公司主要经营实体，发班量和旅客发送量从2000年至今已连续六年名列上海市行业第一位，是2008年奥运会和2010年世博会的重要配套交通基础设施，被确定为上海四大门户窗口单位之一。

成立于1989年6月的上海芷新（集团）有限公司，是一个主要从事跨省市公路旅客运输和客运站服务的大型陆上交通运输企业。它的前身是"上海芷新长途汽车客运服务部"（于1989年6月成立，最早是进修学院的三产，属全民），"上海芷新长途客运公司"和"上海新世纪芷新运输有限公司"（于2002年10月成立，是民企）。2005年5月三家合并，更名为上海芷新（集团）有限公司，下属9个子公司、5个分支机构。集团公司自有营运车辆483辆，被国家交通部评为一级资质运输企业。集团公司共有职工812名，其中正式职工315名，吸纳社会协保、下岗、失业人员259名，外地民工享受综合保险人员238名。上海长途汽车客运总站是公司主要经营实体，被上海市城市交通管理局核定为一级站并评为"文明示范站"。汽车客运总站总建筑面积8万余平方米，拥有高28层的商务大楼，还有地下室，商场，停车场，下沉式广场，售票大厅2000平方米，候车大厅3600平方米，东部旅游集散候车厅1300平方米，货运仓储2000平方米，共有售票窗口38个，检票口26个，发车位52个，加油站一座。整个场站楼配备12架自动扶梯，10台垂直电梯。查询、售票、检票、广播、信息控制、引导、通讯、消防、监控等14个子系统采取智能化管理。客运总站目前拥有班线358条，直达全国17个省两个自治区两个自辖市、

118座地级城市、350余座县以上城市,日发班车1200余班次,设计日接发送旅客能力5万余人次,年接发送旅客能力1800万人次以上,约占上海市省际旅客运输设计能力的45%,发班量和旅客发送量从2000年至今已连续六年名列上海市行业第一位。作为特大型的公共交通基础设施,上海长途客运总站是2008年奥运会和2010年世博会的重要配套交通基础设施,被确定为上海四大门户窗口单位之一。

芷新(集团)凭借强大的运输实力和可人的优质服务,赢得了社会的广泛信任,市场占有率不断提高:2001年,上海全市公路发送旅客1077.08万人次,芷新为177.12万人次,占14.73%;2002年,全市发送旅客1324.65万人次,芷新为271.04万人次,占15.72%;2003年,全市发送旅客1370.92万人次,芷新为343.03万人次,占22.01%;2004年,全市发送旅客1673.44万人次,芷新为472万人次,占27.25%;2005年,全市发送旅客1710.92万人次,芷新为574.79万人次,占31.5%;2006年,全市发送旅客1729.52万人次,芷新为784.51万人次,份额上升到45.36%。

视旅客为亲人,把车站办成"旅客之家",使芷新(集团)公司有着良好的口碑,公司从1992年开始至2006年,连续被评为上海市春运工作先进单位、上海市跨省市长途客运先进单位;2000年5月被评为上海市优秀企业;2003年被评为"上海市就业和保障先进民营企业",被市工商局评为"上海市守合同重信用企业";2005年被评为"闸北区文明单位"、"上海市交通安全资信企业";2006年3月荣获上海市消保委"上海维权20年3·15银质奖杯";2006年10月被劳动和社会保障部、全国总工会、全国工商联评为"全国就业与社会保障先进民营企业"。

公司创始人、法人代表郭卫也是荣誉连连:2000年获闸北区区长奖励基金二等奖;2003年获区统战部"乐为闸北做贡献个人先进"称号;2005年获"闸北区优秀中国特色社会主义事业建设者"称号;2005年11月获市工商联、市总工会"上海市关爱员工优秀民营企业家"称号;2005年12月荣获上海市"慈善之星"称号;2006年7月被中共闸北区委、区人民政府授予"闸北区拔尖人才"光荣称号;2006年9月被全国总工会、全国工商联评为"关爱员工的优秀民营企业家"。

万里通途送爱心　文明窗口播新风

芷新（集团）公司发展过程中，不忘党的改革开放好政策，致富不忘回馈社会，不忘承担社会责任，十几年来积极主动参与慈善事业和公益事业。2003年向"非典"灾区捐款15万元；2004年东南亚发生地震海啸，捐赠5万元；2005年5月把准备用于芷新（集团）成立庆典的10万元捐赠给上海大学800名学生作为红色旅游活动经费；2006年11月捐赠上海市光彩事业促进会15万元；2004年、2006年和2007年主动参与上海市慈善基金会举办的"蓝天下的至爱"捐助活动，三次共捐款90.8万元。十几年来，用于慈善事业、各类公益事业和资助贫困群体的款项达数百万元，芷新人将持之以恒地为社会为他人奉献爱心。

实施知识产权战略
建设国际纺织业"贝尔实验室"
—— 记上海中大科技发展有限公司

　　成立于1998年的上海中大科技发展有限公司，是一家以"实验室经济"为主体的上海市高新技术企业，瞄准产学研与国际相结合的自主研发体系，以"基于纺织，超越纺织"理念不断发展，把增强自主创新能力作为企业发展的战略基点，积极建设"洁润丝实验室"，立志成为国际性纺织业"贝尔实验室"，为中国高性能、高功能、高文化品位纺织品的发展作出新贡献。

　　成立于1998年的上海中大科技发展有限公司，是一家以"实验室经济"为主体的上海市高新技术企业，业务覆盖高分子制版感光材料、健康纺织品、文化产业等领域。拥有上海市企业技术中心和中国唯一的特种纺织品开发基地、高分子制版感光材料开发基地。

　　中大科技在实践"基于纺织，超越纺织"的发展过程中，把增强自主创新能力作为企业发展的战略基点。始终贯彻"一条主线、四大战略"方针，即以提高企业的核心竞争力为工作主线，努力实施科技人才战略、专利战略、技术标准战略和商标品牌战略。以拥有和开发自主知识产权为核心，提高企业科技创新能力，培育具有创新精神的品牌文化，使企业一直保持良好的发展势头，取得了较好的社会效益和经济效益。

　　为了确保企业知识产权战略的正确实施，中大科技制定了《知识产权管理办法》、《关于技术创新成果奖励办法》等10多项规章制度。建立了知识产权管理办公室，配备了多名专职工程技术人员。经过不懈的努力，中大科技的专利和核心技术达到了200余件，专利实施率在70%以上。专利新产品多次获得国家省部级技术发明奖、科技进步奖、重点新产品奖，上海市高新技术成果转化项目百佳，主导产品圆、平网制版感光材料达到国际先进水平，国内市场的占有率达80%以上，还制定行业及地区企业标准近20项，并受中国劳动和社会保障部委托制订印花行业职业标准三项。注册了"ZHONGDA"、"洁润丝"及保护性商标28个，品牌相关域名保护性注册122个，建设"中大科技网"、"华夏印染网"等网站4个。

中大科技大力实施知识产权战略，是以打造高素质人才队伍为支撑的。他们注重引进人才，大专文化程度以上员工占全体员工的61.3%，其中博士生导师、教授、高级工程师及具有博士、硕士学位的研发人员占20%以上。

中大科技加强产学研合作，形成行业技术领先地位。相继与华东理工大学建立了博士后创新实践基地；与复旦大学建立了视觉艺术学院教学实习基地等；与东华大学成立了纳米功能聚合物及纤维材料联合研发中心；与天津理工大学建立全面科技合作伙伴关系；形成了以国际前沿技术为背景、多学科融合的长效性、战略性产学研联盟。

中大科技积极推进国际性研发合作，借鉴国外先进科技、设计理念，提高创新能力，与日本伊藤忠公司成立了我国首家经政府批准的中外合资纺织技术检验机构——国家纺织工业（华东）面料检测中心，并设立运营公司——上海中纺伊纺织技术检验服务有限公司；与阿迪达斯相关企业合作研发功能性纺织运动系列产品；与上海知识产权培训中心建立全面合作平台。

中大科技始终把企业的发展与社会的进步结合起来，主动承担社会义务，积极参与环境保护、捐资助学、灾难救助、弱势群体扶助、青少年科技文体活动等诸多领域的公益活动，积极支持行业科技进步事业。公司近年来先后被评为"中国纺织十大品牌文化企业"、"中国优秀民营企业"、"上海市首批知识产权示范企业"、"上海市专利示范企业"、"上海市首批科技小巨人企业"、"中国纺织和谐企业"；中大科技党总支被评为"上海市非公有制企业五好党组织"等；所研发的高分子感光制版材料更是荣获2006年国家技术发明奖二等奖。

中大科技创办之初，就瞄准产学研与国际相结合的自主研发体系，联合国内外科研院所、高等院校及国际性合作伙伴，整合自身优势资源，以实验室经济为主体，做精、做强。积极建设"洁润丝实验室"，立志成为国际性纺织业"贝尔实验室"，为中国高性能、高功能、高文化品位纺织品的发展作出新贡献。

品牌国家化　服务社会化

——记上海中发电气（集团）有限公司

上海中发电气（集团）有限公司是集实业投资、国际贸易于一体的大型企业集团。产品连续多年被评为上海市名牌产品，不仅得到了国内消费者的认可，而且国际知名度也越来越高。为培养高素质应用型的各类专门人才，中发集团还创办了上海中华学院，为集团持续发展积聚了后劲。

上海中发电气（集团）有限公司是集实业投资、国际贸易于一体，专业生产超高压、高低压成套装置、工业/电力自动化控制系统、高低压电器元件等四大输配电设备板块的大型企业集团。集团拥有3个工业园区、21家直属制造企业、68家参股、控股制造企业，500多家配套协作企业，一所学院、一个研究所，在国内拥有600多家分公司和办事处，在海外设有7个办事机构，总资产达12亿元。中发电气集团生产的超高压设备、高低压成套设备、工业电力自动化控制系统、仪器仪表、高低压电器元件等200多个系列1万多个规格的产品，被广泛应用于电力、石化、冶金、建筑等行业，4000多项国家级、省市级重点工程选用了中发产品。2006年度总销售额达26亿元，在百强私营制造企业中名列第7位，并成功跨入全国机械行业500强。十年来，中发集团可谓荣誉连连：被上海市政府认定为首批市外在沪大型企业集团、上海市百家优秀企业、国家机械工业局管理示范百强企业、国家技术监督局全国产品质量和售后服务满意十佳企业、消费者可信产品、中国名牌产品、上海市电力局定牌企业、国家经贸委两网改造推荐企业、国家水利电力入网企业、国家石化系统定牌企业、国家机电设备成套甲级资质企业、通过ISO9001质量体系认证、CCC认证，拥有全国工业品生产许可证、电工安全证、高低压开关设备生产秩序整顿合格证。

电气是中发的主业，集团先后并购了上海沪日工贸公司，参与了上海电表厂重组，形成了以上海中发工业园、上海中发国际科技园、上海中发超高压电器公司、上海沪日智能电气公司、中发电力自动化公司等为主体的电气企业群。为了提升企业技术能级，集团除了与国内不少科研院所、著名高校建立长期科技合作外，更积极参与国际高端技术合作：与法国施耐德公司签订了中低压成套设备技术合作协议，用全新的设计推出"梅日梅兰"品牌新一代KYN74-12系列的中压开关装置，受到用户的广泛赞誉；与ABB瑞士公司签订工业电力自动化技术合作协议，全面从事工业、电力自动化产品/系统的研发、生产，探寻工程及其解决方案，形成了不同档次、不同技术、适应不同客户不同需求的完整的工业/电力自动化产业体系；与日本AE（帕瓦）株式会社合资成立了中发依帕超高压公司，专门生产国际一流技术水平的超高压开关设备（110kV/220kV/550kVGIS）。这种强强联合，使得中发电气的技术水平和产品结构与国际先进水平同步，为打造国家化中发品牌奠定了坚实的基础。

在吸收、消化引进技术的同时，中发人不忘发挥自主创新的精神。目前已开发了7项实用新型专利，其中3项自主创新的550kV，22CkV液压/弹簧组合机构系列技术，已获得国家实用新型专利授权书。一项自主创新的高压开关装置连锁机构，也获得国家实用新型专利授权书，并申报上海市专利新品项目。高压开关装置、电力自动化控制装置（RID/110KV系列微机保护测控）得到了上海市高新技术成果转化认可，通过了上海市新产品鉴定。"中发"商标也被认定为"上海市著名商标"。

针对目前高级技术人才紧缺的现状，2002年底，中发集团在上海奉贤征地400亩，与中华职教社合作，创办了上海中华学院，将高等教育纳入中发发展的重要环节，培养高素质应用型的各类专门人才，在为国家教育事业做贡献的同时，也为中发未来的持续发展打下了坚实的人才基础。高素质的员工带来了新产品产值率的大幅提升，目前，新产品产值率已提高到35%。公司生产的系列高低压开关装置，连续多年被评为上海市名牌产品，不仅得到了国内消费者的认可，而且国际知名度也越来越高，产品订单络绎不绝，为叫响中发品牌、树立中发形象起到了良好的推动作用。

后记

经过参编人员两个多月的整理,《解读非公企业》终于付梓。

这是一本实际费时长达数年才终于成稿的书。尽管整理书稿的时间并不很长,但这是以市社会工作党委、市社会服务局成立数年获得的调研成果为基础的。没有长期的工作积累,就不会有今天摆在读者面前的这本书。

这是一本许多同志付出了辛勤劳动的书。在调研过程中,委局领导许德明、施南昌、杨惠德、杨建荣、陈明、王宏伟、袁建国、刘庆同志,带领各处室的同志深入企业,深入基层,深入群众,开展广泛的调查,结合工作实践进行了艰苦的思索和研究。市社会工作党委书记、市社会服务局局长许德明确定了全书的框架和书名,审定了书稿。市社会工作党委副书记、市社会服务局副局长陈明带领综合处的同志走访相关部门,积极组织书稿的汇总及撰写工作。市社会工作党委秘书长袁建国多次召集协调会,组织补充调查,为完成书稿提供了有力的指导。委局机关许多同志参与了相关调研,主要参与者有:沈玉燕、胡永明、张翔、吴红伟、沈磊、吴光荣、龚强、陆文、方士雄、金雷、张洁、乐菡静、吴颢、杜雪金、王崇党、张大鸿、杨国浩、叶芸芸、徐静娴、沈俊。调研工作得到了各级党政机关和社会各界许多同志的支持和协助,主要有:上海市社会科学院党群处李莉,部门经济研究所企业发展研究中心王玉梅、顾丽英,卢湾区社会工作党委贡筱敏,静安区社会工作党委诸旖,闸北区社会工作党委王长丰,长宁区委组织部李家蓉,复旦大学郎秀云,华东理工大学李玉刚、杜俊、魏文静,上海市科技咨询服务中心王瑞芳、李培俊。书稿整理过程中,委局机关陈龙根、单思群、方士雄给了大力支持,龚强、吴红伟、张大鸿、陆文对原有调研内容进行了大量补充,丰富、厚实了相关内容;市社会服务局综合处承担了书稿整理工作,吴颢负责全书章节设计及文字编辑,杜雪金、王崇党突击完成了五章内容的补充调查和撰稿任务,杜建秀、韩怡参与了部分稿件征求意见和校对的工作;上海市社会科学院经济研究所顾光青研究员给予了及时的指导;中国人民解放军南京政治学院上海分院学报原主编刘振大校,帮助整理了介绍相关企业的文章,并对全书文字进行了校核。文汇出版社桂国强先生和竺振榕女士为确保本书顺利出版,精心策划,积极协调。还有许多同志,默默地为本书的成稿和出版付出了心血。在此,谨对所有为本书贡献过力量的同志,表示衷心的感谢!

这还是一本吸收了许多专家学者思考成果而得以完成的书。在研究工作中,有关同志参阅了文献、专著和资料,主要有:厉以宁的《论民营经济》,王克忠的《社会主义制度下的非公经济研究》,史晋川的《中国民营经济发展报告》,陈信勇的《民营经济与民商法律制度创新》,田泊源的《中国民营企业成功模式分析》,李秀潭、胡修干的《中国私营经济研究报告》,李培林、李强、孙立平的《中国社会分层》,"促进非公有制经济发展研究"课题组所著《2004－2005中国非公有制经济发展前沿总量研究》,上海市工商业联合会等编著的《2003上海民营经济》、《2004上海民营经济》、《2005上海民营经济》、《2006上海民营经济》,等等。专家学者的研究成果对我们编辑本书发挥了重要的帮助作用。在此,向所有给了我们完成本书以启示的同志，表示衷心的感谢！

　　这更是一本需要在今后的工作实践中不断加以补充、完善乃至修正的书。限于编者的水平，又因为上海非公企业数量大，种类多，且遍布全市各地和各个生产领域，调研时难免挂一漏万，加之非公企业的行业差别和个体状况差异极大，也给我们准确地界定、研究非公企业的相关情况带来困难。因此，本书的某些判断、表述、数据可能存在许多不足、不当乃至差错，期待着专家、学者和非公企业相关人士以及读者朋友不吝指教，以便帮助我们不断深化对非公企业的了解和把握，更好地做好相关工作。

编　者
2007年5月于上海

图书在版编目（CIP）数据

解读非公企业/中共上海市社会工作委员会 编著. —上海：
文汇出版社，2007.7
ISBN 978-7-80741-206-9
Ⅰ.解... Ⅱ.中... Ⅲ.私营企业—调查报告—上海市
Ⅳ.F279.245
中国版本图书馆CIP数据核字（2007）第089878号

解读非公企业

中共上海市社会工作委员会
上海市社会服务局　　编著

责任编辑 / 竺振榕
特约编辑 / 叶义辉
装帧设计 / 靳　伟

出版发行 / 文匯出版社
　　　　　上海市威海路755号
　　　　　（邮政编码200041）
经　　销 / 全国新华书店
印刷装订 / 上海长阳印刷厂
版　　次 / 2007年7月第1版
印　　次 / 2007年7月第1次印刷
开　　本 / 787×1092　1/16
字　　数 / 230千字
印　　张 / 15
印　　数 / 1—3000

ISBN 978-7-80741-206-9
定　　价 / 32.00元